◎ 中国金融投资管理智库丛书

U0749590

网络借贷中的
信息传递、关系治理机制与
治理方式选择研究

史小坤 著

RESEARCH ON
INFORMATION TRANSMISSION,
RELATIONSHIP GOVERNANCE MECHANISM AND
PATTERN SELECTION IN
INTERNET LENDING

揭示网络借贷风险的深层次原因
探究适宜的网络借贷治理模式
力促网络借贷市场的健康发展

浙江工商大学出版社
ZHEJIANG GONGSHANG UNIVERSITY PRESS
·杭州·

图书在版编目(CIP)数据

网络借贷中的信息传递、关系治理机制与治理方式选择研究 / 史小坤著. —杭州:浙江工商大学出版社, 2020.11

ISBN 978-7-5178-4151-7

Ⅰ.①网… Ⅱ.①史… Ⅲ.①互联网络—应用—借贷—研究—中国 Ⅳ.①F832.4-39

中国版本图书馆 CIP 数据核字(2020)第208690号

网络借贷中的信息传递、关系治理机制与治理方式选择研究

WANGLUO JIEDAI ZHONG DE XINXI CHUANDI、GUANXI ZHILI JIZHI YU ZHILI FANGSHI XUANZE YANJIU

史小坤 著

策划编辑	郑　建
责任编辑	郑　建
封面设计	林朦朦
责任印制	包建辉
出版发行	浙江工商大学出版社
	（杭州市教工路198号　邮政编码310012）
	（E-mail:zjgsupress@163.com）
	（网址:http://www.zjgsupress.com）
	电话:0571-89995993,89991806(传真)
排　　版	杭州朝曦图文设计有限公司
印　　刷	广东虎彩云印刷有限公司绍兴分公司
开　　本	710mm×1000mm　1/16
印　　张	15.25
字　　数	226千
版 印 次	2020年11月第1版　2020年11月第1次印刷
书　　号	ISBN 978-7-5178-4151-7
定　　价	49.00元

本著作是以下项目资助成果：

国家社会科学基金项目"网络借贷中的信息传递、关系治理机制与治理方式选择研究"(编号：15BJY173)。

教育部人文社会科学项目"民间金融风险演变与治理：不完全契约角度的研究"(编号：13YJA790098)。

浙江省社会科学基金项目"浙江省民间融资管理制度构建——基于不完全契约治理边界的研究"(编号：12YD44YB)。

目 录
Content

第一章
绪　论

　　借助于互联网的大数据和云计算，网络借贷为一些受到传统借贷机构信贷配给制约的人群提供了借贷服务和借贷机会，满足了借贷市场中"长尾"部分人群的信贷需求。自2007年拍拍贷作为第一家网络借贷机构出现以来，网络借贷业务在我国迅速地发展起来。但是由于发展初期相应的法律制度不完善和监管的缺位，网络借贷在我国的发展呈现了一个由无监管的野蛮生长到逐步规范发展的过程。在这个过程中，网络借贷"跑路"、诈骗和倒闭等不良事件直线上升，尤其是在2015年和2018年，大量的网络借贷平台倒闭。网贷不良事件的飙升不仅损害了互联网金融的信任基础，更严重威胁了整个社会的和谐稳定。无论网络借贷自身发展还是互联网金融未来的有序发展，都对网络借贷治理提出了更迫切的需求。研究在监管制度和法律制度不完善的情况下，网络借贷的治理问题，不仅为互联网金融市场有序发展提供理论支撑，也可以为网络借贷业务的推进提供决策参考。

第一节　研究背景与意义

一、研究背景

(一)作为新型业态和网络组织形式,网络借贷具有缓解借贷市场资金矛盾的作用

信息经济时代网络的应用遍及经济交易活动的各个角落,对生产和生活带来巨大的,甚至是颠覆性的影响。互联网作为一种手段渗透到金融领域,给传统金融市场带来了全新的经营理念和创新的经营手段,引发传统金融结构和金融格局的巨变。网络借贷是借助互联网手段进行的一种全新借贷交易活动,因为其所具有的互联网基因,使得其与传统以商业银行为中介的借贷交易有着鲜明的区别,在我国借贷市场中发挥了独特的作用。

首先,不同的经营模式提高了借贷资金运营效率。网络借贷摆脱了对传统物理网点的依赖,借助于互联网的手段完成借贷资金的匹配和转移;网络借贷交易不受经营时间的限制,任何网络覆盖的区域和任何市场参与者认为合适的时间都可以进行借贷交易活动,提高了资金运营效率。其次,网络借贷具有借贷交易普惠的特性。互联网的公开、公平和无差异化进入,使得处于传统借贷市场中"长尾"①部分的客户,有资格进入借贷市场通过网络借贷满足资金需求,加之民间资本累积不断增加和小微企业资金严重不足的矛盾,促使我国网络借贷交易一经出现就迅速发展起来。2007年6月第一家网络借贷平台——拍拍贷平台在我国诞生,标志着网络借贷交易正式进入我国金融市场。经历2013年爆发式增长之后到2015年12月底,我国网贷行业运营平台数量达到2595家。截至2017年12月底,网络借贷行业正常运营平台数量为1931家。截至2018年10月,网络借贷行业累计成交

---

① 长尾(Long Tail)部分是指,不在传统需求曲线的头部,而在于需求曲线那条无穷长的尾巴。

量已达7.81万亿元。网络借贷交易提供了一种全新的借贷资金交易方式和途径。

（二）暴露出大量的违规行为和平台风险，扰乱了金融秩序

信息不对称和网络借贷交易发展初期缺乏必要的监管和规范，加上互联网进入无门槛的特点，使得网络借贷出现了大量的违规行为，给金融市场和社会秩序带来巨大的影响。网络借贷风险第一次集中爆发是在2015年，当年3月国内著名的网贷交易平台之一——陆金所出现巨额坏账问题，虽然随后有惊无险地度过了这次风险，但是也暴露出网络借贷交易操作中严重的不规范问题。同年12月当时国内规模较大的一家网络借贷平台——e租宝平台，由于非法集资被立案侦查，90多万网络借贷投资者面临资金损失的风险，给金融秩序和社会和谐发展带来巨大冲击。网络借贷的第二次风险集中爆发是在2018年，一些具有国资背景和规模较大的平台相继爆发风险，比如唐小僧等网络借贷平台。据网贷之家的统计，仅2018年7月网络借贷交易市场上停业及问题平台数量为218家，其中问题平台165家（提现困难143家、"跑路"19家、经侦介入3家），超过2018年1—6月问题平台数总和。到了2018年9月底，正常运营平台数量下降到1561家。

网络借贷交易平台出现的违规交易和风险的暴露，给广大投资者带来损失和难以预期的风险，由此导致市场投资信心明显下降。根据网贷之家的统计，从2017年8月份开始网络借贷市场出现借款人数大于投资者人数的现象，这意味着网络借贷市场转入资金需求远远超过资金供给的状态，使得这个市场和传统借贷市场呈现相同的结果，即资金供给紧张。

（三）网络借贷风险及其社会影响，受到政府和监管部门的高度关注

虽然从成交量和参与人数来看，网络借贷交易在金融市场总体规模中占比不大，但是由于网络借贷融合了金融行业和互联网风险迅速传递和散播的特点，使得具备传统借贷内核的网络借贷风险呈现出更广范围和更综合性的影响。首先，网络借贷风险和传统借贷风险不同点在于，其涉及的参与者范围非常广泛，比如e租宝一家平台涉及90多万投资者，唐小僧平台涉及超过1000万注册用户的利益。网络借贷风险会造成社会不稳定,破坏社会的和谐发展。其次,网络借贷交易具有综合性特点,与网络保险和网络资金托管机构之间有着密切的联系,网络借贷的风险很容易通过这些业务,比如履约保证险等业务,向金融体系传递风险,形成系统性风险隐患。

对此,从2014年开始多地政府和监管机构针对网络借贷的风险问题,出台了多项加强风险管理的法规和政策。如表1-1所示,仅2017年各部门出台的网络借贷监管政策和地方政府出台的监管法规,可以看出监管机构和各地方政府都非常重视网络借贷的风险问题。

表1-1 2017年网络借贷的监管政策与法规

相关监管文件	
中国银监会	《网络借贷资金存管业务指引》
	《关于银行业风险防控工作的指导意见》
	《网络借贷信息中介机构业务活动信息披露指引》
互联网金融风险专项整治工作领导小组办公室	《关于开展"现金贷"业务活动清理整顿工作的通知》
	《关于对互联网平台与各类交易场所合作从事违法违规业务开展清理整顿的通知》
中国银监会、教育部、人力资源社会保障部	《关于进一步加强校园贷规范管理工作的通知》
中国人民银行等国家十七部门	《关于进一步做好互联网金融风险专项整治清理整顿工作的通知》
中国互联网金融协会	《互联网金融个体网络借贷资金存管业务规范》(征求意见稿)
	《互联网金融个体网络借贷资金存管系统规范》(征求意见稿)
	《互联网金融 个体网络借贷 借贷合同要素》(征求意见稿)
	《互联网金融 信息披露 个体网络借贷》
	《互联网金融 个体网络借贷 借贷合同要素》

续表

相关监管文件	
P2P 网络借贷风险专项整治工作领导小组办公室、中国互联网金融协会	《关于开展网络借贷资金存管测评工作的通知》
互联网金融风险专项整治工作领导小组办公室、P2P 网贷风险专项整治工作领导小组办公室	《关于规范整顿"现金贷"业务的通知》
P2P 网络借贷风险专项整治工作领导小组办公室	《关于做好 P2P 网络借贷风险专项整治整改验收工作的通知》
地方政府相关法规	
厦门	《网络借贷信息中介机构备案登记管理暂行办法》
	《厦门市网络借贷信息中介机构备案登记法律意见书指引》
	《厦门市网络借贷信息中介机构专项审计报告指引》
	《关于网贷机构备案公示的通知》
广东	《广东省〈网络借贷信息中介机构业务活动管理暂行办法〉实施细则》（征求意见稿）
	《广东省网络借贷信息中介机构备案登记管理实施细则》（征求意见稿）
广西	《〈网络借贷信息中介机构业务活动管理暂行办法〉广西壮族自治区实施细则》（征求意见稿）
	《广西壮族自治区网络借贷信息中介机构备案登记管理实施细则》（征求意见稿）
上海	《上海市网络借贷信息中介机构业务管理实施办法（征求意见稿）》
深圳	《深圳市网络借贷信息中介机构备案登记管理办法（征求意见稿）》
	《关于互联网平台与各类交易场所合作金融业务相关情况的通知》
北京	《北京市网络借贷信息中介机构备案登记管理办法（试行）（征求意见稿）》
浙江	《浙江省网络借贷信息中介机构备案登记管理实施细则（试行）》（征求意见稿）

续表

相关监管文件	
江苏	《江苏省网络借贷信息中介机构备案登记管理暂行办法（征求意见稿）》

二、研究意义

网络借贷弥补了传统以商业银行为中介的借贷市场资金供给的不足，为广大市场参与者提供了普惠金融服务，但是同时暴露了大规模的违规行为，给金融市场带来了风险和安全隐患。如何规范和整顿网络借贷市场经济秩序成为网络借贷市场发展和进一步发挥作用的核心问题。因此，在政府和监管部门不断加强对网络借贷监管的过程中，发挥关系治理的作用，规范网络借贷参与人和平台的行为，不仅仅是网络借贷健康发展的保证，也是确保金融体系系统性风险底线的需求。

（一）为政府规范和治理网络借贷行业提供思路

如何在监管制度和相关法律制度逐步完善的过程中，实施对网络借贷交易适时和合理有效的治理，是实现我国网络借贷行业有序发展过程中急迫需要解决的问题。对此，本项目通过对网络借贷风险成因的理论分析，基于对关系治理机制作用的检验，寻找适合我国网络借贷风险特点的治理方式，并从关系治理的角度提出我国网络借贷交易治理机制和手段；从提升网络借贷行业运营的规范性和有序性的角度，提出在监管制度和法律制度逐步完善的过程中，网络借贷交易治理的政策建议。

（二）为网络借贷行业有序和高效治理方式提供建议

从网贷契约关系治理和制度治理协同的角度，研究和分析网络借贷交易风险的关系治理机制和具体的治理措施，避免单一的监管制度治理所可能出现的"一管就死，一放就乱"的弊病，有利于网络借贷市场平稳有序地发展。但同时关系治理又是强制性制度庇护下的一种治理制度，监管制度等强制性制度为关系治理提供最后的强制性威胁。关系治理不可以完全替代制度治理,完善和健全的政府监管制度和法律制度可以提升关系治理的效率,并进一步提升网络借贷行业治理的整体效率。因此,从提升网络借贷行业治理整体效果的角度,提出网络借贷行业需要采取协同治理的治理方式,即网贷交易参与主体、网贷交易第三方机构和网贷交易监管机构等对网络借贷交易实施综合性治理。

(三)为优化网贷交易治理环境提供理论支撑

通过对网络借贷交易关系治理的研究,突显出声誉在网络借贷交易中的重要性,不仅仅是网络借贷的借款人需要注重自己的声誉塑造,网络借贷平台也是一样。网络借贷平台声誉水平提升了,投资者和借款人更加信任网络借贷平台,来自投资者的借贷资金注入增加,更多借款人的借贷需求借助于网贷平台来实现,从而建立起网络借贷平台和借贷双方的信任关系,为网络借贷交易的健康发展奠定基础,也为网络借贷平台效益的提升提供良好的市场环境。

三、研究价值

(一)学术价值

1. 拓展了网络借贷交易治理的研究边界

对中国网贷交易中最突出的问题——网贷平台道德风险的治理进行研究,拓展了网络借贷交易治理的研究边界。在国内外文献集中讨论网贷交易借款人信用风险和治理的背景下,结合中国网贷平台道德风险频发的实际状况,以网贷平台成交量为观测和检验标准,研究声誉对网贷平台道德风险的治理作用。截至2017年12月,平台道德风险引发的平台"跑路"现象占总平台数的比例高达27.47%[①],可见,网贷平台道德风险是中国网贷交易中最主要的风险源。因此,以中国网贷平台道德风险突出的实际状况为研究

---

① 截至2017年12月,全国问题平台累计占比达到50.69%,其中平台道德风险即平台所有者跑路事件占问题平台总量的54.20%,由此计算得到(50.69%×54.20%≈27.47%)。

背景,分析网贷交易平台道德风险治理问题,不仅具有典型性同时也拓展了网贷交易关系治理的研究。

2. 为关系治理尤其是声誉治理的理论分析提供经验支持

虽然对网络交易声誉治理作用的研究已经很深入,但是结合新型网络借贷这一特殊交易方式的经验研究仍然比较缺乏。结合网贷平台道德风险的特点建立网贷声誉治理模型,并对投资者评级基础上的声誉治理作用进行检验,这不仅是对既有网络交易声誉治理研究的深入和推进,也为理解监管和法律制度不完善背景下声誉的非正式治理作用提供经验证据。

(二)应用价值

1. 为政府网络借贷交易治理提供政策参考

通过对网贷交易关系治理机制和作用研究,提出协同治理的建议,为政府网络借贷交易治理提供政策参考,摆脱对“一元单向监管”的依赖。我国网贷交易爆雷和由此带来的投资者损害,已经将单纯的金融问题转化为一个社会问题。研究发现,在监管和法律等正式治理制度逐步完善的过程中,解决这样的金融和社会问题,还可辅以声誉和第三方机构等多元化关系治理手段,通过监管制度和关系治理的协同作用,达到对网络借贷交易行为的约束和治理目的。同时,协同治理也有助于缓解金融监管中通常面临的“一管就死,一放就乱”的问题。协同治理中,完善的监管制度为关系治理提供了制度环境的保障。金融监管部门加大对网贷平台行为的监管处罚和信息披露力度,为关系治理作用的发挥提供制度性威胁。因为具有强制性的正式监管制度的完善和实施,可以为关系治理作用的发挥提供最后的制度性威慑,避免非强制性对关系治理作用的影响。

2. 有助于推动网贷行业健康有序发展

通过对声誉治理作用的研究,发现声誉治理有助于网贷平台注重和提升声誉,规范其经营行为并推动网贷行业有序发展。作为网络借贷交易中最为核心的一个参与者,网贷平台的行为选择决定了网贷交易的规范性和持续性,是网贷交易风险管理中的关键环节。通过着重研究网贷平台声誉治理作用,突显了声誉影响平台交易量和人气,从而影响网贷平台绩效的重要作用,警示网贷平台关注和提升自我的声誉管理水平。通过网贷平台良好的声誉管理,可以更好地重拾网贷平台的社会信任,推动网络借贷行业的有序发展。

3. 有利于形成网贷交易全方位治理的社会环境

关系治理作为一种非正式治理制度,其作用的发挥还需要良好的社会环境,尤其是良好的社会信用和道德环境。同时,需要进行投资者教育,提升投资者风险意识和投资活动中的避险观念。本项目的研究有助于进一步形成对网络借贷交易全方位治理的社会环境。通过互联网金融协会集体声誉向投资者抵押,同时增加对违规平台的曝光,为平台关系治理作用的发挥提供可置信承诺。同时,互联网金融协会还开展对网贷平台和投资者的培训和教育,深化网贷从业人员风险管理意识,提升网贷交易投资者风险防范意识。网贷之家等第三方网络组织对网贷平台数据的收集和评价,有助于网贷平台逐步树立以声誉谋求发展的理念,从而在全社会形成网络借贷交易风险治理的氛围,推进网络借贷行业的规范发展。

第二节 研究对象的界定

研究网络借贷中的信息传递、关系治理机制与治理方式选择问题,需要首先对研究对象的内涵和研究范围进行界定。

一、网络借贷及其信息传递

(一)网络借贷的界定

中国银监会(中国银行保险监督管理委员会的前身)同中国工业和信息化部、公安部、国家互联网信息办公室等部门于2016年8月发布的《网络借贷信息中介机构业务活动管理暂行办法》中给出定义:"网络借贷是指个体和个体之间通过互联网平台实现的直接借贷。个体包括自然人、法人及其他组织。网络借贷信息中介机构是指依法设立,专门从事网络借贷信息中介业务活动的金融信息中介公司。该类机构以互联网为主要渠道,为借款人与出借人(即贷款人)实现直接借贷提供信息搜集、信息公布、资信评估、信息交互、借贷撮合等服务。"

这个定义明确指出了网络借贷的主要内涵和范围。依据这个定义,网络借贷主要指的是基于互联网中介机构的个人对个人的借贷交易(Peer to Peer lending),即简称为P2P网络借贷或者P2P网贷。P2P网络借贷不需要通过银行而是通过各种P2P平台实现在线借贷,网络借贷平台将借款人和贷款人联系起来,创建一个可持续的借贷社区。与传统银行通常向投资者提供低利率、向借款人提供高利率不同,贷款平台为所有相关人员提供了更直接的借贷交易方式——没有中间人(即银行)参与就可以完成的借贷交易过程。P2P借贷平台将借款人直接与投资者联系起来,由网络借贷平台设置具体的交易费率和条款并启动交易。P2P投资者是个人或机构投资者,他们希望从网络借贷交易中获得比银行储蓄更好的回报。P2P借款人则力图在传统银行之外寻求替代方案,以获得信贷资金。2005年3月英国Zopa网站借贷业务的开通,拉开了世界P2P网络借贷的序幕。美国Prosper和Lending Club两家较大的网络借贷平台先后成立于2006年和2007年。2006年,我国第一家P2P网络借贷公司——宜信成立;2007年,我国第一家P2P网络借贷平台——"拍拍贷"成立。

(二)网络借贷的信息传递

根据网络借贷交易的界定,可以看出网络借贷交易中的当事人包括:以贷款人身份出现的投资者、有资金需求的借款人和作为信息中介的网络借贷平台。一方面网络借贷由于缺乏品牌和信用中介等,不同于传统借贷双方信用状况的基本方式,P2P网贷交易的参与方需要借助于其他代理变量,在信息有限的情况下进行信贷决策,以缓解信息不对称可能带来的风险和交易成本问题。投资者需要决定如何解读借方提供的信息,以推断借款人信用质量并将风险降至最低;借方可以战略性地透露或隐瞒自己的信息,以增加他们获得有利结果的机会。网贷平台经理可能需要权衡双方提供的信息,创建机制以准确反映交易风险,并产生更多的平台信任(Schlosser,

White,Lloyd,2006)。另一方面,P2P网络借贷借助于网络开展交易,借贷交易所有参与方的交易信息可以通过网络无边界地扩散,形成公平的、透明的、所有人看得见的一种交易信息,形成了P2P网贷交易中不同于传统借贷交易的信息传递特征。

在P2P网贷交易上述交易信息特征的基础上,本项目力图在信号理论和治理理论的基础上,挖掘投资者(贷款人)之间、投资者和借款人之间以及借贷平台与投资者之间信息传递的信号价值;探究网贷交易的各种关系治理方式及其治理作用效果;分析信息传递是否有助于关系治理的各种治理方式(声誉和第三方治理等)发挥对网贷交易参与人和交易秩序的治理作用。

验证投资者之间、投资者和借款人之间以及借贷平台与投资者之间信息传递的信号价值,有助于分析和探究各项关系治理方式在提高网络借贷效率和维持市场秩序方面的作用效果。因此,本项目研究的信息传递是指投资者之间交易信息的传递、投资者和借款人之间关于借贷信息的传递、借款人向平台提交的各项信用信息的网络传递及其信号价值。

二、关系治理机制及其类型

(一)基于不完全契约的关系治理机制

基于对经济主体有限理性和交易费用存在性的证明,契约经济学提出交易契约不完全性的观点。针对不完全契约可能带来投资的无效率,契约需要相应的治理机制。威廉姆森(O.E.Williamson,2004)根据交易的资产专用性、不确定性和交易频率提出了新古典契约治理方式。

交易中存在的信息不对称和交易主体机会主义行为,会导致事前的逆向选择和道德风险问题。由于交易主体有限理性和交易费用问题使得交易契约并不能完全解决交易中出现的机会主义行为,反而由于契约信息的不可证实性,加剧了交易中机会主义行为带来交易的低效率。为了引导交易高效率有秩序地进行,基于不同信息基础的契约交易治理机制是必不可少的(Eric et al.,2003)。由于信息不对称,交易一方可以获得和拥有另一方不能获得的私有信息,拥有私有信息的一方如果想要把真实信息传递给另一方,必须以一种可置信的方式来进行,因为信息不充分的一方可能会对信息进行错误性解读。信息不足的一方也力图设计一种机制,显示自己的真实信息。如果交易中的信息是可证实的信息,也即可以由法庭等第三方证实的信息,则交易的治理机制可以选择权威的法庭等强制性制度治理机制;如果交易中的信息是可观察信息,则交易的治理机制就会选择法律之外的关系治理机制。

在法律为主体的强制性制度治理机制之外,关系治理机制出现和发挥作用的主要原因是,制度治理机制发挥作用的成本问题。当强制性制度治理机制由于执行时间较长、缺乏特定行业相关专业知识、公开交易双方不愿意披露信息等问题面临成本约束时,基于关系性规则的一种自我实施和自我强化的关系治理机制出现,而且关系治理机制比强制治理机制成本低、效率高,是强制性制度治理制度的替代者(Granovetter,1985;Adler,2001)。

我国第一家P2P网贷交易平台诞生于2007年,网贷交易的大规模发展是在2013年,但是,关于P2P网络借贷的各项法律法规是从2016年才开始逐步出现和完善的。可以说我国P2P网络借贷发展初期缺乏明确的监管法规和相应的法律机制,缺乏以法律为主体的强制性的制度治理机制。因此,本项目研究P2P网络借贷的治理过程中,重点研究网络借贷的关系治理机制,即在法律等强制性制度治理机制之外,基于关系型规则的一种契约自我实施和自我强化的治理机制。

(二)关系治理机制的类型

可观察的信息是法律等强制性制度治理机制之外关系治理的合约基础,这些法律等强制性制度治理之外的关系治理机制主要有两大类:一类是以交易者之间的关系或持续交往为基础的关系治理机制;一类是由拥有专业知识的内部第三方执行的关系治理机制,这些专业知识能使内部第三方证实法庭等外部人所不能证实的信息(Avinash,2007)。

在第一类基于交易者关系或持续交易关系治理中,声誉机制起到了很大的作用(李圣风,1999)。声誉治理机制又被称为隐性激励机制或"信誉机制"(张维迎,2005),是交易主体基于维持长期合作关系的考量而放弃眼前利益的行为选择。声誉机制对机会主义行为的惩罚不是来自合同或法律制裁,而是未来合作机会的中断,原因在于交易双方不仅需要考虑当前收益,也要考虑未来收益;不仅要考虑缔约方的利益,还要考虑未来可能对自己产生影响的缔约方的交易态度。在一个重复博弈交易中,交易一方的行为选择可以影响对方未来的行为选择,而对方也可以从他的行动中判断其履约能力,解读其声誉状况,并由此决定是否与其进行长期的交易与合作。与法律等强制性制度治理机制相比较,声誉治理机制不仅可以节约大量的交易成本还可以节省风险成本,但是,声誉等关系治理机制是与法律等强制性制度治理机制相互补充的。第二类基于内部知识的交易治理,主要是指以行业协会为治理主体的第三方关系治理。行业协会是一些为达到共同目标而自愿组织起来的同行或商人团体。相较于强制性的法庭,行业协会可以依赖自身的专业优势,介入企业之间的争端,通过仲裁"可观察但不可证实"的信息进行关系治理(McMillan et al.,2000)。行业协会掌握了行业内的知识和技能,对行业内交易活动较为熟悉,相较于法庭等强制性机构,可以更低的成本和费用执行治理(埃莉诺·奥斯特罗姆,2000),同时相比于个体自行检测交易对象声誉需要承担的沉重成本(Bagheri et al.,2006),行业协会的关系治理大大降低了治理的平均成本。

因此,本研究中重点关注的P2P网络借贷关系治理机制是声誉治理和行业协会的第三方关系治理。

第三节　研究思路与主要内容

一、研究思路

本研究的总体思路是:基于网络借贷交易市场存在大量违规操作和风险频发的实际状况,在政府逐步推进网络借贷交易监管制度和相关法律制度建设的基础上,研究和分析网络借贷交易的关系治理机制和治理手段,如图1-1所示。研究的视角和路径分为四个层次:

```
┌─────────────────────────────────────────┐      ┌─────────┐
│         网络借贷行业的发展与特征            │ ←──  │ 现  状  │
│ ┌───────────────────┐ ┌───────────────┐ │      │ 问  题  │
│ │  短期内大规模发展起来 │←→│ 违规和风险问题暴露│ │      │ 分  析  │
│ └───────────────────┘ └───────────────┘ │      └─────────┘
└─────────────────────────────────────────┘
              │
┌─────────────────────────────────────────┐      ┌─────────┐
│  1. 借贷交易与风险管理                     │      │ 理  论  │
│  2. 网络借贷的特征                        │      │ 机  制  │
│  3. 网络借贷风险管理的治理选择              │      │ 分  析  │
└─────────────────────────────────────────┘      └─────────┘
              │
┌─────────────────────────────────────────┐
│ 网络借贷交易信息传递与风险表现：            │
│   ★   投资者羊群效应——理性羊群行为         │
│ ┌───────────────┐   ┌───────────────┐   │
│ │★ 借款人违约风险 │   │★ 网贷平台道德风险│   │
│ └───────────────┘   └───────────────┘   │
└─────────────────────────────────────────┘      ┌─────────┐
     │                    │                       │ 信  息  │
┌─────────────┐ ┌─────────────────────────┐      │ 传  递  │
│借款人违约风险的│ │网络借贷平台道德风险的关系治理 │      │ 与  关  │
│   关系治理   │ │ ┌─────────┐ ┌─────────┐ │      │ 系  治  │
│             │ │ │基于投资  │ │互联网协  │ │      │ 理  机  │
│┌──────┐┌───┐│ │ │者评价的 │←→│会等第三 │ │      │ 制  制  │
││声誉治 ││模型││ │ │声誉治理  │ │方治理   │ │      │ 析  分  │
││理的博 ││检验││ │ └─────────┘ └─────────┘ │      │ 检  析  │
││弈分析 ││    ││ │   ┌───────────────┐    │      │     和  │
│└──────┘└───┘│ │   │ 信息传递的影响   │    │      │     检  │
└─────────────┘ └───└───────────────┘────┘      │     验  │
     │                    │                       └─────────┘
┌─────────────────────────────────────────┐      ┌─────────┐
│       网络借贷交易风险的治理选择            │      │ 治  理  │
│         研究启示与政策建议                 │      │ 方  式  │
└─────────────────────────────────────────┘      │ 建  议  │
                                                  └─────────┘
```

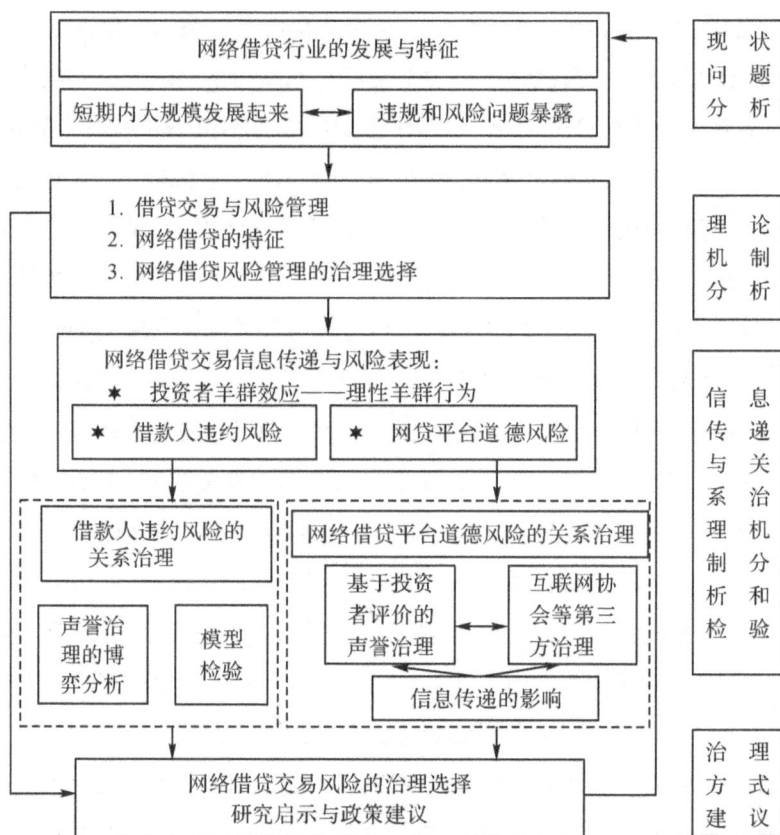

图1-1　研究思路

首先,对于网络借贷这样一种新型借贷组织,从发展历程和出现的问题两个角度,确定本项目研究的核心对象和基本问题。一方面从网络借贷在我国的发展过程中呈现出的特征,以及具体业务开展的类型等方面分析网络借贷的作用。另一方面分析网络借贷市场舆情、宏观总体的发展变化和不同背景网贷平台特点,透视网络借贷发展中出现的问题。基本的研究问题是在监管和法律制度逐步完善的过程中,针对网络借贷发展中出现的违规和风险问题如何进行关系治理。

其次,在既有文献的基础上,分析网络借贷交易的特征。从理论上厘清网络借贷和传统借贷过程债权债务的本质差异,分析针对信息不对称带来的逆向选择和道德风险问题,网络借贷和传统借贷具有的不同内在监管机制。结合网络借贷的特征和信息传递的特殊性,运用交易成本经济学和契约经济学的理论,比较网络借贷的制度治理和关系治理,从理论上分析网络借贷治理机制和治理方式的选择。

再次,建立模型检验网络借贷交易中借款人违约风险的声誉治理和平台道德风险的关系治理作用。在剖析网络借贷风险成因的基础上,综合统计学、管理学和金融学的方法,建立分析模型检验网络借贷交易中关系治理的作用。在网络借贷发展回顾和理论分析的基础上,分析网络借贷交易的风险类型和承担主体,并结合我国网络借贷的信息传递特征,剖析网络借贷每一方参与者的一般风险表现与风险产生的原因。运用博弈分析方法对我国网络借贷中最突出的两类风险——借款人信用风险和网络借贷平台道德风险,进行关系治理机制的分析,并建立模型分别检验声誉和第三方主体对网络借贷风险的治理作用。重点检验了声誉对网络借贷平台道德风险的关系治理作用,并进一步分析了信息传递对声誉治理作用的影响。

最后,在理论分析和关系治理机制检验的基础上,提出我国网络借贷治理方式选择和相关的政策建议。关系治理作为一种非强制性的治理方式,需要法律等正式制度为关系治理的执行提供最后的置信威胁,关系治理在法律等正式治理制度的庇护下为微观交易提供基本的交易秩序。因此,从制度治理和关系治理的协同关系角度,分析和提出我国网络借贷可行的治理方式选择以及相关的政策建议。

二、主要研究内容

研究的主要内容概括为三个方面:剖析网络借贷信息传递特征和风险表现;检验网络借贷交易的关系治理作用;提出网络借贷交易治理方式选择。

(一)剖析网络借贷信息传递特征和风险表现

首先,与传统借贷不同,网络借贷不具备内在的交易治理机制。网络借贷是网络技术和借贷交易的结合,实现了资金由投资者向借款人的直接流动。平台不是传统的资金借贷中介,而仅仅是信息传递中介,不具备传统信用借贷中介代理作用,也缺乏对中介道德风险问题的直接代理监督机制,这是网络借贷交易平台道德风险在我国频发的本质原因。其次,网络借贷的特征决定了其不同的风险表现。除了和传统借贷一样,面临来自借款人的信用风险之外,网络借贷中网络的公开性和非排他性的特点,使得网络借贷投资者具有"羊群效应",还面临着由于投资者盲目决策出现的投资风险;同时,缺乏代理监督功能使得网络借贷平台道德风险突出。因此,第一部分的研究将结合我国网络借贷交易实际数据,分别分析我国网络借贷中借款人风险表现、投资者风险表现和网络借贷平台的风险表现。

(二)检验网络借贷交易的关系治理机制

结合网络借贷交易参与者的风险表现,分别进行关系治理作用的检验。首先运用博弈方法分析关系治理对于潜在借款人信用风险和网贷平台道德风险的作用机制,重点集中在对声誉作用机制的讨论上。其次,运用爬虫软件获取网络借贷平台的数据和手工搜集获取的网贷平台声誉评价的数据,检验借款人和网络借贷平台声誉的关系治理作用。对于潜在的网贷平台道德风险,进一步检验互联网协会和网贷之家等第三方机构的关系治理作用。最后,检验网络传递速度和传递范围对关系治理作用的影响。由于网络借贷不同于传统借贷交易,其信息在网络上公开和非排他性的传递,有必要检验网络本身是否会影响关系治理作用。

(三)提出网络借贷交易治理方式选择的建议

在理论分析和实证检验的基础上,结合我国网络借贷交易监管制度的构建,对我国网络借贷交易治理方式选择提出建议。从理论角度来看,制度治理和关系治理具有内在的互补性,同时关系治理也依赖于制度治理。从我国网络借贷发展的实践来看,缺乏制度治理的关系治理作用会减弱,缺乏关系治理的制度治理会面临治理失灵带来的治理效果下降。因此,网络借贷交易治理方式选择过程中,需要重视关系治理的作用。本项目从制度治理和关系治理相互关系的角度,提出网络借贷交易治理选择的建议。

第四节 研究的创新

网络借贷作为一种传统借贷业务与网络交易手段相结合的新型组织形式,带来的不仅仅是交易方式的改变,还对借贷交易的监管制度、管理模式、治理方式等提出了全新的问题。在本项目研究过程中,网络借贷交易风险频发并出现集中爆雷的状况,凸显了网络借贷交易治理的紧迫性和必要性。目前,网络借贷交易治理问题已经受到了学者和政府监管部门的高度关注,相关的研究成果大量涌现。但是现有研究主要集中在制度治理作用和治理制度建构的层面,尚缺乏关系治理和制度治理结合角度的分析和研究。

与已有的研究成果相比较,本研究结论和研究创新主要体现在以下几方面:

(1)提出网络借贷关系治理的观点。在对网络借贷信息传递独特性和交易特征深度解析的基础上,提出网络借贷关系治理的观点。在理论分析的基础上,解析网络借贷交易关系治理机制并检验网络借贷交易关系治理作用。由于网络借贷是一种新型的组织形态,出现了不同于传统民间借贷和商业银行借贷的交易特征,决定了网络借贷交易治理的独特性。运用传统交易治理理论并结合网络借贷的交易特点,分析网络借贷交易治理也是一个全新的课题,本项目在这个领域进行了初步的尝试性研究,结合网络借贷交易中网络信息传递的特点,提出关系治理对网络借贷交易具有治理作用的观点,并在机制分析的基础上对网络借贷交易关系治理作用进行检验。

(2)分析和检验了网络借贷平台道德风险的声誉治理机制和作用。结合既有的对网络交易关系治理的研究,重点分析网络借贷平台道德风险的声誉治理机制和作用。在关系治理的研究中,声誉治理的研究成果最多,理论分析也最完善。电子商务和网络交易领域积累了丰富的有关声誉治理的文献资料。但是文献的分析主要集中在对买卖双方治理的研究上,对于平台道德风险治理的研究成果相对稀少。本项目结合我国网络借贷交易中网贷平台道德风险频发的实际状况,重点分析了网络借贷交易平台道德风险的声誉治理。运用博弈分析方法解析声誉对网贷平台道德风险的治理机制，并通过软件和手工收集数据，检验声誉对网贷平台道德风险的治理作用，这是本项目的一个创新点。

（3）提出关系治理基础上协同治理的政策建议。从制度治理和关系治理关系的角度，提出网络借贷交易协同治理的建议。传统借贷组织制度治理过程中容易出现"一管就死，一放就乱"等弊病和问题。为了避免网络借贷交易制度治理出现类似的问题，本项目在理论分析和对网络借贷交易关系治理作用检验的基础上，提出网络借贷交易监管制度和关系协同治理的建议，网贷交易参与主体、网贷交易第三方机构和网贷交易监管机构等对网络借贷交易实施综合性治理，既包括代表政府实施管理的监管机构的制度和规则治理，也包括以参与者声誉和第三方组织为主体的非强制性关系治理。

第二章
我国网络借贷的发展状况分析

　　网络借贷作为一种新型的借贷方式在我国迅速发展起来,对缓解我国借贷资金紧张状况,尤其为处于传统借贷市场"长尾"部分的客户提供市场机会。但是由于缺乏必要的监管制度,我国网络借贷发展过程中也出现了大量的违规事件和严重的风险问题。本章从回顾我国网络借贷行业发展的角度,分析网络借贷发展的影响因素、主要的类型和市场舆情,并从宏观和微观两个角度对我国网络借贷的发展进行经济学分析,为后续分析我国网络借贷的风险特征和风险表现奠定基础。

第一节　网络借贷的发展历程与影响因素

一、网络借贷快速发展与风险暴露相伴

　　网络借贷主要是指利用互联网信息和技术支持,为个人与个人之间的借贷行为提供信息咨询服务。网络借贷于2005年首次在英国出现。这一模式凭借自身便捷的操作和独特的交易机制,一经推出就得到了社会各界的认可和关注,在欧美国家得到充分发展并逐渐走向成熟。我国自2007年6月首家网络借贷平台——拍拍贷在上海成立以来,大量网贷平台相继涌

现,影响的范围不断扩大,交易频数和交易额度不断扩大,在短短10年间得到了迅猛发展,对促进资金融通具有重要作用。这10年也是我国网贷逐渐走向成熟的关键时期,主要包括起步发展期、快速发展期、风险爆发期、行业调整期、规范发展期五个阶段。下面主要介绍各个时期网络借贷市场的发展和特点。

(一)起步发展期(2007—2011年)

2007年国内首家网络借贷平台——拍拍贷在上海成立,立足于互联网信息技术的网络借贷模式引起了广大互联网投资者的注意,之后少数具有冒险精神的互联网从业人员也纷纷创办了网络借贷平台,在这一阶段我国网络借贷平台有20家左右,但活跃的平台数量不到一半。网络借贷平台的成交额度较低、用户群体规模较小是这一阶段的主要特点之一。在网络借贷起步发展期,平台的从业人员主要是互联网创业人员,而且大部分的创业人员缺乏资金借贷和相关金融从业经验。这样的网络借贷在平台运营上几乎完全照搬国外纯信用贷模式,即只要借款人在平台上提供个人借款信息,平台审核后就会给予一定的资金额度,因此在网络借贷起步发展时期,我国网络借贷平台的交易以信用贷款为主。

同时,由于信用体系不健全,平台与平台、平台与借款人之间缺乏有效的信息交流和沟通,存在严重的信息不对称问题,对借款人的信用审查制度并不完善,造成了一名借款人在多家网络借贷平台进行重复性信用借款的问题。基于信用借款多家平台重复叠加的问题,网络借贷平台在2011年逐渐收缩借款人授信额度,直接导致多家平台借款人无法及时还款,借款人违约事件频发。因此在这一阶段,引发了以信用贷款违约为主的网贷平台在2011—2012年的第一波风险。据统计,这一时期网络借贷平台最高逾期还款金额达到2500万元,大部分平台逾期额达到1000多万元,截止目前仍有多家在这个阶段成立的平台有超过千万元的坏账。

(二)快速发展期(2012年)

在经历了2007—2011年的起步发展后,P2P网络借贷平台发生了一系列变化,一些具有放贷经验并关注互联网金融的创业者(比如银行从业人员)加入到这个行业。这些具有专业背景人士开始尝试创立网络借贷平台,因此从业人员规模和金融职业素质较上一时期有明显好转。与此同时,互联网技术的进步为这些具有放贷经验的从业人员创办平台提供了技术支持,弥补了其在技术上的欠缺。因此综合以上条件,此时国内网络借贷平台数量从起步期的20家左右增加到240家。据网贷之家数据显示,截至2012年底,网络借贷平台成交额突破20亿元,网络借贷平台在中国初具规模。

另外,由于这阶段平台的创立者具备相关的放贷经验,了解资金借贷过程中潜在的风险,从而吸取了上一阶段以信用贷为主的经验教训,采取线上申请线下放款为主的放贷模式,即借款人以本地人为主,并且对借款人进行有关资金用途、偿债能力等方面的尽职调查,尽可能地降低借款人的违约风险。

(三)风险爆发期(2013年)

随着互联网金融概念的提出,在经历了起步期和快速发展期之后,互联网公司对网络借贷平台系统的开发更加趋于成熟,进一步降低了网络借贷市场的进入门槛,甚至在网购平台上花较少的钱就能建立起前期的网贷平台模板。另外,2013年由于整体宏观经济不景气,国内各大商业银行银根紧缩、贷款减少,许多无法从银行得到贷款或者在民间借贷中有高额贷款利息的投机者从中发现了商机,花费较小的代价在网购平台上购买网贷模板,然后租个简单的办公室就成立了网络借贷公司。因此,这个阶段由于互联网技术的发展以及投机者的加入,国内网贷平台从240家迅速增加到600家左右。

与此同时,在这个阶段有部分平台为了能够迅速"圈钱"进而达到融资的目的,利用高额回报率吸引追求高利息的投资者,平台所有人则用高利息融到的资金来偿还银行贷款或者民间高利贷。"高息自融"加剧了网贷平台的自营风险,一些高息自融的平台本来就没有任何流动性准备或者无法筹集现金应对提现,因此,在2013年10月整个网贷市场爆发了平台提现危机。据统计,从2013年10月到2013年末,大约有75家平台由于挤兑危机而出现倒闭、跑路等现象,涉及金额为20亿元左右,网贷平台恶性事件的频发导致市场潜在参与者对整个网络借贷行业失去基本的信任。

(四)行业调整期(2014—2016年)

2013年末,大量网络借贷平台跑路、倒闭以及行业恶性事件频发,引发了社会问题,国家开始高度重视网络借贷风险问题。2014—2016年整个网络借贷行业处于一个以规范监管为主的行业发展政策调整期。在这个时期,各项法律法规及监管政策逐步出台和完善,网络借贷准入门槛也在逐步抬升。从中央到地方相继出台了许多对网络借贷行业的监管政策和监管措施,足以表明国家对该行业的重视程度。国家从监管层面出发制定监管制度和基本的行业规范,也预示着整个网贷行业即将进入规范发展的时代,对网络借贷交易的社会期望逐步回归理性。

这个阶段平台运营逐渐"规范化"。据网贷之家统计,2014年底网贷运营平台已达1575家,相对2013年的爆发式增长,正常运营的平台增长速度有所减缓。尽管截至2015年12月末,网贷行业运营平台达到2595家,相比2014年增长了1020家,但到了2016年末,网贷行业正常运营平台数量为2448家,相比2015年少了147家,而之后的2017年也延续了这种趋势。因此可以看出,网贷行业从过去的爆炸式增长逐步迈向"合规发展"的新时期,这也从侧面反映出在这个阶段网络借贷行业的准入门槛逐步提升。

除了法律法规逐步健全和监管政策逐步完善之外,随着网络借贷行业的发展,国家表明了鼓励互联网金融创新的态度,银行、国有资本、上市公司、风投资本也在不断涌入网贷行业。据网贷之家数据统计,2014年获得风投青睐的平台较多,银行背景相对较少,然而2015年,更多的国有企业开始入股网络借贷平台,许多平台披上了"国字号"外衣,平台整体质量在逐步提高。因此总体上看,在这个阶段,整个网络借贷行业经营的规范性逐步提升,网络借贷平台的质量也在逐步改善,而且随着《关于促进互联网金融健康发展的指导意见》的落地,网络借贷监管规则正式发布,政策面的引导对网络借贷行业发展产生了积极影响。

(五)规范发展期(2017年至今)

2016年8月24日,银监会等多部委联合发布《网络借贷信息中介机构业务活动管理暂行办法》(以下简称《办法》),将网络借贷行业合规期定为一年,网络借贷行业正式进入规范发展期,也预示着网络借贷行业正逐步走向成熟。2017年,根据《办法》约定的合规期,行业一年整改期结束,网络借贷平台基本完成了合规整改。

在进入规范发展期后,网络借贷行业成交量出现了快速增长趋势。根据网贷之家统计,2017年全年成交量维持上升态势,达到28048.49亿元,网贷行业历史累计成交量突破6万亿元大关,截止到2018年5月底,网贷行业历史成交量突破7万亿元大关。2018年7月网贷行业成交量为1447.54亿元,环比下降17.62%。成交量大幅下降的原因,一是因为6月份行业风险集中爆发,不乏有规模较大的平台出现问题;二是行业负面消息较多,借款人对行业信心以及投资热度开始下降。但从2018年9月网贷成交量可以看出,成交量环比下降7.2%,下降速度有所放缓,表明行业情绪有所好转。

从上述分析可以看出,在进入规范发展期后,随着各项法律法规的出台与完善,网贷平台的市场监管体系已经具备初步的雏形,从2007—2012年完全照搬国外模式到现在有配套监管政策的出台,网络借贷行业中国化正在逐步完成。网络借贷发展历程框架如图2-1所示。

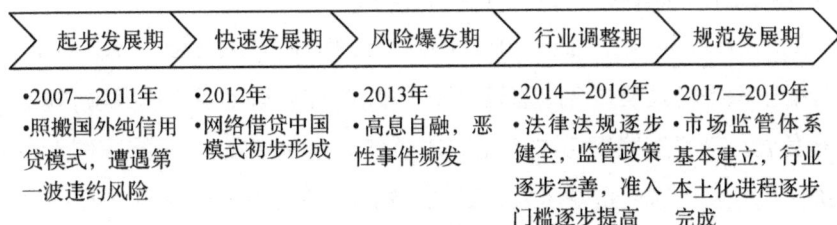

起步发展期	快速发展期	风险爆发期	行业调整期	规范发展期
•2007—2011年 •照搬国外纯信用贷模式,遭遇第一波违约风险	•2012年 •网络借贷中国模式初步形成	•2013年 •高息自融,恶性事件频发	•2014—2016年 •法律法规逐步健全,监管政策逐步完善,准入门槛逐步提高	•2017—2019年 •市场监管体系基本建立,行业本土化进程逐步完成

图2-1 我国网络借贷发展历程

二、网络借贷发展的影响因素

自从2007年中国引入网络借贷模式,十多年来网络借贷行业得到迅猛发展,经历了上述的起步期、发展期、风险爆发期、行业调整期以及行业规范期发展等五个时期。纵览网贷市场发展历程的各个阶段,其发展主要受到政策、经济、社会和技术四个因素的影响。

(一)政策因素

2014—2016年行业调整期,国家表明鼓励互联网金融创新的态度,随着一系列政策和监管措施出台,网络借贷行业步入了规范发展的道路。可以看出,国家政策对网络借贷市场的良性发展具有重要意义。主要表现在以下两个方面。

1. 经济发展政策的影响

在2007年引入网贷模式之初,国内关于网络借贷发展的经验、法律法规还是一片空白,也没有互联网金融概念,因此在起步阶段完全吸收借鉴国外纯信用贷模式。由于国内没有相关的法律法规,在经历短暂的快速发展期后,网络借贷行业进入风险集中爆发期,这引起了国家层面对网贷行业风险的高度重视。

在短暂风险集中爆发期之后,2014年的《政府工作报告》指出,促进互联网金融健康发展,必须要完善金融监管协调机制,坚持守住不发生系统性风险和区域性金融风险的底线。同年,国家互联网金融协会正式挂牌,提出网络借贷行业准入门槛。地方政府也相继出台关于规范发展互联网金融的相关政策意见。2015年我国把互联网金融规范发展纳入国家"十三五"规划之中,可以看出我国政府对网络借贷行业发展的重视。

如图2-2所示,在2015—2017年《政府工作报告》以及相关经济会议上,明确指出积极稳妥推进金融监管体制改革,有序化解处置突出风险,规范互联网发展。鼓励互联网金融依托实体经济规范有序发展,坚持守住不发生系统性风险和区域性金融风险的底线已然成为我国政府的工作重点。

2014年	2015年	2016年	2017年
政府工作报告	政府工作报告	政府工作报告	政府工作报告

- 促进互联网金融健康发展，完善金融监管协调机制，密切监测跨境资本流通，守住不发生系统性和区域性金融风险的底线

促进发展

- 互联网金融异军突起
- 促进电子商务、工业互联网和互联网金融健康发展

异军突起

- 规范发展互联网金融
- 扎紧制度笼子，整顿规范金融秩序，严厉打击金融诈骗、非法集资和证券期货领域的违法犯罪活动，坚决守住不发生系统性区域性风险的底线

规范发展

- 对互联网金融等累积风险要高度警惕
- 积极稳妥推进金融监管体制改革，有序化解处置突出风险点，整顿规范金融秩序，筑牢金融风险"防火墙"

高度警惕

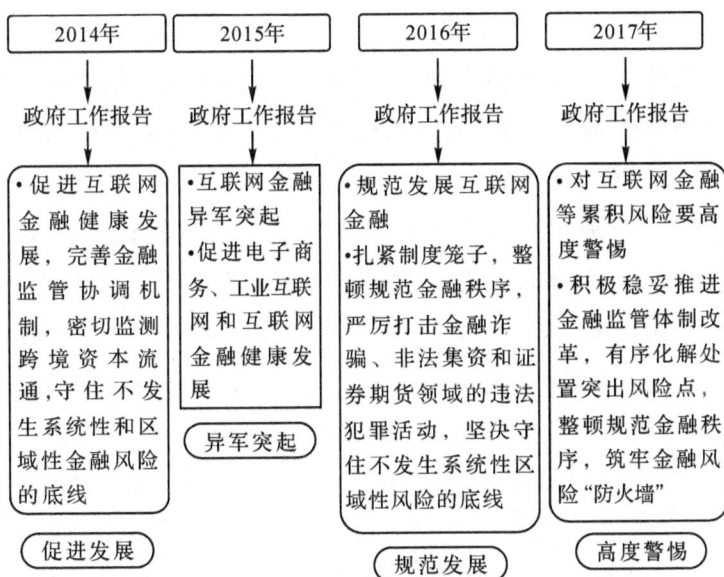

图2-2　历年政府工作报告对网贷行业的政策

从政策层面可以看出，2014年提出规范至今，网络借贷行业发生了较大变化，尽管在中间也有过类似于2018年6月平台集体爆雷事件，但整体还是朝规范化、健康化道路发展，这在很大程度上是得益于国家监管政策和总体经济政策的把控。

2. 监管政策的影响

从历年政府工作报告中可以看出，我国政府对网贷行业的政策经历了"促进发展——异军突起——规范发展——高度警惕"的变化。这一方面得益于我国政策对行业的支持；另一方面也可以看出在风险爆发后相关法律法规的健全以及监管政策的逐步完善，最终使得行业朝规范化经营方向发展。对网贷行业的监管政策可以分成两个阶段：第一个阶段从2015年下半年到2016年；第二个阶段是2017年至2019年。

2015年下半年到2016年是网络借贷行业合规之年。从中央层面来看，2015年7月《关于促进互联网金融健康发展的指导意见》的落地，网络借贷监管正式发布，政策面的引导对行业也产生了显著影响。2015年12月《网络贷款信息中介机构业务活动管理暂行办法（征求意见稿）》的发布和2016年8月《网络借贷信息中介机构业务活动管理暂行办法》的正式出台，表明

网络借贷行业正式进入合规发展期;地方层面,全国多数机构相应出台了许多政策以促进互联网金融规范发展,如2015年1月浙江省金融办发布《浙江省促进互联网金融持续健康发展暂行办法》,2015年1月广州市政府出台《关于推进互联网金融产业发展的实施意见》,2015年9月安徽省政府发布《关于金融支持服务实体经济发展的意见》等。2015年全年更多强调互联网金融应当在规范、有序的前提下进行发展。2016年对于整个网络借贷市场监管来说也是关键一年,重磅监管政策陆续出台,尤其是8月份出台的《网络借贷信息中介机构业务活动管理暂行办法》,确立了网络借贷的合法地位,随后与监管细则配套的监管办法(如《网络借贷资金存管业务指引》等)也相继出台。因此2015年下半年到2016年随着相关法律法规的逐步颁布,对互联网金融监管持续加码,监管力度持续加大,网络借贷平台的合规化进程加速。并且在监管网络借贷市场的同时,借助网络借贷交易发展普惠金融,让金融更好地服务于实体经济。

2019年是网络借贷监管执行年,各类重磅监管措施相继出台,尤其是银监会在2017年2月和8月下发的《网络借贷资金存管业务指引》和《网络借贷信息中介机构业务活动信息披露指引》,标志着网贷行业银行存管、备案、信息披露三大主要合规政策悉数落地,并与2016年8月24日发布的《网络借贷信息中介机构业务活动管理暂行办法》共同组成网贷行业"1+3"制度体系。此外,2017年12月8日出台的《关于做好P2P网络借贷风险专项整治整改验收工作的通知》,要求各地在2018年4月底前完成辖内主要网络借贷机构的备案登记工作,6月底之前全部完成整改工作,明确了具体的备案和整改时间表。另外,2018年互联网金融专项整治仍在继续,备受争议的"校园贷""现金贷"也迎来强监管。随着"互金"专项整治的继续和各地备案工作的正式开展,合规和备案将仍是未来一段时间网络借贷平台发展的主基调。

(二)经济发展因素

从长期来看,我国经济体量巨大、人口众多,未被释放的民间需求依旧庞大。在进一步深化改革和经济结构调整进程中,改革红利以及这些未被释放的需求依旧能够在很大程度上推动中国经济跃过中等收入陷阱,继续向前发展。2007—2017年中国国内生产总值及其增长率如图2-3所示。

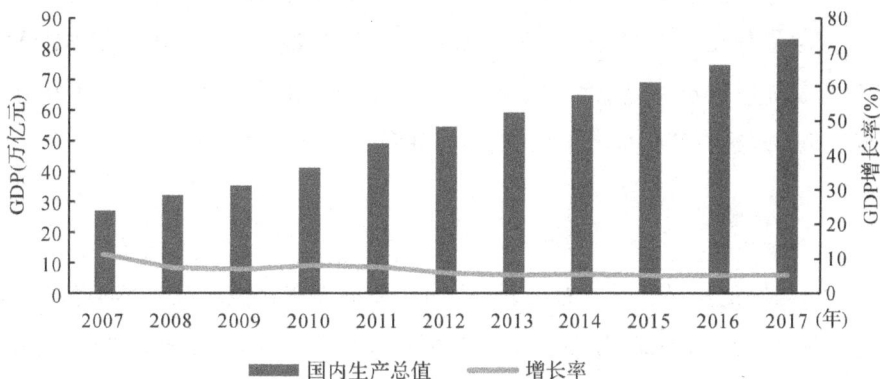

图2-3　2007—2017年中国国内生产总值及增长率

图2-3中,国内生产总值从2007年的27.02万亿元增加到2017年82.7万亿元。2011—2017年中国网络经济市场营收规模及增长率如图2-4所示。

图2-4　2011—2017年中国网络经济市场营收规模及增长率

数据来源:综合企业财报及专家访谈,根据艾瑞咨询统计模型计算。

从图2-4可以看出,随着中国国内生产总值的增加,中国网络经济市场营收规模也在逐年递增,从2011年的3402.7亿元增加到2017年的36 556.8亿元。经过多年高速增长后,网络经济发展进入了稳健期,虽然增速略有放缓,但从整体上看,仍然保持稳定的增长态势,预计未来还将继续增长。

结合图2-3和图2-4可以看出,网络借贷市场的发展和国内生产总值的增长是同步进行的。从整体上来看,作为新兴行业,网络借贷行业未来发展具有相当大的潜力。随着经济结构的转型升级,互联网技术的不断更新升级,网络借贷交易规模仍然能够保持稳定上升态势。从资金市场供求的角度来看,随着经济发展,处于"长尾"部分居民个体融资的需求与日俱增,需要更多的网络借贷这样的新型借贷交易组织提供融资服务。

(三)社会因素

网络借贷平台诞生之初,其主要功能是解决资金供求双方不平衡的问题,因此社会因素对网络借贷市场发展的影响,主要体现为资金的需求方和资金的供给方两个层面。

网络借贷市场的资金需求方主要包括小微企业和个人消费者。小微企业融资难一直困扰着经济的发展,成为中国经济发展过程中的一个难题。近年来,随着世界经济形势总体下行压力加大,市场预期不稳定和金融风险偏好下降,融资渠道收窄等综合因素的影响,小微企业面临的融资环境更加严峻。金融市场中小微企业资金的主要供给方是商业银行,银行对小微企业的借款资质控制较为严格,贷款审核流程较为繁琐,真正能够满足银行审核条件的小微企业非常少,大部分小微企业因为无法满足银行的审贷条件,难以从银行获得信贷资金。一种新型的借贷模式——网络借贷平台的诞生,为解决小微企业融资难问题提供了一种全新的服务模式和服务理念。借助于互联网技术和大数据,网络借贷对企业资质审核程序较为简单,对抵押和担保的要求明显低于银行的要求,大量无法提供抵押和担保的小微企业可以借助于网络借贷满足融资的需求。因此,网络借贷行业的发展,对于有效缓解小微企业融资难问题具有较大作用。另一方面,随着经济不断发展,个人消费需求与日俱增,提前消费和透支消费成为新一代年轻人主要的生活方式,网贷平台的出现与个人消费需求增加不谋而合,消费者只要提供相关证明材料就能获得资金,很好地解决了自身资金短缺问题。

从网络借贷供给方来看,随着中国经济发展和藏富于民政策的不断推进,居民可支配收入快速增长,家庭或居民个体具有了理财的需求,希望通过对资金和财富的管理实现资金的保值和增值。但是,从中国的整个金融市场来看,为家庭和居民个人提供的投资方式和投资渠道非常有限。具有非排他性和包容性特征的网络借贷交易,以灵活自主投资方式和较高投资收益吸引了居民个体和家庭的投资兴趣,满足了居民个体和家庭的投资需求。居民个体成为网络借贷交易市场资金的主要供给者,为网络借贷市场提供主要的资金来源。

(四)技术因素

技术的进步和网络借贷行业的发展是相辅相成的,网贷行业的诞生主要是基于技术的进步。技术对网络借贷行业发展的影响主要包括互联网技术进步和IT运维及信息安全技术的发展两个方面。

互联网技术飞速发展为资金借贷和网贷机构发展提供了技术支持和交易手段的更新。互联网技术首先解决了网络借贷交易过程中资金存管问题,网络借贷平台为了交易核实与对账,可以通过网络技术在第三方支付平台开设中间资金账户,由第三方支付公司承担结算业务,摆脱了对传统以人民银行为核心的结算体系的依赖。而且,利用互联网技术使网络借贷交易结算成本大大下降。同时,互联网技术为网络借贷交易提供了网络化交易的手段,在多种移动终端上可以随时随地完成借贷交易,传统物理网点对借贷交易的约束被突破了,借贷交易参与者的体验也更丰富了。交易手段的更新极大地增加了网络借贷交易的参与者规模,提升了借贷交易的市场认可度和参与度,为网络借贷交易的发展提供了强有力的客户群体支撑。

互联网技术的发展对网贷行业发展另一方面的影响表现为,大幅降低了网络借贷交易的进入门槛,导致网络借贷行业鱼龙混杂,交易风险增加。在2013—2014年平台风险集中爆发期,一些不具备网络借贷交易资质的平台在网络上发布融资信息,成为这个时段平台恶性事件频发的主要原因。另外,互联网还面临网络安全问题,容易引发借贷交易资金安全性问题。互联网技术的不断进步,尤其是IT运维及信息安全技术的发展,弥补了这方面的问题,使保障平台资金和业务平稳运行成为可能。技术上的进步让平台资金安全得到有效保障,同时,也使网络借贷交易更符合国家对网贷平台规范化经营的要求。

第二节　我国网络借贷的类型与舆情

网络借贷经营模式主要是搭建第三方服务平台,为有投资和理财需求的客户和有融资需求的客户提供信息及相关服务,实现资金在供给方和需求方之间的流动,从而满足双方的融资需求。网络借贷交易发展的过程中,不断结合中国借贷市场的具体需求进行创新,形成了有中国特色的网络借贷类型。另外,伴随着网络借贷交易快速发展和风险积聚爆发,社会媒体、政府各级管理部门、居民个体和监管部门对网络借贷的关注与日俱增,网络借贷交易和市场发展的舆情分析与报告成为各方关注的焦点。

一、网络借贷的资产类型

(一)小额信贷

普通小额信贷是网络借贷行业最早运营的资产类别,类似于P2P网贷行业起步发展期的信用贷。例如最早成立的网络借贷平台——拍拍贷就是这种模式,即借款人不需提供抵押物或担保物,凭借自身的收入状况、资产状况以及过往的信用记录,经过网贷平台的审核,审批合格就能成功申请借款。这种模式主要依靠信贷审核人员对借款人借款资质的经验判断,同时缺乏对借款人的担保制约,因此,这种信贷模式的违约率较高。高违约率也意味着高利率,普通小额信贷借款利率超过20%,投资收益在11%到19%之间。普通小额信贷一般借款金额较小,单笔金额不超过5万元,且借款期限为1—3年。

除了普通小额信贷之外,还有一种主要针对大学生市场的小额信贷模式——分期消费贷款。由于大学生还款能力有限,分期消费信贷的借款期限较短,借款额度较小。分期消费贷款满足特定人群的特定消费需求,借款人通过分期支付获得某种商品,京东白条、蚂蚁金服的花呗都是属于分期消费信贷的一种。分期消费贷款的申请人通过分期消费获得的资金,由放贷机构直接转账给产品供给方,申请人逐笔分期向信贷机构归还借款。这种模式所面临最大的风险,就是用户的还款能力,即消费者是否具备基本的还款能力,以保证持续不间断地向信贷机构归还借贷资金,这也是分期消费借贷发展的关键所在。

(二)保证担保贷款

保证担保贷款是网贷行业主要资产类型之一。按照《担保法》规定,保证贷款是指第三人承诺在借款人不能偿还贷款本息时,按照规定承担连带责任而发放的贷款。与小额信贷主要依靠信用资质进行贷款不同,保证担保贷款需要有担保人对借款人借款进行担保。按照担保人类别不同,保证担保贷款主要有一般性保证贷款和融资性担保公司担保贷款。

一般性保证贷款对担保人的资质要求不高,其担保人可以是合格的个人、小贷公司、资产管理公司或者保理公司,如红岭创投、有利网、你我贷等都是属于一般性保证贷款人。一般性保证贷款具有借款额度大、期限长、资产提供商为一般性保证贷款担保人等特点。一般性保证贷款的借款期限多数在1—3年之间,借款金额可高达上亿元。

融资性担保公司担保贷款是指由融资性担保公司提供担保的贷款,当借款人由于某些原因无法按期偿还贷款本息时,融资性担保公司按照事先约定承担连带责任。与一般性保证贷款不同,融资性担保公司既注重贷前的审查,也注重贷后的不定期调查,这种贷款违约概率明显低于一般性保证贷款。融资性担保公司担保贷款的成本较高,借款利率较高,一般要求借款人提供抵押物给担保公司做反担保。网络借贷行业中的陆金所、爱投资、金海贷等都是融资性担保公司。

(三)抵、质押贷款

与小额信贷和担保贷款无需提供抵押物、只要凭借借款人资信以及合格担保人就能获得贷款不同,抵押(质押)贷款需要借款人提供一定的抵押(质押)物才能够实现相应的借款需求。按照抵押(质押)标的的不同,抵押(质押)贷款可以分为房产抵押贷款、汽车抵押(质押)贷款以及银行承兑汇票质押贷款三种类型。

1. 房产抵押贷款

房产抵押贷款是指借款人用其所有的房产作为还款物质保障的贷款，房产抵押贷款资产是目前占比较大、业务模式较为成熟的贷款方式之一。从事房产抵押贷款的网贷平台有钱多多、和信贷等。

与银行房地产抵押贷款相比，网络借贷平台房产抵押贷款具有以下特点：第一，网络借贷平台房产抵押贷款期限较短，适用于短期内缺乏资金的借款人，多数网络借贷平台上的房产抵押贷款期限都在1年以内。虽然期限较短，但是网贷平台的房产抵押贷款借款利率要高于银行，一般在15%左右；第二，网络借贷平台房产抵押贷款对地域有一定的要求，申请网贷房产抵押贷款需了解当地的相关政策，并且要在当地房管局办理抵押权登记；第三，网络借贷平台房产抵押贷款成本较高，主要是由于平台对借款人所抵押的房产不好掌控，加上对于房产抵押贷款的门槛较低，因此网贷平台自身需要承担较高额的贷款风险，从而导致通过平台进行房产抵押贷款的成本较高；第四，网贷平台的房产抵押贷款放款速度较快，与银行办理抵押贷款相比，网贷平台所需要的贷款手续较少，贷款审核速度较快，从而可以在比较短的时间内完成借款。

2. 汽车抵押(质押)贷款

车贷平台是网络借贷平台的一种，主要是指借款人用其所拥有的汽车作为抵押(质押)而获得的贷款，是网络借贷投资人较为喜欢的一种方式。

与网络借贷房产抵押贷款相比，汽车抵押贷款具有以下特点：第一，借款期限短，一般来说网络借贷理财产品以投资周期短而著称，而网络借贷车贷产品的投资周期在网贷行业内较短，维持在1—3个月，符合投资人的投资需求；第二，借款金额较少，网络借贷车贷产品的融资额度较小，一般在10万—50万元。相比于其他产品，车贷标的额度较低也较为灵活，既分散投资人的风险，也分散了违约或坏账累积的风险；第三，汽车抵押贷款借款利率较高，网络借贷中的车贷比其他类型的借款利率要高很多，一般在16%—20%之间；第四，风险相对可控，主要是因为抵押标的——车容易变现，一旦发生坏账，容易对标的进行变现处理，由此降低了借款人违约给投资者带来的损失。

3. 银行承兑汇票质押贷款

银行承兑汇票是商业汇票的一种,由在承兑银行开立存款账户的存款人出票,向开户银行申请并经银行审查同意承兑的,保障在指定日期无条件支付确定金额给收款人或持票人的票据。银行承兑汇票质押贷款是指票据持票人将汇票质押给出借人,从出借人处借入本息不高于票面金额减去贴现费用的一种借款行为,并且借款到期日不能超过票面载明的汇票到期日。

银行承兑汇票质押贷款以质押的银行承兑汇票作为第二还款来源,凭借银行信用,以银行承诺无条件兑付作为保障。即使借款人第一还款来源丧失,借款到期将质押的票据在二级市场转让或者提前向承兑银行贴现来获取还款资金,对出借人来说没有任何风险,是网络借贷交易中安全系数较高的产品之一。代表的银行承兑汇票质押贷款平台有金银猫、票据宝、招财宝、京东金融等。

(四)供应链贷款

供应链金融是指银行将核心企业和上下游企业联系在一起,提供灵活运用的金融产品和服务的一种融资模式,即把资金作为供应链的一个润滑剂以增强资金的流动性。网络借贷平台通过与供应链核心企业进行合作,为上游企业应收账款融资和对下游企业信用贷款。按照这层含义,网络借贷平台供应链贷款主要包括商业承兑汇票质押贷款和商业保理两类。

商业承兑汇票质押贷款一般是指,由银行信用评级AA以上的国有大行担保、公司或财务状况良好、资产规模达百亿以上的大型企业集团提供到期足额兑付担保的票据质押贷款。根据其贷款对象可以看出,商业承兑汇票质押贷款的额度较大,一般在100万-500万元之间,并且其主要目的是增强资金的流动性,因此借款期限一般在80天左右。从事这种融资业务的代表网络借贷平台有金银猫、开鑫贷、票据客等。

商业保理是指卖方将其现在或将来基于其与买方订立的货物销售(服务)合同所产生的应收账款,转让给保理商(提供保理服务的金融机构),由保理商向其提供资金融通、买方资信评估、信用风险担保、账款催收等一系列服务的综合金融服务方式。将商业保理引入网络借贷平台是供应链金融体系中关键一环,网络借贷平台可以通过保理公司回购、引入担保或保险、设置风险准备金等方式来保障投资人的资金安全。因此,商业保理与其他模式最大的区别就是其风险可控性极强。提供商业保理业务的代表性网贷平台有积木盒子、旺财谷等。

网络借贷平台除了上述小额信贷、保证担保贷款、抵押(质押)贷款和供应链贷款4种资产类型的融资服务以外,还包括典当、融资租赁、小额债权包、股票配资、首付贷、权益类产品、银行不良资产以及券商资管计划份额质押融资等8种资产类型的融资服务。

二、网络借贷平台的舆情分析

舆情是"舆论情况"的简称,通常是指社会民众对社会性事件或社会管理者所表达的信念、态度、意见和情绪表现的总和。进入互联网时代之后,由于信息传播速度以及传播渠道质的飞跃,网络舆情成了政府、企事业单位了解民意的重要方面。如今各国政府都非常重视网络舆情的监测与分析,以适应互联网对政府管理能力带来的挑战。

互联网金融的发展一直处于火热的状态。2015年网络借贷相关舆情量与往年相比呈爆炸式增长,仅新闻报道就达到123万篇,为2014年的2.5倍。通过年度数据比较分析,发现如图2-5所示,2014—2015年期间相关媒体传播量呈现指数增长的变化趋势。

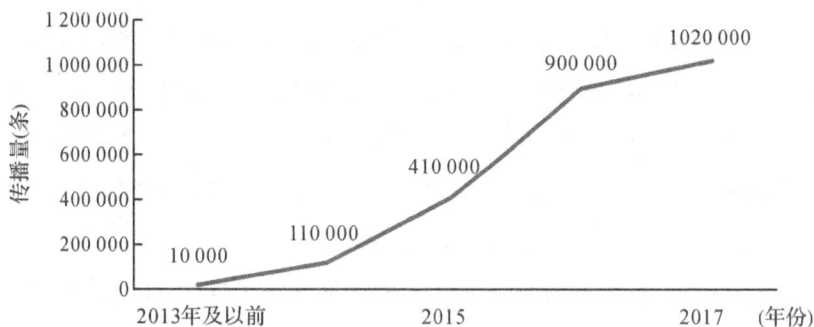

图2-5 近年来网络借贷行业舆情数量

数据来源:网贷之家。

网络借贷本身经过"野蛮生长"阶段,在李克强总理提出"互联网+"战略规划之后,普通老百姓也纷纷参与互联网金融领域的投资。2016年舆情数量的增长幅度比2015年更加显著,主要有两方面的原因:一方面,2016年网络借贷行业交易体量不断扩大,社会影响和舆论的辐射面更为宽广;另一方面,2016年网络借贷行业的规范准则相继出台,引起了投资人群体的广泛关注。2017年网络借贷行业舆情总量呈现稳步增长的趋势,网贷之家的舆情数据库显示,2017年各大新闻媒体、论坛以及微信自媒体共发布涉及网络借贷行业舆情逾102万条,较2016年环比增长12.8%。

网络借贷行业的负面舆情占比总体呈现下降的趋势。如图2-6所示,2013年和2014年是行业野蛮发展时期,行业关注度相对较低,舆情数量较少。负面舆情相比正面传播度要高,致使负面新闻占比相对较高;2015年是网络借贷行业高速发展期,无论是融资规模还是平台数量都呈现爆发式增长,网络借贷行业的负面舆情占比呈现下降的趋势。网络借贷行业处于发展的春天,正面舆情较多,负面新闻占比急速下滑,仅为11.49%,是2013年到2017年间的最低点。

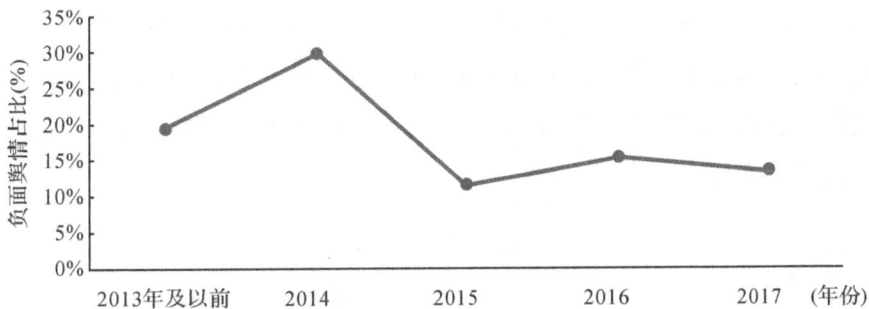

图2-6 网络借贷行业负面舆情占比

数据来源:网贷之家。

随着监管制度逐步完善,网络借贷行业开始步入规范发展的道路。从负面舆情数据来看,2017年负面舆情占比下降为13.48%,这一方面表明了监管政策实施的有效性,另一方面说明网络借贷平台对自身品牌维护的重视度提高了。另外,在不断优化的监管和社会环境中,部分不合规的网贷平台选择主动退出网络借贷市场,使得网络借贷行业整体的市场表现有所改善,市场潜在投资者对网络借贷未来发展的预期有所调整。

第三节 我国网络借贷发展的经济学分析

一、我国网络借贷发展的总体状况

(一)正常运营平台数量增速减缓、问题平台涌现

据网贷之家统计,2014年运营网络借贷平台数量达1575家,相对2013年平台的爆发式增长,正常运营的网贷平台增长速度有所减缓,主要是由于该阶段大量问题平台涌现。截至2015年12月底,网贷行业运营平台数量达到2595家,相比2014年底增加了1020家,绝对增量超过2014年。但到了2016年,网贷行业正常运营平台数量为2448家,相比2015年底减少了147家,全年正常运营平台数量维持逐级减少的走势,与2015年数量大幅增加呈现截然相反的情况。并且在2017年继续维持这种趋势,截至2017年12月底,网络借贷行业正常运营平台数量达到1931家,相比2016年底减少了517家,全年正常运营平台数量一直处于下行。由此看出网贷行业从"野蛮发展"迈向了"规范发展"新阶段。图2-7给出了2012—2017年网贷平台运营数量变化情况。

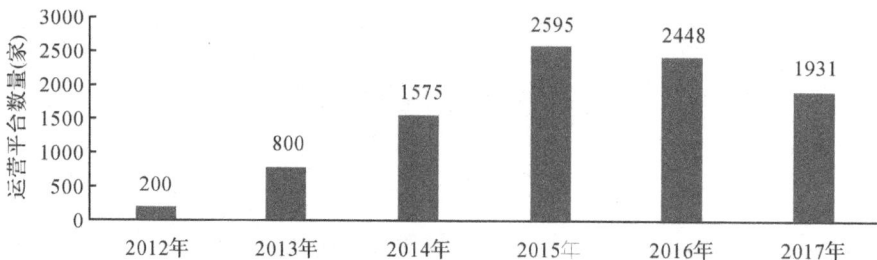

图2-7 2012-2017年网贷行业运营平台数量

数据来源:网贷之家。

进入2018年以后,网贷运营平台数量在前六个月维持着稳定下降的趋势。如图2-8所示,2018年7月份平台数量则出现了大幅度减少,到了9月底,正常运营平台数量下降至1772家。在新增问题平台方面,如图2-9所示,2018年2—3月、7—8月份分别新增问题平台数为335和351家,网络借贷平台风险集中涌现,其中不乏有成交规模较大的平台出现问题。

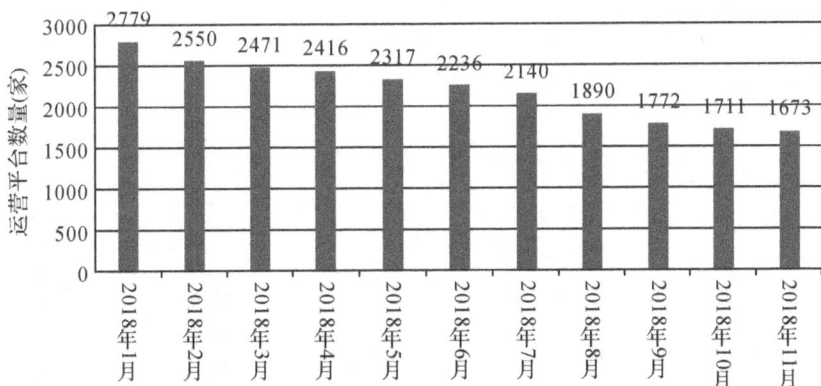

图2-8　2018年1—11月运营平台的数量

数据来源:网贷之家。

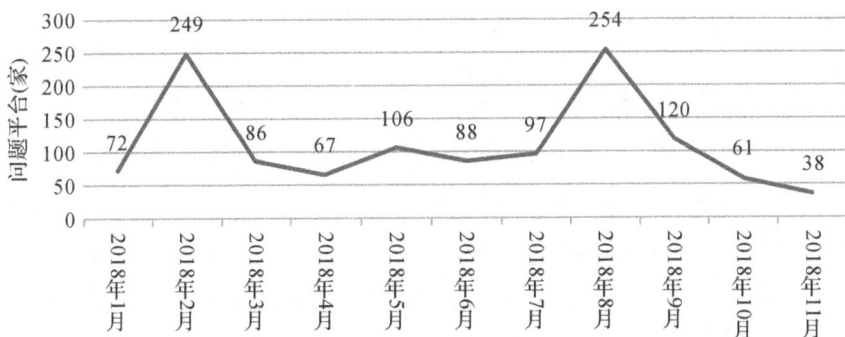

图2-9　2018年1—11月新增问题平台数

数据来源:网贷之家。

(二)网贷行业成交量增速放缓

网络借贷行业的成交量一直以来呈上升趋势,图2-10给出了2013—

2017年网贷行业成交量趋势变化情况。从图2-10中可以看出,2014年网贷行业累计成交量为2528亿元,是2013年的2.39倍。2015年的全年网贷成交量上升至9823.04亿元,相比2014年增长了288.57%,2016年继续上升,全年成交量达到了20638.72亿元。2017年,网络借贷行业全年成交量维持上升态势,达到了28048.49亿元,而且网络借贷行业历史累计成交量突破6万亿元大关,单月成交量均在2000亿元以上。从2013—2017年网贷行业成交量的变化来看,虽然网络借贷行业出现了风险问题,但是市场预期和对网贷行业发展的信心并未受到明显的冲击。

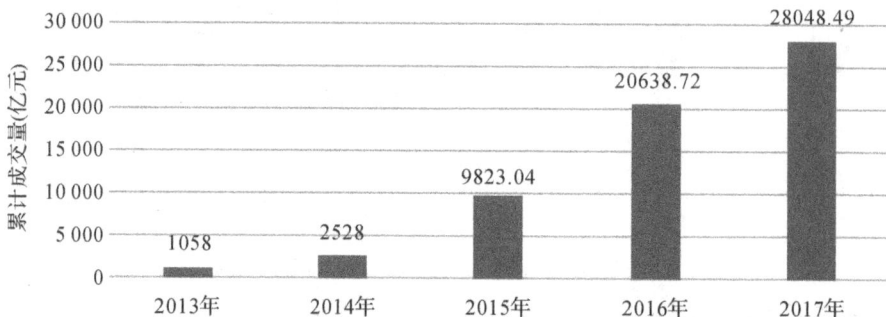

图2-10 2013-2017年网络借贷行业全年累计成交量走势

数据来源:网贷之家。

待还贷款余额是指平台目前在贷的尚未还款的本金(不计利息),贷款余额是衡量平台借贷规模和安全程度的重要指标。随着网贷成交量稳步上升,网络借贷行业贷款余额也随之同步走高。如图2-11所示,2013—2017年网络借贷行业贷款余额走势,可以看出,2015年12月底,网贷行业总体贷款余额已经达到了4394.61亿元,2014年年底总体贷款余额为1026亿元,增长幅度为283%。截至2016年底,网贷行业总体贷款余额已经达到8162.24亿元,比2015年同期上升85.73%,可见一年时间内数千亿元的资金涌入了网贷行业。由于资金的主要去向仍是以"强背景"大平台为主,大平台的借款期限普遍较长,业务增长较快,因此使得贷款余额出现了明显的增长。到了2017年,网络借贷行业总体贷款余额已经达到12 245.87亿元,同比上升了50%。这主要是由于行业集中度较高,而体量大的平台一般借款期限较长,业务扩张速度快,从而带动网络借贷行业贷款余额上了一个新的台阶。

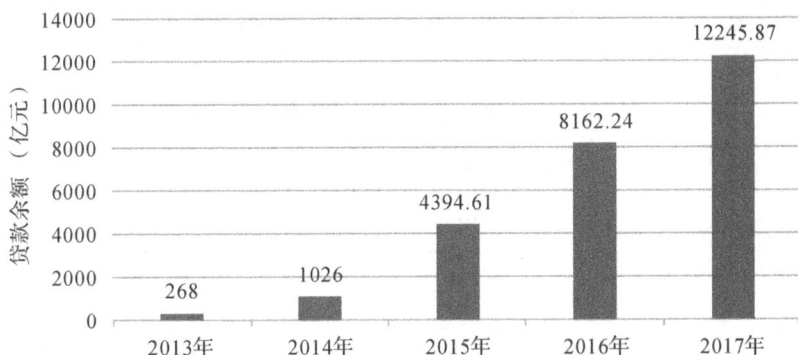

图2-11　2013—2017年网贷行业贷款余额

数据来源:网贷之家。

　　2018年平台成交量和待还余额,如表2-1所示。1月网络借贷行业的成交量为2081.99亿元,2月网络借贷行业的成交量为1690.04亿元,环比下降18.83%,创近一年来月成交量新低。主要受春节小长假影响,不少平台暂停发标,从而导致2月成交量大幅下降,截至2018年2月底,网贷行业历史累计成交量达到了3772.03亿元。2018年5月网贷行业的成交量为1826.6亿元,环比上升5.53%,同比下降了26.6%。5月行业成交量出现小幅回升,主要是因为本月恰逢"518理财节",许多平台借此加大品牌宣传,投资奖励活动不断。截至2018年5月底,网贷行业历史累计成交量达到了9245.23亿元,突破9万亿元大关。7月P2P网贷行业的成交量为1447.54亿元,环比下降17.62%,同比下降了42.94%。7月行业成交量出现近半年来最大幅度的下降,主要有两方面的原因:一是网络借贷行业进入风险集中爆发期,甚至是成交规模较大的平台也出现了流动性问题,影响了投资者的市场进入;二是行业负面舆情事件较多,出借人负面情绪较大,对于网络借贷行业信心减弱,投资热度出现一定程度的下降,致使7月成交量下滑。截至2018年7月底,网络借贷行业历史累计成交量达到了12450亿元。2018年9月网络借贷行业的成交量为1107.37亿元,环比下降7.2%,同比下降52.91%。9月行业成交量继续维持上月下降趋势,主要还是受过去几个月风险的集中爆发、出借人信心受挫的影响,再加上大部分平台已进入自律合规检查阶段,为尽快完成合规,也有意压缩规模。但值得注意的是,成交量的下降速度有所放缓,表明网络借贷行业情绪有所好转,出借人的信心开始逐渐恢复。

表2-1　2018年1—11月平台成交量和待还余额

月份	成交量(亿元)	待还余额(亿元)
1	2081.99	10438.36
2	1690.04	10519.05
3	1915.65	10524.55
4	1730.95	10554.12
5	1826.59	10691.72
6	1757.23	10292.36
7	1447.54	9561.48
8	1193.27	9032.84
9	1107.37	8536.71
10	1022.66	8322.89
11	1114.54	8111.94

数据来源:网贷之家。

从网络借贷的贷款余额来看,2018年1月底,网络借贷行业待还余额增至10 438.36亿元,网络借贷成交量尽管在2月出现一定幅度下降,但网络借贷行业贷款余额却有小幅增长,主要原因在于资金大多流入平均借款期限较长的平台,没有影响网贷行业待还余额稳步上升的态势。2018年5月底,网络借贷行业待还余额增至10 691.72亿元,环比增加了1.3%。按照57号文件的原计划,2018年5月网络借贷行业整改验收工作基本完成,不少平台的违规存量已完全消化。随着现金贷等短期项目的清理整顿,不少平台的平均借款期限有所拉长,从而使行业待还余额略有增长。2018年7月底,网络借贷行业待还本金为9561.48亿元,环比下降730亿元,降幅为7%,这其中包含有数据的问题或停业平台的待还本金近300亿元。截至2018年9月底,网络借贷行业正常运营平台合计待还本金总量为8536.71亿元,环比下降5.49%。9月行业待还本金延续下降走势,主要是因为行业负面情绪较多,活跃出借人数下降,行业整体成交低迷。另外据网贷之家统计,截至2018年10月底,P2P网贷行业累计成交量已高达7.81万亿元,有望突破8万亿元大关。

(三)网络借贷行业收益率和平均借款期限

1. 网络借贷行业综合收益率下降

网络借贷行业整体收益率呈现逐年下滑的状态。如图2-12所示,行业的综合收益率从2014年初的21.25%减少至2017年初的9.45%,2017年综合收益率延续2016年整体下行的走势,但下降速度有所放缓。一方面由于体量较大的网贷平台,大部分具有强大投资背景,比较受投资人青睐,但其综合收益率相对较低;另一方面应监管政策要求,资产端借款利率也在逐步下行,综合影响网络借贷行业综合收益率下行。

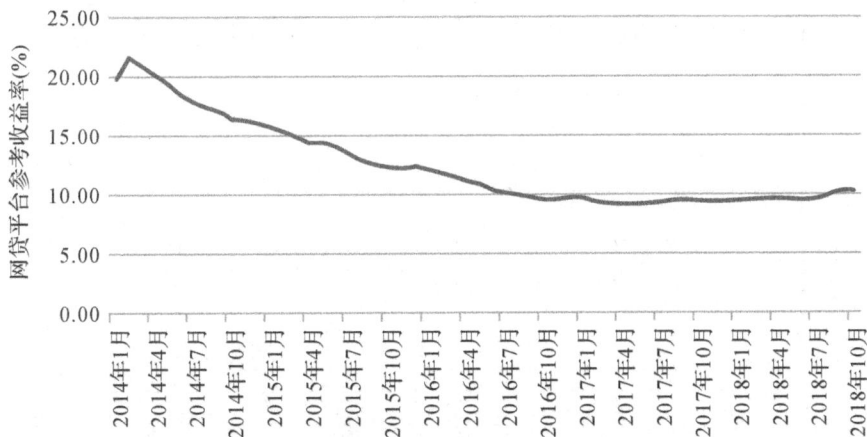

图2-12　网贷平台参考收益率发展趋势

数据来源:网贷之家。

2018年7月,网贷行业综合收益率为9.76%,环比小幅上升14个基点(1个基点=0.01%),同比上升25个基点。7月综合收益率小幅回升主要受两方面因素的影响:一是不少网贷平台为增强出借人信心,提高平台续投率,进行了加息活动;二是不少出借人信心受损,着急债转,提高了债转利率,使得部分网贷平台综合收益率提高。2018年9月,网贷行业综合收益率为10.30%,创近两年新高,环比上升28个基点(1个基点=0.01%),同比上升77个基点。9月综合收益率继续走高,主要是因为近期出借人投资活跃度相对较低,不少平台为保持存量并获取新用户,增加用户粘性,进行了加息活动。10月综合收益率为10.24%,有了小幅回调,主要是受部分平台加息活动结束以及高息平台数量减少的综合影响。

2. 网络借贷行业平均借款期限拉长

网络借贷平台借款期限有逐步走高的迹象,如图2-13所示,2017年平均借款期限已经上升至9.16个月,相比2013年平均借款期限仅为4.73个月,上升了4.43个月。主要是由于部分平台成交体量大,长期标的数量越来越多,从而带动行业平均借款期限拉长。随着网贷平台进入存量淘汰阶段,大平台成交量高而平均借款期限长,影响行业平均借款期限。

2018年10月网贷行业平均借款期限为14.66个月,环比缩短0.21个月,同比拉长了5.82个月,结束了行业平均借款期限持续走高的趋势,再结合前几个月增速一直放缓的情况,说明行业平均借款期限已趋于稳定,未来或将在此水平呈现小幅上下波动走势。

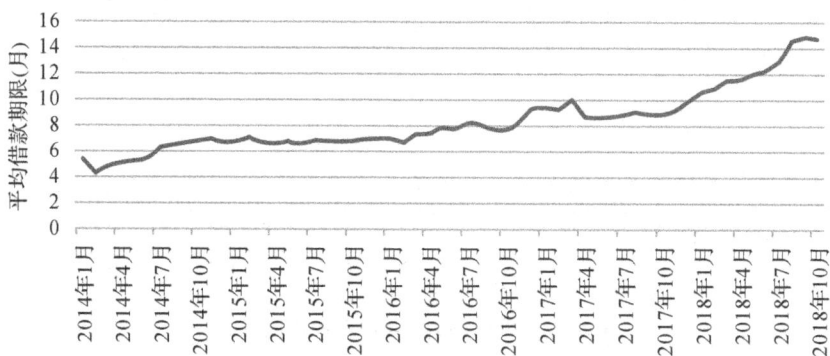

图2-13 各年月平均借款期限变化

数据来源:网贷之家。

(四)网络借贷行业人气:投资者人数少于借款人数

网络借贷行业投资人数与借款人数保持着上升趋势,分别从2014年的

116万人和63万人增加至2017年的1713万人和2243万人。受限额政策的影响,不少网贷平台向消费金融等小额业务转型,还有部分网贷平台对接了现金贷资产,此类业务的共性是小额分散,涵盖的借款人多,因此借款人数增长速度远超投资者人数增长速度。

2018年前6个月行业人气方面表现良好,但是到了7月,网络借贷行业的活跃投资人数、活跃借款人数分别为334.34万人、375.17万人,其中活跃投资人数环比下降18.13%,活跃借款人数环比下降13.79%。9月网络借贷行业的活跃投资人数、活跃借款人数分别为241.64万人、274.35万人,其中活跃投资人数环比下降7.25%,活跃借款人数环比下降9.08%。由于投资者仍然以谨慎、观望为主,使得投资人数出现下滑。借款端由于不少投资人进行债转退出,部分成交资金与债转进行撮合,导致平台借款端业务撮合的规模下降,借款人数也出现较大下降。2018年9月投资人数和借款人数虽然依然呈现下降趋势,但是下降幅度相比8月已经有所缓解。10月P2P网贷行业的活跃投资人数、活跃借款人数分别为227.38万人、263.01万人,其中活跃投资人数环比下降5.90%,活跃借款人数环比下降4.13%。从数据上可以发现,投资人数和借款人数下降速度均出现放缓迹象。投资人数和借款人数对比如图2-14所示。

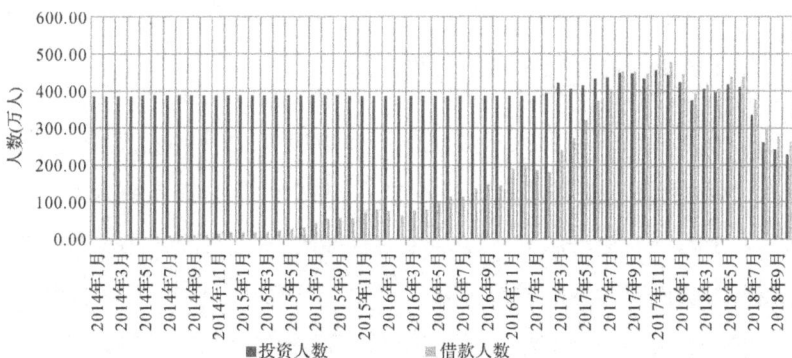

图2-14　各年月网贷投资人与借款人数量对比

数据来源:网贷之家。

二、我国网络借贷发展的微观特点

(一)银行系网络借贷具有专业优势

商业银行依靠自身的优势,加入网络借贷行业。其中,比较有代表性的网贷平台有招商银行的小企业e家、民生银行的民生易贷、包商银行的小马bank、兰州银行的E融e贷以及国家开发银行的金开贷等。

银行系网络借贷平台的优势主要在于:第一,资金雄厚,流动性充足;第二,项目质地优良,大多来自银行原有中小型客户;第三,风险控制能力强,利用商业银行借贷的天然优势,通过银行系统进入央行征信数据库,在较短的时间内掌握借款人的信用情况,从而大大降低了贷款风险。另外,包括恒丰银行、招商银行、兰州银行、包商银行在内的多家银行,以不同的形式直接参与旗下网络借贷平台的风控管理,为所属的网络借贷平台风险防控提供直接的管理支持。但另一方面,和传统网络借贷平台相比,银行系借贷平台的收益率普遍偏低,对投资者吸引力不足;商业银行在风控方面主要是依靠贷款抵押物来进行,这种控制风险的模式是否适用于网络借贷交易有待进一步分析。

(二)国资系网络借贷平台的劣势

国资系网络借贷平台大多数是国有金融或类金融平台,在业务模式上规范性较强,而且从业人员金融专业素养较高,因此国资系进入网贷行业,被业内人士解读为管理层对互联网金融领域的认同和对网络借贷模式的许可。随着网络借贷行业的发展,银行、国资、上市公司、风投资本不断涌入网贷行业,加速网贷行业布局,但是在所有有背景的平台中,国资入股的平台数量是最多的,达到212家,远远多于银行背景的平台数量。代表性的网贷平台有开鑫贷、中广核富盈、国控小微等。

国资系网络借贷平台尽管拥有国有股权背景的隐性背书,但与其他系别平台相比,劣势主要在于:第一,从投资端来看,国资系平台的起投门槛较高,如金开贷一般要3万元起投,而且高门槛也不一定意味着高回报率,国资系平台的平均年化收益率在10%左右;第二,从融资端来看,由于项目标的庞大而且网贷平台产品种类有限,多数产品是企业的信用贷,信用贷复杂的审批制度严重影响了网贷平台的运转效率。

另外,国资系网贷平台和银行系网贷平台倾向于选择中小企业贷。据网贷之家数据显示,47%(22家)的国资平台和75%(6家)的银行系平台项目主要类型是中小企业贷。除此以外,国资系网络借贷平台比较青睐个人信用贷,共有40%(19家)的国资平台参与个人信用贷。而从事票据抵押、放贷抵押的国资系、银行系平台数量相对较少。

(三)上市公司系网络借贷平台以制造业背景为主

上市公司涉足网络借贷行业的原因主要包括:第一,公司传统业务缺乏后期的持续增长力,为了谋求多元化经营,必须寻找新的利润增长点;第二,上市公司从产业链上下游的角度出发,通过网络借贷打造供应链金融体系;第三,网络借贷概念深受投资者的青睐,上市公司从增加企业市值的角度着手,涉足互联网金融板块。因此,近几年许多上市公司都有涉足网络借贷行业,比如铜掌柜、和信贷、爱投资等。

如图2-15显示,根据贷出去多赚数据统计,上市公司参与网络借贷行业的行业属性相对集中,制造业在上市公司系中所占的比例最大,为57%。制造业行业企业对网络借贷平台感兴趣无非是想打造完美的供应链金融体系,构建出以网络借贷资金流为脉络的供应链金融生态圈,将供应链中的信息生成和接收、物流的发出和对接,甚至是实体企业的生成端和销售端进行对接和融合,从而帮助核心企业掌握整个产业链中其他上下游企业,进而提高上下游企业之间的对接效率和经营收益。

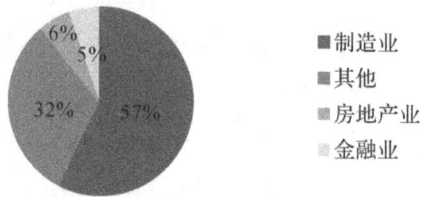

图2-15　涉足网络借贷行业上市公司所属行业分布

数据来源:贷出去多赚。

(四)风投系网络借贷"北上广"居多

截至2018年11月,全国范围内共71家网贷平台获得风投,获得风投的网贷平台多数分布在北京、上海、广东、浙江等地区,这些平台主要青睐于"抵押标的"并且其注册资本多数在1000万元以下。代表性的网贷平台有银泰资本注资的积木盒子、君联资本注资的铜板街以及拍拍贷等。

一方面,风投在一定程度上能够为网贷平台增加信用等级,风投机构的资金注入能够充裕平台资金,有利于经营规模的扩大以及风险承受能力的提升。但风投的注资无法完全规避网络借贷平台存在的信用风险和经营风险,如2013年上线的自由金服(曾用名为融易融),于2015年1月获得海外风投振东投资的1000万美元投资,但该平台在2015年7月出现提现困难。另一方面,风投资本的注入导致网贷平台规模扩大,从而放松对风险的控制。

(五)民营系网络借贷平台数量最多

目前,网络借贷行业中民营系平台数量最多。据网贷之家数据统计,目前民营系平台有898家,而且部分民营系平台已经成长为行业的领头羊,如红岭创投、爱投资、有利网等。如图2-16所示,2015—2018年民营系网络借贷平台变化趋势:

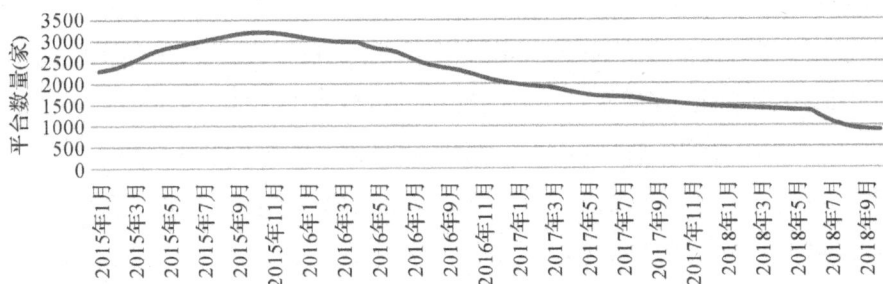

图2-16　各年月民营背景网贷平台的数量

数据来源：网贷之家。

与其他网贷平台类型相比，民营系网络借贷平台具有以下优势：第一，具有普惠金融的特点，投资门槛较低，有些平台50元起投，而且手续便捷，因此民营系平台的投资者数量较大；第二，民营系网贷平台投资收益率较高，多数在15%—20%之间，处于行业较高水平；第三，民营系网贷平台互联网基因强大，产品创新能力强，市场化程度高。但是，民营系网络借贷平台由于自身资本实力以及风控能力偏弱，成为网络借贷平台跑路以及倒闭的高发区。

三、我国网络借贷交易发展的经济学分析

P2P 网贷交易是我国非正规金融体系的一部分，属于民间融资，也构成了我国影子银行体系的一个重要组成部分。P2P网络借贷是网贷平台借助网络技术，解决借款人与投资人之间借贷交易搜寻问题的一种经济机制，是市场机制发挥作用的结果。

（一）网络借贷是融资交易市场上新型的交易模式

在经典的Arrow-Debreu一般均衡理论中，金融中介机构是没有存在的必要的，因为理性的经济交易主体在市场价格的作用下进行交易，会自动实现资源的有效配置。但是由于实际经济活动中交易成本和信息不对称的问题，资金的配置并未实现供求的自动均衡，出现了经济紧缩或经济膨胀的问题。因此，正如现代金融中介理论先驱Gurley & Shaw指出的那样，金融中介机构具有优于借贷双方的规模经济优势，可以在资金融通和借贷交易中

起到降低交易成本的作用。金融中介以信用为基础通过债务人身份,汇集大量来自资金盈余者的资金,同时利用债权人身份向社会投资者提供大额长期的可用资金。金融中介机构通过借贷之间期限转换、流动性的转移和创造,以规模经济优势降低了社会资源配置的成本,实现了社会资金和资源的有效利用。另外,金融中介机构在汇集的大量有关资金信息之后,具备对信息进行专业化处理的能力,由此缓解潜在资金盈余者和短缺者之间的信息不对称,以及由此引发的资金融通过程中的道德风险和逆向选择问题(Mishkin,2013),提高了社会资金融通效率。传统的在资金盈余者和资金短缺者之间实现资金融通的金融中介机构包括:间接借贷主体——商业银行,直接融资主体——资本市场。这两类金融中介机构优化了金融资源配置,促进了经济发展,但是也由于交易成本和信息不对称的存在,面临着中小微企业和"长尾"人群难以得到金融服务的问题。

不同于传统的金融中介机构,P2P网络借贷是以互联网和云计算技术为支撑,实现借贷交易双方直接融资的过程和模式。P2P网络借贷的新型融资模式既不同于传统的商业银行为主体的间接融资,也不同于资本市场的直接融资过程,而是资金盈余方和资金短缺方通过互联网直接进行资金融通的交易。大数据和云计算可以将大量非金融数据转换为融资信贷信息,提高了网络借贷的信用信息收集、处理和评估的效率,克服了传统融资交易中的信息不对称问题,扩大了融资交易的边界。P2P网络借贷交易双方直接通过网络进行交易的方式,避免了开设商业银行物理分支机构的各项开支,省去了券商和交易所的各项费用,降低了融资交易成本。规范的网络借贷交易,发挥了现有传统金融中介机构的作用,克服融资交易的信息不对称并降低资金融通过程中总体的交易成本,提高融资效率并能够由此促进经济发展,是互联网经济时代一种新型的融资交易模式。

(二)网络借贷扩大了融资交易边界,有助于实现普惠金融

传统的金融机构虽然也可以克服融资交易中的信息不对称并降低融资交易成本,提高融资交易效率并促进经济发展,但是具有明显的融资交易边界。融资交易的核心是信用信息,传统融资中介机构在处理小微企业、农民、城镇低收入人群、贫困人群融资需求时,存在着明显的信用信息的约束和限制。由于小微企业和这些"长尾"人群难以提供抵押、担保和完整的信用信息数据,传统金融中介机构在融资活动中难以据此对小微企业和这些"长尾"人群的信用状况进行合理和有效的量化评估。而一些非金融的软信息,比如社会资本等,又由于收集成本等问题使得其难以转换成传统金融中介机构可用的信用信息,限制了传统金融机构向小微企业和这些"长尾"人群提供融资服务,造成了传统金融借贷模式下全球性的普惠金融融资难题。

P2P网络借贷依赖于互联网的大数据技术,大大地拓展了借贷融资双方信用信息的采集广度和深度,可以将分散在商业交易场景中的商品交易信息和生活场景中非商品交易信息进行整合,通过不同场景数据互联、互通和整合,形成每一个网贷交易参与主体三维立体的数据呈现。大数据信息的多元化、多层次和非结构化的特点,为全面和真实地评价信息主体的信用情况提供了基础。P2P网络借贷可以利用大数据信息,对融资双方的借贷意愿、还款意愿和其他融资风险进行预测和评估,为缺乏直接信用信息数据的"长尾"人群和小微企业的信用评估提供了可能。"长尾"人群和小微企业在消费、投资和生产中出现的内生融资需求,由于无法提供银行信贷风险评估所要求的抵押和担保条件,难以通过传统的金融中介机构和民间借贷得到满足,而持有盈余资金的个人和其他机构却因为缺乏投资渠道难以进入直接融资市场。规范的P2P网络借贷弥补了传统金融中介机构的不足,可以通过网络和大数据实现对合理贷款需求和投资资金供给的准确匹配,扩展了融资交易的边界。P2P网络借贷将原来被传统金融中介机构排斥,或难以提供服务的传统信贷交易市场边界之外的融资交易主体,纳入信贷交易活动中,解决了中小微企业和"长尾"人群的融资需求,有利于实现普惠金融。小微企业对于金融科技企业来说是正向价值最大的,这部分客户群体的门槛也是最高的,除了反欺诈门槛,还涉及产品设计。这类产品一般都是较长期限的个人信贷,比如截至2019年二季度末,人人贷人均借款金额达到7.3万元,平均单笔借款期限为31个月;在实际业务层面,从提交资料到审核通过,人人贷最快能在10分钟以内完成,最短1小时内放款,相较于传统的审核模式,极大地提高了这一额度范围内的小微金融服务效率,较好满足了小微企业主的应急性资金需求。比如,截至2019年二季度末,人人贷累计服务借款人总数达到117万,平台累计成交金额超过861亿元,其中约有80%的资金通过平台流入实体经济,规模化地服务了"长尾"小微客户群体,推进了普惠金融的发展。

(三)我国网络借贷市场风险蔓延的原因:庞兹借款人

网络借贷在促进普惠金融服务于"长尾"人群的同时,也出现了不断蔓延的风险。从2017年底开始,网络借贷平台风险一直在我国持续和蔓延。网络借贷可以向低收入群体和微型企业提供额度较小的持续信贷服务,其基本特征是额度较小、服务于难以满足传统借贷机构要求的任何个体,且担保和抵押等强制性要求较低。但是在实践中,我国网贷市场由于发展不成熟且缺乏市场治理机制,出现了严重的网贷风险问题。

从网络借贷市场供求角度入手,分析网络借贷平台的风险问题。在分析网络借贷的有效信贷供求时,假设货币政策、监管政策、传统金融机构服务能力和经济周期等因素不变。如图2-17所示,D_0和S_0分别表示满足传统金融机构借贷审批条件的初始有效借贷市场需求和有效借贷市场供给,当初始有效需求等于有效供给时,信贷资金市场处于均衡状态,此时市场的信贷资金供给量是Q_0,市场的利率是R_0。

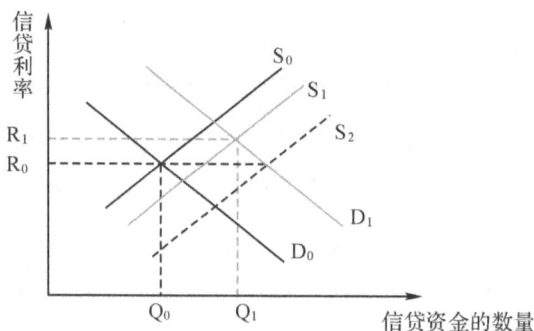

图2-17　网贷交易市场的供求分析

网络借贷作为一种新型的资金借贷模式出现时,首先释放了大量的借贷资金需求,使得原来处于传统借贷资金市场"长尾"部分的客户资金需求转换成有效市场需求,没有了传统金融机构严格的抵押担保要求,也没有了传统金融机构各项严格的贷前审查,潜在的"长尾"部分的需求开始大量在市场释放,于是市场信贷资金有效需求量由 Q_0 增加到 Q_1。但是,相对于大量释放的借贷资金需求,市场的有效供给并没有同幅度增加,仅仅是由 S_0 增加到 S_1 而不是 S_2,迅速和大规模成立的 P2P 网络借贷平台就是最好的说明。于是随着新型 P2P 网贷交易模式的出现,市场均衡资金价格不是下降而是上涨,如图 2-17 所示均衡利率由 R_0 提高到 R_1。

按照海曼·明斯基(Hyman P. Minsky)金融不稳定性假说中对借款人的分类,所有由网贷交易模型引发的新增加市场有效需求,也就是 Q_1 减去 Q_0 差额的部分包含三类借款人:第一类借款人称为套期保值(Hedge Finance)型,这类借款人期望从融资合同中获得的现金流能覆盖利息和本金。除非发生重大变故,这类借款人一般不会发生支付困难,是最安全的融资类型,一般居民户以及低财务杠杆率的企业经常处于这种状态。第二类借款人称为投机理财(Speculative Finance)型,这类借款人预期从融资合同中获得的现金流只能覆盖利息,是利用短期资金为长期头寸来融资。这类借款人经营性收入和债务性收入取得的现金流入,超过因日常支付及偿还利息而发生的预计现金流出,必须靠债务滚动(借新还旧)来维持正常经营。第三类借款人称作庞兹理财(Ponzi Finance)型,这类借款人的现金流什么都覆盖不了,需要靠出售资产或者持续借钱来履行支付承诺。如没有资产可以出售,则不仅要靠滚动负债偿付到期债务的本金,还要不断地累积新债务。当外界相信这类借款人资本尚足以抵债,而且资不抵债是暂时性的,则该借款人仍可正常运作,不至于立即爆发债务危机。但是,这类借款人一旦资金链断裂无法偿还借款,就会引发金融动荡和危机。我国网络借贷出现的大量平台倒闭和跑路等风险,其实质就是网贷市场出现了大量的庞兹借款人。

于是在我国 P2P 网络借贷市场一方面由于市场借贷利率上升(由 R_0 上升到 R_1),吸引大量的资金涌入网贷行业。如图 2-11 显示的 2015 年 12 月底相较于 2014 年年底总体贷款余额增长幅度为 324%。2016 年一年时间内数千亿元的资金涌入了网贷行业。2017 年全年成交量维持上升态势,达到了28048.49 亿元。截止到 2018 年 5 月底,网贷行业历史成交量突破 7 万亿元大关。而另一方面,P2P网络借贷市场出现大量的庞兹借款人。比如曾在我国P2P网贷交易中大量出现的以圈钱为目的的平台自融问题。平台自融就是平台负责人以平台的名义向投资人筹资,所筹资金用于企业发展、投资其他项目或仅仅是满足自己挥霍的欲望。而这些用自融资金投资的企业和项目一般都是非正规的,容易出现资金链断裂的问题,进而形成P2P网贷平台风险潜在隐患。国家对平台自融有过明令禁止,但是依然会有大量平台出现这样的问题。比如2015年最大的集资诈骗案e租宝案;P2P网贷行业首例自融判非法吸存的事件东方创投案,自融事件短短4个月后即宣布停止提现;2018年出现的大面积网贷平台倒闭风潮中,80%爆雷的网贷平台存在自融问题,比如规模较大的牛板金和唐小僧等平台,都存在严重的自融现象。

可见,一方面在高利率吸引下大量投资者涌入,另一方面资金需求方出现大量的庞兹借款人,由此供求双方出现的短暂市场均衡。在庞兹借款人资金链迅速断裂之后,引爆了P2P网贷行业的整体爆雷事件和风波。因此,我国网贷平台行业风险涌现的根本原因在于,大量网贷平台以圈钱为目的的自融等庞兹借款人机会主义的行为选择,而并非网贷交易这种融资模式本身的问题。

(四)P2P网络借贷资金配置手段科技化

P2P网络借贷交易的融资功能主要是通过借贷过程实现资金的有效配置。网络借贷基于不断快速更新的金融科技,实现资金配置潜力和范围不断拓展。P2P网络借贷交易主要是由数据、流程驱动的,需要大量技术支持,所以开展P2P网络借贷交易离不开科技化手段和科技能力。从2019年胡润全球独角兽榜的细分来看,金融科技行业共有56家独角兽企业上榜,以3760亿美元总估值,占所有独角兽公司总估值的22%。《金融科技脉搏——2018下半年》显示,2018年全球金融科技投融资次数为2196起,同比增长1.4%;金额达到1118亿美元,同比增长了120%。金融科技展现出了更大的社会价值及商业价值,金融科技平台与P2P网络借贷的深度融合也促进和提升了P2P网络借贷平台资金配置效率。

网络借贷过程中金融科技手段的使用,主要发挥了资金配置中产品设计、资信数据积累和信用审核的作用。比如人人贷平台，在高度合规的前提下，利用大数据、人工智能等先进科技手段对用户的借款申请进行处理，以灵活的混合云架构为基础设施，构建起一整套成熟稳定的风控体系。在大数据和机器学习技术的助力下，人人贷的信用评估系统能够准确地衡量个人信用水平，进而为借款客户确定额度、期限、利率等关键指标。同时，在通过数据共享助力百行征信完善其数据体系的过程中，也借助百行征信进一步强化自身风控模型的数据维度和判断方法，更有效地帮助以数据为核心驱动的机器学习技术完成迭代，从而完成客户信用的精准甄别与筛查。

第三章

网贷交易的特征与风险治理选择：
基于文献的理论分析

孕育于互联网的怀抱，网络借贷自其诞生开始就具备互联网云匹配、大数据和边际成本趋于零的特征，这使得网络借贷天生具备了传统商业银行借贷所无法比拟的优势。网络借贷作为借贷融资的基因是内生的，也是其功能和特征的决定性因素，因此，网络借贷的理论根植于传统的借贷融资理论。为了分析网络借贷治理问题，首先需要从理论上厘清网络借贷和传统借贷信息传递过程的差异，从功能和机制角度分析网络借贷的特殊性。其次，从理论上分析网络借贷的风险表现特征以及治理机制和方式的选择。

第一节　借贷融资的信息不对称与风险管理

一、借贷融资的信息不对称问题

（一）借款人信任与传统借贷融资中介

依据资金流量分析方法以消费（包括生产和生活消费）后是否有剩余为标准，可以把社会经济活动中所有的参与者划分为三类：资金盈余部门（消费后有剩余）、资金短缺部门（收入难以满足消费）和资金平衡部门（收入正好可以满足消费)。其中资金盈余部门就是贷方或投资方,资金短缺部门就是借方或借款人。如图3-1所示,投资者具有将剩余资金最大化的内在需求,借款者具有寻求资金满足消费的内在需求,双方需求一致的结果是资金从投资者向借款者转移从而实现资金融通。

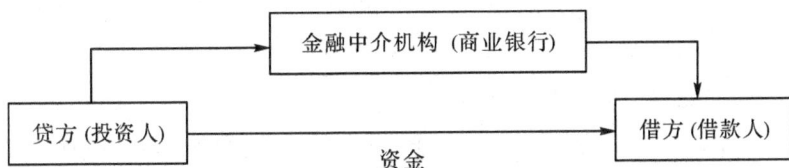

```
            ┌──────────────────────────────┐
            ↓      金融中介机构 (商业银行)       │
   ┌────────┴─────────┐            ┌─────────┴────────┐
   │   贷方 (投资人)     │──────────→ │   借方 (借款人)    │
   └──────────────────┘   资金      └──────────────────┘
```

图3-1　传统的借贷融资过程与方式

　　借贷融资的方式有两种。第一种最直接的融资方式是,贷方和借方之间直接完成资金的融通。但是由于信息不对称,借贷双方面临搜寻成本使得直接资金融通难以在较广泛的范围和陌生人之间展开,限制了这种融资方式的交易范围。而且由于信息不对称,在这种交易方式中作为投资者的贷方会面临信任问题,即借方从贷方取得资金之后,是否能够按照其承诺的方式使用资金并按期足额偿还资金,完全取决于借方履行偿还承诺的信任状况。如果借方不履行偿还的承诺,贷方只能单独承担资金损失的风险。因此,借贷方在直接融资过程中,会由于贷方对借方的不信任而难以达成交易或面临高额的交易成本。比如高利贷和民间融资就是最典型的直接融资方式。

　　借贷融资的第二种方式是以商业银行为代表的金融机构作为中介,完成资金由贷方向借方的融通过程。如图3-1所示,商业银行首先汇集来自资金盈余的投资者的资金,然后将其提供给资金短缺者——借款人。在这个过程中,商业银行承诺"存款自愿、取款自由",以投资者代理人的身份执行对借款人资金使用请求的审核以及资金使用状况的监督,并以商业银行的信任取代了借款人的信任,解决了直接资金融通中的根本问题——借款人信任问题(Santomero,1984)。因此,商业银行作为一种金融中介机构为金融发展和长期借贷资金融通过程的实现提供了稳定的制度基础(张杰,2011)。

（二）借贷交易的信息不对称与投资风险

以商业银行为中介的借贷活动是通过双重借贷关系来完成的，如图3-2所示。商业银行首先以债务人身份从存款人处借入资金，形成自己的负债，借此汇集了来自存款人的资金和借款人的各项信用信息；然后在对借款人信息筛选的基础上以债权人身份向借款人贷放资金，形成商业银行的资产。商业银行通过双重债权债务关系的转换，发挥信用中介功能，实现了资金在借款人和存款人之间的转移。在以商业银行为中介的资金借贷和转移过程中，商业银行作为金融中介机构发挥了价格信息的功能，即通过提供货币资金价格，帮助借款人和存款人进行风险管理的决策。

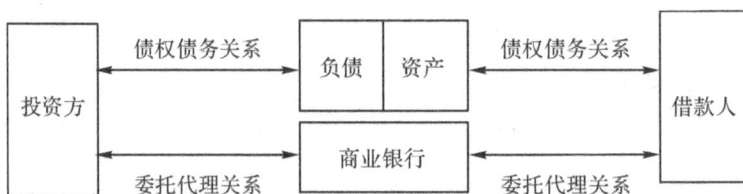

图3-2　融资信贷过程商业银行的功能

在上述以商业银行为中介的资金转移过程中，商业银行还发挥了一项重要的功能，就是改善融资活动中的信息不对称情况进而降低交易成本。融资活动顺利进行需要一个重要的前提条件就是，投资方需要获得与交易相关的真实、完整的信息，才能做出正确的融资决策。在复杂的融资过程中很难达到信息的对称，因为任何严格的信息披露法规和先进的信息传递技术都不可能保证向市场提供真实、完整的信息。即使是真实的信息也会由于双方信息获取时间和内容上存在的不对称，而使借贷双方信息不能对等而带来高昂的交易费用。融资活动作为虚拟的跨时期的特殊交易，是当前现金流和未来一系列现金流的交易，因而在信息不对称市场环境中，交易的不确定性因素会给投资者带来风险和高昂的交易费用。

投资者面临的风险和交易费用来自两方面。首先是来自借款人的风险和交易费用，包括由于借款人潜在不确定性带来的搜寻成本、信息获取成本、评估成本、监督成本和代理成本等。比如在借贷交易之前，由于信息不对称出现的逆向选择；在融资发生后借款人的道德风险问题。其次，投资者面临来自商业银行的委托代理双重问题。如图3-2所示，在融资交易过程中，商业银行作为投资者的代理人，接受投资者的委托，代表投资者进行资金的投资活动，并负责对借款人行为进行监督。以戴蒙德(D. Diamong)为代表的代理监督理论认为，相对于投资者的直接监督，商业银行具有信息生产和监控的优势，在提供支付服务的过程中能够获得每一个经济主体的信用历史、现金流量等私人信息，还拥有私人信息加工和处理的专门技术和专业人才。商业银行代理监督解决了信息的可靠性、专用性问题。在规模经济作用下，商业银行的代理监督可以节约监督成本，并避免免费搭车造成的低效率问题。但是如何监管代理监管人——商业银行的行为，使其能够按照投资者的利益监管借款人行为？对于投资者由于信息不对称面临的上述两方面风险，传统的金融中介理论给出了解答。

二、对于借款人风险的管理

(一)信贷配给理论及其困境

早在20世纪30年代就已经被凯恩斯等学者关注的信贷配给问题，一直到20世纪80年代斯蒂格利茨(Stiglitz)和韦斯(Weiss)才在信息经济学的基础上进行了完善和总结，形成了关于信贷市场的信贷配给理论。

斯蒂格利茨和韦斯在阿克尔罗夫(Akerlof)关于"柠檬市场"分析的基础上，对借贷融资过程中作为投资者代理人的商业银行和借款人之间的行为进行分析。由于借方和作为投资者代理人的商业银行对于借款人信任状况的信息分布不对称，与商业银行相比借款人是信息优势方，由此导致借贷融资过程中的贷前逆向选择和贷后道德风险问题。贷前的逆向选择是指贷款发放之前相较于高信任水平的借款人，低信任水平的借款人更容易获得借款；道德风险是指贷款发放之后借款人会由于追求自身收益的最大化而投资高风险项目，不顾及甚至损害投资人利益带来投资人资金损失。作为金融中介的商业银行是信息的劣势方，无法完全获取借款人资金使用的信息。据此，斯蒂格利茨和韦斯提出由于信息不对称带来的逆向选择和道德风险问题,即使是在均衡的信贷市场中也会出现信贷配给问题,即在所有贷款申请人中,能够得到贷款的只是其中的一部分人,而另一部分人即使愿意支付更高的利息和承担更高的成本,也仍然无法获得贷款;而对于任意给定的贷款人,其贷款申请的额度只能部分被满足。

针对信贷市场信息不对称现象,利率和抵押是否可以作为显示信号很好地识别借款人的风险类型呢? 首先,斯蒂格利茨和韦斯的研究证明,银行通过改变利率尤其是提高利率水平可以产生两种效应:逆向选择效应和激励效应(Stiglitz & Weiss,1981),从而影响银行的风险识别。提高利率的直接结果是银行的利息收入增加,但同时也改变了实际获得银行贷款的借款人的风险类型。因为只有风险越高的借款人越可以承担高水平的利率,低风险的借款人预期收入远低于银行设定的高利率水平,从而产生了逆向选择效应。而贷款发放之后,高利率水平会激励借款人从事高风险高收益的项目投资,产生事后的道德风险的激励。因此,高利率水平并不能起到贷款事前和事后的风险识别作用,即无论借款人是风险厌恶型的(Stiglitz & Weiss,1981)还是风险中性的(Wette,1983),均衡的信贷市场中信贷配给依然存在。

其次,对于抵押品的风险识别作用。首先按照 Jaffee(年份)对借款人的划分标准将借款人区分为"诚实的"借款人和"非诚实的"借款人。对于事前的逆向选择,因为"诚实的"借款人违约率低、抵押的成本更小,"非诚实的"借款人违约率高、抵押成本大,抵押可以起到信号显示的作用区分借款人的质量。但是,对于事后的道德风险,抵押却存在负向的激励效果(Niinimäki,2018)。作为信息劣势方,商业银行难以获得借款人贷款后的行为选择信息,存在事后的信息不对称。"诚实的"借款人以较少的抵押和较低的利率获得贷款,"非诚实的"借款人以更多的抵押更高的利率才能获得贷款。"非诚实的"借款人试图通过项目产出或通过押金的价值进行赌博来挽救其抵押资产。因此,对于道德风险和利率的效应相同,抵押品均衡结果是产生负向激励,即抵押品价值越大越激励"非诚实的"借款人选择高风险的项目。

信贷配给理论的困境就在于,商业银行的利率和抵押等显示信号,难以解决信息不对称带来的事前逆向选择和事后道德风险问题。如何解决信贷配给理论困境成为后续信贷融资理论研究的主要方向。其中一个研究方向是从借款人"诚实和非诚实"的假定入手,提出判断借款人是"诚实"还是"非诚实"的不同标准和依据;另一个研究方向是依据借款人提供的"硬信息"和"软信息"进行判断,形成了关系借贷理论;再一个研究方向就是从合同执行与信贷配给关系入手,形成了信贷治理理论。

(二)关系借贷理论

关系信贷是金融机构为缓解融资交易中的信息不对称问题而开发的一项信贷技术(Berger & Udell,1995),这种信贷技术不同于其他三类信贷技术(财务报表分析、抵押贷款和信用评分)之处在于:关系信贷是基于软信息、隐性合约或长期合作关系等一些难以量化和传递的信息,解决借贷过程中的信息不对称问题。其中软信息主要是区别于财务报表信息、抵押物信息和信用评分信息的一些难以量化的信息,这些信息难以通过公开途径获取,是商业银行与借款企业长期信贷关系维持过程中形成的信息,或者是借款企业不公开的私有信息,比如借款企业法人的品行信息等。

关系型信贷对于借款企业的价值在于两方面。首先,借款企业在资金市场面临信贷配给时,与商业银行建立的借贷关系有助于他们获得贷款,提高借款企业的贷款可得性。尤其是对于难以提供量化信息的中小企业,关系型信贷提供了借款企业有价值的信息,是解决信息不对称条件下信贷获得的一个重要机制(Berger & Udell,1995)。其次是影响借款企业融资成本。借款企业和商业银行在长期接触中积累的软信息,成为银行的"内部信息"(Fama,1985),降低了信贷过程中的搜寻成本、核实成本和监督成本,使得关系型信贷的总成本下降。

但关系型借贷也存在一定的问题,比如对于质量好的企业,关系借贷存在关系锁定和由此带来的低效率问题。质量好的借款企业之所以愿意和商业银行维持信贷的长期关系,是因为信息不对称状况下难以向其他银行传递自己质量优良的信息或者面临高昂的传递成本,从而形成高质量借款企业的"信息锁定"(Sharpe,1990)。信息不对称导致的逆向选择又使得其他非关系银行在从关系银行吸引质量好的借款企业时,无法避免地带来质量差的借款企业。由此,导致了关系信贷中的低效率问题。

关系银行通过建立声誉这种非强制性的隐形合约(Sharpe,1990),来管理债权债务关系,从而产生长期信贷关系和更有效的跨期定价,避免信贷市场的低效率。因此,在任何不具有法律约束力的经济关系中,需要合理执行机制保持"缔约"各方良好的声誉。在信贷交易市场上,如果一家银行利用"被锁定"的客户,那么随着潜在的新客户了解到这种做法,这家银行很可能失去市场份额。过去曾有的违背隐性合约的行为将会受到未来信誉损失的惩罚,这是关系信贷得以维持的基本机制。

(三)对中介机构代理监管中道德风险的管理

金融中介机构——商业银行对借款人的监管成本低于投资者直接监管成本,从而解决了投资者信息不对称条件下借款人行为的监管问题。但是如何解决商业银行作为代理监管人的监管和激励问题,从而规避商业银行代理监管的道德风险问题?

1. 活期存款合约的挤兑约束

金融中介代理监督模型认为,可以建立一种机制避免商业银行在代理监管过程中的道德风险,并激励商业银行履行代理监管的职能,这种机制就是在投资者和商业银行之间的存款合同中,附加对商业银行的非货币性惩罚——活期存款随时和低成本提取,对商业银行的道德风险行为造成一种可置信的威胁(Diamond,1984)。商业银行提供的活期存款对投资者而言是一种固定收益的流动性保障,在未来无法预测的流动性需求出现时,投资者可以最低的成本获得流动性以避免遭受资产损失,对投资者不可逆的投资选择提供一种流动性的保险,从而平滑投资者跨期的消费和投资行为,提高投资者资金配置效率。但是活期存款合约对商业银行来说却是一个多重纳什均衡,既有好的均衡点也有坏的自我实现的均衡点。这个自我实现的均衡点就是活期存款的挤兑:因为其他投资者挤兑,我也选择挤兑,即使我投资的银行是健康和安全的。由于活期存款支付采用先到先得原则,挤兑的个体选择很快蔓延为投资者集体行为。商业银行为了应对投资者的挤兑,被迫终止和清算未到期的非流动资产,由此造成收益的损失和经营安全的威胁(Diamond,2000;Raja,2001)。

在投资者和商业银行的委托代理关系中,作为投资者代理的商业银行在代理监管活动中,一旦出现违背投资者利益的道德风险行为,投资者就可以凭借活期存款挤兑的潜在威胁,使得商业银行面临资产收益为零和经营安全性的风险,由此确保商业银行作为投资者的监管代理人,从投资者的利益出发规避其代理监管中的道德风险行为。

2. 监管的资本约束

高负债的商业银行之所以具有高风险经营的倾向,根本原因在于商业银行的破产成本。商业银行的破产成本包括两项,一是贷款资产价值的丧失。银行大部分的资产是贷款资产,贷款资产的价值取决于银行所控制的私有信息。这种私有信息作为一项银行资本是银行通过长期与借贷款双方建立双重债权债务关系得到的,在银行破产时这种信息资本的价值就会丧失,贷款资产的价值也会丧失。二是商业银行之间破产危机带来的风险传染。当一家银行破产时,由于信息扩散危机会在整个银行体系之间传染,造成银行体系的风险和流动性问题,进而有可能引发经济危机。但是对此,银行的利益相关者——债权人、经营者和股东则负担这些破产风险成本中的一部分,远远低于由此带来的银行体系和经济整体危机的影响和损失。因此,对商业银行作为资金管理代理人的监管有着潜在的社会效益。

在国际清算银行支持下形成的巴塞尔协议,建立了基于银行资本的一套审慎监管制度,规定了商业银行最低资本要求,以反映每家银行的风险暴露程度。以风险为基础的最低资本标准,将银行资本要求与风险暴露变化明确地联系起来,要求每家商业银行在风险增加的同时,也相应地增加和补充资本。由此,建立资本缓冲机制,以缓冲特定投资者投资的损失程度,也降低银行风险的均衡水平。

第二节 网络借贷的功能与特征

一、网络借贷的功能

依据金融功能观的研究观点,金融职能比金融机构更为稳定,不同时期不同国家金融职能的变化较小。作为金融系统中一种新的组织形式,网络借贷也具有一般金融系统应有的职能。

(一)网络借贷优化了金融系统的资源配置功能

金融系统在不同时间、地区和行业之间提供经济资源转移的途径,以优化资源的配置并提高资源的使用效率。网络借贷借助网络的手段和力量将金融系统的这一职能发挥到了极致,解决了传统金融中介难以满足"长尾"部分客户融资需求的问题,最大限度地提升了金融系统的资源配置能力。互联网的大数据将无法在可容忍的时间内用传统技术和软硬件工具进行感知、获取、管理、处理和服务的数据集合起来(李国杰和程学旗,2012),收集了传统信用技术难以获取的大量非信用标识类数据,比如借款人生活消费类数据等。非信用识别类数据借助于互联网的云计算能力,转化为网络借贷过程中信用评估的可用数据,更准确地解读融资需求主体的信用能力和信用意愿,解决了传统金融中介机构由于信息不对称,对中小微企业或个人的信贷配给问题,将这部分中小微企业和个人等"长尾"客户纳入金融体系中,实现在更广范围内和更多主体间进行资源配置的功能。同时,大数据和云计算对海量数据的准确解读和识别,补充和优化了传统信用技术所使用的信用识别类数据,为金融系统风险控制提供了精准风险识别和判断的依据,为资金融通过程中风险的控制提供了技术和数据的支持,使得网络借贷的风险控制更具有时效性和准确性,进一步提升金融系统风险转移能力。

(二)网络借贷具备非排他性的资金配置功能

依据金融功能观的观点,金融系统提供有关机制以储备资金,比如货币市场和共同基金提供了多元化的资金配置方式。网络借贷储备资金的功能主要体现为公平共享和非排他性的资金配置。互联网是一个公开、公平和共享的体系,网络借贷是一个无边界的市场,不会拒绝任何主体的资金储备和融通,也不会因为某一主体的介入而对其他主体产生排他性。任何具有融资需求或具备融资供给能力的主体都享有参与的权利,更大限度地满足了经济个体融资的需求。同时网络借贷非格式化的产品,突破了传统金融中介产品非个性化的禁锢,在满足客户多元化和个性化需求的同时,也极大地拓展了金融服务的客户群,充分体现了非排他性和个性化资金配置的功能。

(三)网络借贷改善了金融系统价格信息功能

金融系统提供的价格信息主要包括资产价格信息和资金价格信息,这些信息帮助协调不同经济部门的决策,无论这个决策是消费性决策还是生产性决策。网络借贷借助于互联网信息传递的丰富性、准确性和时效性的特征,将资金价格信息无边界地传递,使更多的经济主体在最短的时间内无门槛地接收和利用价格信息,从而更大范围地动员社会闲散资金,加速资金周转的速度,提高资金融通的效率。网络借贷也在互联网公开、公平原则下,使得价格信息更直观和准确地反映市场资金供求状况,引导社会资金实现合理流动和最优配置。网络借贷准确及时的价格信息传递,有利于及时收集客户的多元化信息,形成满足客户个性化需求的各类产品。

二、网络借贷的特征

网络借贷引入网络化的技术,提升资金借贷的效率,不仅发挥了金融组织机构应有的职能,而且由于互联网技术的应用而具有区别于商业银行借贷的特征。

(一)借贷的网络化和去中介化降低了借贷交易成本

网络借贷通过互联网汇集了原本散落的借贷资金供求信息,使得资金供给方和需求方不需要进行成本复制式的搜寻过程,即可完成资金供求的匹配,降低了借贷资金配置过程中的搜寻成本。网络借贷交易直接通过互联网进行资金借贷,摆脱了对传统借贷中介机构物理网点和人工服务的依赖,降低了借贷中介机构的固定资本和人力资本的投入。网络借贷的信用审核过程可以借助于大数据和云计算来进行,减少了审核时间,降低了借贷企业的时间成本,也规避了审核过程中人为因素的影响,降低了借贷过程的交易费用和由此产生的交易成本。

网络借贷的去中介化表现为借贷双方之间直接通过网络来完成资金的配置,包括资金数量、期限和风险的配置,不再借助于传统的金融中介机构,实现了资金配置管理中的完全扁平化。网络借贷的完全扁平化管理,不仅减少了传统借贷中介管理费用的开支,也降低了资金配置过程中因为中介机构管理链条而引起的交易费用,由此降低了借贷交易的运营成本。

(二)降低了信息不对称程度,扩展了借贷交易边界

传统信贷中介依赖的是来自实体部门的信用标识类数据,而网络借贷中的大数据技术提供了大量来自网络世界的非信用标识类数据,扩展了信用数据的广度和深度,使得借贷双方的信用数据呈现多元化、多层次和非结构化特点(谢平等,2015)。在此基础上,网络借贷还可以借助于网络互联互通的特征,连通不同渠道不同来源的数据,使得原本单一的数据更丰富和立体,从而多角度地评估借贷双方的信用状况,降低了借贷双方信息的不对称程度。

在传统以商业银行为中介的借贷过程中,部分经济主体难以提供信用标识类数据,难以通过金融机构的信用审核而面临信贷配给的问题,造成这部分客户信贷融资需求难以得到满足。比如小微企业无法提供具备信用标识作用的财务报表,商业银行等中介机构由于信息不对称,难以准确评估其信用状况,这是造成小微企业信贷融资困难的主要原因。网络借贷的大数据提供立体和多元化的数据,不再仅仅依赖信用标识类数据,而且网络无边界的特点也使得面向所有经济主体的全民征信成为可能。这为由于信息不对称而面临信贷配给的客户提供了融资机会,使得在传统信贷环境中难以获得信贷融资的客户有机会参与并获得融资,拓展了信贷可得性集合(谢平和邹传伟,2012)和信贷交易边界。

(三)金融和非金融信息的融合,有利于实现普惠金融

网络借贷中的互联网技术突破了物理空间和时间的限制,实现了对信息整合无边界化,将散落在金融和非金融领域的信用标识类信息和非信用标识类信息进行粘合,尤其是可以将内嵌在一些应用软件中的行为信息进行整合,比如微信和淘宝,然后运用云计算技术形成有序的结构化信息。这种无边界化信息的整合和行为数据的整合,为原来不能提供信用标识类信息的客户提供了信贷信息依据。

尤其是对于传统信贷交易中处于“长尾”部分的客户,因为难以提供信用标识类信息而处于高风险低收益的分布状态。网络借贷信息收集的无边界化和对行为数据的整合,为处于“长尾”部分客户的信贷融资提供了信用评审的信息依据,从而有助于这部分客户的信贷融资需求得到合理的满足,有助于缓解传统信贷交易中难以实现的对“长尾”部分客户的普惠问题。另外,网络借贷借助于网络的公平、公开的非排他性特点,将全社会任何有融资供给和融资需求的经济主体纳入信贷范围之内,扩大信贷边界有助于实现信贷普惠大众的作用。

第三节　网络借贷交易治理的理论基础

治理是注入秩序、缓解冲突、实现共赢的手段,关注的是合约风险的鉴别、解释和缓解,是为特定制度环境提供具有成本效益的风险解决方案而规定的结构。按照治理结构来调整交易可以节约交易费用。如果以交易作为分析单位,不同的交易特性匹配不同的激励、控制和治理结构以实现效率目标,契约型关系通过私人订立的制度来治理是最有效的。

一、制度治理理论

(一)交易成本经济学:治理的差别匹配

交易成本经济学以交易为基本分析单位,提出各种契约关系主要是依赖私人秩序所形成的制度来治理,而不是通过法律至上论来解决。有关经济人行为的两个假设是交易成本经济学研究的主要出发点和支撑点,即有限理性和机会主义投机行为。只有从这两个行为假设出发设计的治理结构和治理机制,才能够实现节约交易成本的目标,还能保证交易不受机会主义行为侵害。

由于外在环境的不确定性和经济行为人有限理性、信息的不完全和不对称性、交易成本的存在等,事前契约当事人无法预见事后所有可能发生的事情并把其写入合同;而事后契约仲裁者由于知识、能力和信息问题无法证实或观察一切契约行为,造成了契约的不完全性。在资产专用性假设下,契约的不完全性会带来交易风险。克莱因、克劳福德、阿尔奇安和威廉姆森等学者认为资产专用性是交易成本经济学中一个非常重要的概念。威廉姆森将资产分为四类:专用场地、专用实物资产、专用人力资产和特定用途资产。特定用途资产是指为了提高通用生产能力而进行的耐久性投资所形成的资产,如果不是为了把大量产品卖给特定的顾客群,就不会进行这种投资(威廉姆森,2004)。如果这类投资的用途或使用者一旦改变,就会对交易一方带来较高交易成本的风险。

契约不完全性带来的高交易成本风险缓释催生了交易成本经济学的治理机制设计和选择。威廉姆森根据资产专用性、不确定性和交易频率对交易类型进行区分,并在此基础上提出著名的"差别匹配假设",即不同交易类型的契约匹配不同的治理结构,只有与交易类型相匹配的经济治理机制,才是节约交易成本并有助于提高交易效率的治理机制(威廉姆森,2004)。资产专用性可以分为三类:非专用性资产、混合类资产和高度专用性资产。不确定性是指交易过程中存在大量可能的偶然因素,事前了解和明确这些可能偶然发生的因素,费用是相当高的,而这些大量可能的偶然因素事后会对有效履行契约形成一种"干扰"。对于巨额专用性资产的交易来说,其不确定性的逐渐增大会迫使交易双方设计治理机制来消除不确定性的干扰。交易的频率并不影响交易成本的绝对值(威廉姆森,2004),交易频率的意义在于降低资产专用性的影响,根据交易频率可以把契约分为三类:一次性契约、偶然的契约和经常性契约。

资产专用性、不确定性和不同交易频率形成的不同交易分类,需要匹配不同的治理机制才是节约交易成本的有效治理结构。在不确定性已被假定的条件下,不同的交易匹配如表3-1所示的不同治理机制。

表3-1　有效治理机制

		资产专用性投资特点		
		非专用	混合	高度专用
交易频率	偶然	市场治理	三方治理	三方治理
	经常	市场治理	双边治理	统一治理

来源:奥利弗.E.威廉姆森.《资本主义经济制度》。

对于非专用性的资产投资无论是偶然还是经常发生,合同本身已经规定了交易的实质性内容并且符合法律原则,因此,其最佳的治理方式是市场治理。混合式的偶然交易和高度专用性投资的交易都需要实行三方治理,即需要在交易双方之外借助于第三方的仲裁来解决交易纠纷,并对双方的行为做出评价。对于经常发生的具有混合性专用资产投资特点的交易,可以通过双方适应性的调整维持契约关系起到治理作用。随着资产专用性程度的提高,企业内部的各种激励机制和外部的适应性调整都能使双方得到最大的利益,因此统一治理成为最佳治理机制选择(威廉姆森,2004)。

(二)委托代理理论关于治理机制的讨论

委托代理理论研究的是在信息不对称的条件下,如何利用一切可能利用的信息实现委托人和代理人风险共担,并形成有助于解决委托人和代理人目标冲突的最有效率的契约。信息不对称是指对于信息契约当事人一方知道而另一方不知道甚至第三方也无法验证(陈钊,2010),即使可以验证也需要花费较高的成本。信息不对称可以分为两大类:一类是按照信息产生的缘起进行分类,一类是按照信息发生的时间进行分类。按照信息非对称性产生的缘由,可以分为内生的非对称信息和外生的非对称信息。外生的非对称信息,是指自然状态所具有的一种特征、性质和分布状态,是客观事物本来就具有的非交易日行为所致的非对称性。内生的非对称信息,是指在交易契约签订以后,其他人无法观察得到的,事后也无法推测的行为所导致的非对称信息。阿罗把这类信息不对称继续分为两类:隐藏行动和隐藏信息。隐藏行动是指非对称信息的发生可能是由于交易当事人的行动只能被自己知道,或只能被交易契约中的签约人知道,而局外人不能观察到。如果交易签约一方对他本人的知识或特征知道得很清楚,而其他人不知道或知之甚少,或者可能影响契约交易的自然状态的知识,某个人知道而另外的人不知道,这就是隐藏信息。按照信息发生的时间,委托代理中的信息不对称,可以分为事前非对称和事后非对称:信息不对称发生在当事人签约之前的称为事前非对称,而信息不对称发生在签约以后的称为事后非对称。

委托代理关系中委托人是风险中性的,受聘于委托人的代理人是风险规避的,并拥有区别于委托人的独立效应函数,委托人和代理人之间通过契约明确了双方利润分享规则。代理人采取了可以带来随机后果的行动,虽然随机的后果可以被委托人观察和证实,但由于信息不对称和机会主义行为,代理人随机的自然状态和行动是不可证实的。如表3-2所示,委托代理关系的研究主要是解决事前信息不对称带来的信息成本问题和事后信息不对称带来的激励约束问题。解决事前信息不对称产生的逆向选择问题主要有信息筛选模型和信号传递模型,解决事后信息不对称的模型主要是道德风险模型。

逆向选择模型是指自然选择代理人的类型,代理人自己知道自己的类型,由于信息不对称委托人不知道代理人的类型,委托人和代理人签订一个交易契约,在这种情况下市场配置是缺乏效率的,市场力量不可能引出一个单一价格。比如信贷市场上的信贷配给问题。针对事前的逆向选择问题,代理人为了显示自己的类型,选择某种信号使得自己的类型能被委托人识别。委托人在观察到代理人信号以后,与代理人签订交易契约,由此,避免市场交易中出现的低效率问题。比如教育证书就是一个很好的信号。对于事前的逆向选择,委托人在不知道代理人类型的前提下,可以通过提供多种契约供代理人选择,代理人根据自己的特征选择最适合自己的契约,并依此选择行动,这就是信号筛选模型。

表3-2 委托代理问题及其治理机制

委托-代理问题		治理机制
信息不对称	事前:逆向选择问题	信号传递模型
		信息筛选模型
	事后:道德风险问题	激励契约
		约束契约

事后信息不对称的道德风险模型,是指委托人和代理人在签订交易契约时,有关契约知识和显示条件都能被双方观察到,此时双方信息是对称的。签订契约以后,代理人选择行动。决定代理人行动结果的还有自然状态,代理人的行动与自然状态一起决定代理人可观测的行动结果。而委托人只能观察到代理人的行动结果,无法知道这个结果是代理人本身的行动所导致的还是自然状态造成的。如表3-2中,在这种情况下,委托人必须设计一个约束激励契约,包括补偿性激励契约,从而为代理人提供适当的激励,以促使代理人从委托人的利益出发选择对委托人最有利的行为。

二、关系治理的特征与治理机制

在社会法律制度不完善的情况下,制度治理对现实问题解释遇到困难,关系治理应运而生并逐渐成为经济学和社会学关注的经济治理方式。依赖于契约各参与方对未来经济价值(交易成本、投机行为和知识转移)和社会效应(信任、声誉、信息交换和组织柔性)等的关注,关系治理代替正式制度治理,利用关系规范发挥治理作用,降低交易成本和投机行为带来的风险。Macneil(2000)在分析不同交易类型的基础上提出,与关系型交易相匹配的交易契约是关系契约。关系型交易是与单项交易相反的一种长期反复进行的交易,参与者之间有人际交往但对于未来交易过程所发生的所有事情无法预知。关系治理是关系型契约的治理结构,和关系契约一起被制度经济学认为是一种制度安排。

(一)经济学从契约长期性角度提出关系治理的自我履约特征

将关系契约和关系治理引入经济学是从Williamson开始的。他从交易的特点——不确定性、资产专用性和交易频率出发,提出契约与治理结构的差异匹配原则,即具备不同特质的交易契约需要匹配不同的治理结构。与关系型契约相匹配的是交易专用性治理(Williamson,1979)。如表3-3所示,交易专用性治理又可以分为双边治理和统一治理两种。

表3-3 治理结构与契约活动的匹配

		资产专用性投资特点		
		非专用	混合	高度专用
交易频率	偶然	市场治理(古典契约活动)	三方治理(新古典契约活动)	
	经常		双边治理	统一治理
			(关系型契约活动)	

关系型契约的执行保障来自未来合作的价值,是在未来关系价值基础上的非正式协议(Baker et al.,2002),关系契约是基于那些只能在事后由契约双方观察到的结果,以及在事前不可能在契约中被准确规定的结果。因此,关系型契约不能由第三方来执行,必须是自我履行的,即契约各方未来关系价值足够大以至于契约各方不能违约。关系契约一方对另一方违约的惩罚机制是终止契约,并由此给对方造成经济损失。而遵守契约可能的长期收益大于违约可能的收益,因此,未来合作关系的价值作为一种关系契约的执行保障,确保了关系契约的自我履约机制的实施。

(二)社会学从嵌入性的角度提出关系治理机制

虽然经济学运用博弈论的方法分析了关系契约的特征和执行保障机制,但是却忽略了关系契约一个重要的关系因素——交易双方的社会关系。社会学认为关系交易内含着非经济的社会关系因素,关系交易的治理必然包含社会性的成分,因此,社会学从社会性因素出发,形成了不同于经济学的关系契约理论。

社会学家格兰诺维特(1985)提出"社会嵌入性"概念,认为市场经济的交易是嵌入在参与人"社会网络"中的,社会网络中的社区规范(Social Norm)和文化可以有效地约束经济博弈中参与人的机会主义行为。来源于社会网络嵌入性特征,并作为嵌入社会关系和社会结构中的一种社会规范,关系规则发挥了对关系契约的治理作用。其具体作用机制可以使用关联博弈进行解释:一个参与人不仅参与市场交易博弈,同时还参与社会交换中不断重复的社区博弈。在社区博弈中,作为一名有信誉的社区成员,将会获得一定规模的社会资本,体现为经济收益和非经济收益,而且对于长期博弈关系来说,非经济收益更为重要,因为违反社区规范和社区文化则会被驱逐,从而丧失作为社区成员的社会资本。这样,为了获得社区博弈中的收益,参与人就会有激励在经济博弈中选择合作行为。

关系治理机制是组织创建后的双边规制机制,是通过社会关系所衍生出的,因而不可能通过书面合约获得,也不必通过正式职位来制裁(Williamson,2001)。传统关系治理机制中,声誉机制、第三方监督机制、协会惩罚机制为信息的甄别带来了便利,是机制设计中的重要决定因素(Aryeetey,2005;Geertz,1962;Shirley,1964)。声誉理论认为声誉能够增加承诺的力度,是保证契约实施的重要机制(Dewan and Hsu,2004;Houser and Wooders,2006;Kreps and Wilson,1982;Livingston,2005、Lucking Reileyetlal,2007;McDonald and Slawson,2002;Melnik and Alm,2002;杨居正等,2008;张维迎,2001;周黎安 等,2006)。声誉机制要发挥作用,需要满足的基本前提条件是:有限区域内进行重复博弈;市场有足够的竞争性和声誉信息传递的有效性(Ardener,1964;Biggart,2001;Fernando,1992;

Geertz,1962;Gugerty,2003;Handa and Kirton,1999)。声誉机制要发挥作用,不仅需要当事人有建立良好声誉的积极性,而且需要解决声誉信息传递的问题(Fernando,1992;Greif,2004;Gugerty,2003;Kreps and Wilson,1982;张维迎和邓峰,2003;李维安 等,2007)。第三方监督机制(Greif,2004)考察了中世纪晚期集体责任制度(CRS)在促进贸易扩张中的作用,论证了第三方监督机制对契约执行的作用。Wydick(1999)的经验研究表明,监督机制的引入有助于解决借款人的道德风险问题。张维迎和柯荣柱(2002)以参加社团组织为例指出,加入社团组织等于获得一个"社会印章",使得"团体惩罚"更为可能。行业协会惩罚机制(Greif et al.,1994)认为行业协会(Merchant guild)作为制度安排可以解决契约执行问题:如果城市侵害了商人利益,行会可以对城市实施惩罚,行会则通过内部协调来对城市采取一致的行动。Handa and Kirton(1991)、Gugerty(2003)分别拓展了行业协会惩罚约束机制的研究。

三、法律等正式制度庇护下的关系治理

对于经济交易活动的治理方式和治理机制的选择问题,已有的理论和实证研究发现,在正式制度治理机制存在的前提下,关系治理机制一直发挥着重要的治理作用,有时互补于契约的制度治理机制,有时是正式制度治理机制的替代物(青木昌彦,2001)。正式与非正式治理机制的关系是替代还是互补依赖于其存在的特定环境(Klein,1996;Baker,Cibbons and Murphy,1994)。即使是建立了良好的产权和法律契约等正式制度环境的国家,经济活动的关系治理如社会网络、声誉、第三方仲裁等依然在起作用,通常是关系治理失败后才会求助于法庭等正式制度。关系治理成为微观经济交易活动中经常使用的一种治理方式,同时,法律等正式制度为关系治理的执行提供了最后的置信威胁。因此,可以说法律等正式治理制度的存在为关系治理提供了庇护,关系治理在法律等正式治理制度的庇护下为微观交易提供基本的交易秩序。

在法律等正式治理制度庇护下,关系治理出现和发挥作用的原因主要是正式治理制度运行的成本问题。首先,法律等正式治理制度得出结论和

执行需要付出大量的时间成本，即使在正式法律制度功能良好的国家也是如此。其次，法律等正式制度在裁决的过程中往往会由于专业知识和能力的不足，或仅仅是由于信息的不充分，其裁决的准确性和损失计算的合理性低于专业的仲裁机构。再次，作为正式治理制度的法律裁决需要在法庭公开披露交易的商业信息，这有可能给交易当事人造成不必要的损失，因此，交易各方为了避免商业秘密信息的泄露和财务信息的披露，不愿意通过法律手段解决商业纠纷。当法律运行和执行成本很高的时候，通过关系治理来解决交易中的机会主义成为有利于交易双方的选择。

除了交易治理执行成本的原因之外，从借贷交易活动来分析，选择关系治理的原因还与信息相关。借贷交易活动中除了借贷双方任意一方拥有的私有信息之外，还会在合约执行中出现可观察的信息和可证实的信息。可观察的信息是借贷交易双方获得的信息，可证实的信息是通过法院等证实的信息。可证实的信息是需要标准化证据并且可以通过举证来证明的信息，存在一定的获取难度。其作为违约惩罚依据通常是通过事后举证来证明的，无法起到对事前潜在违约行为的治理作用。另外，可证实信息也面临着高额的信息搜集成本问题。这种事后高成本且存在取证难度的可证实信息对于借贷交易来说，会由于缺乏事前和事中潜在违约信息搜集和证实，难以在不同环境中采取应对措施，也难以判定违背合约的情况。由于以正式制度治理的可证实信息为依据，进行借贷交易的治理会面临执行中的上述问题，因此，借贷交易更需要借助于可观察的信息进行全流程的治理。可观察的信息是法律之外关系治理机制执行的基础，比如行业协会等拥有专业知识，其专业知识可以证实法庭所不能证实的信息；另一类就是以交易者之间的长期持续交易关系为基础的信息，如声誉等作为契约关系破裂的一种惩罚，阻止借贷交易双方的违约行为。这种基于第三方和交易群体的信息传递，即在群体内部把任何违背借贷交易契约的信息传递给所有成员，并且对违约行为和违约者实施集体性惩罚。由于关系治理机制的信息优势，即使是制度治理机制完善的国家，关系治理依然是不可或缺的一种治理方式和治理机制。而法律等正式制度为关系治理机制的发挥提供最基本的和最后的可置信威胁。

四、社会信任的融资交易治理

(一)社会信任的融资治理作用

信任是心理学家、经济学家和社会学家共同研究的交叉学科的概念。信任是对另一方履行某种行为或倾向与他人合作概率的主观评价(Gambetta,1988;Coleman,1990)。交易活动中由于人的有限理性和机会主义行为给交易双方带来大量的不确定性。对于这种不确定带来的投资无效率问题，治理的建构可以最小化由此带来的效率损失。作为治理结构的方式之一的社会信任，产生于特定社会结构和社会网络，能够通过限制机会主义行为带来的欺诈等(格兰诺维特,2007),规避交易的不确定性。对于违背合作规范的行为，社会信任的惩罚方式是交易的中止，这和第三方强制执行的制度安排比较，是一种成本更低的约束机制。因此,对制度转轨的国家而言,作为非正式的制度安排——社会信任很大程度上保证了交易合约的顺利签订与履行(North,1989;Grief,1993)。

通过梳理文献可以得出,信任通过三种作用机制解决交易的不确定性,影响融资双方的风险承担和融资活动。如图3-3所示,首先,信任通过建立信息共享机制降低融资活动的信息搜集成本。融资过程中信息不对称引发的道德风险和逆向选择始终存在,面对交易对手潜在的机会主义行为倾向,理性的经济人往往会选择建立契约或者引入信任。无论是基于可信(Credibility)的信任还是基于善意(Benevolence)的信任,信任都是相信交易对手采取的行动能给自己带来益处的信心。以这个信心为基础的网络关系就可以有效地实现信息共享,信息共享帮助融资双方实现信息交流与传递，降低了双方信息搜集的成本,也降低了融资领域信息不对称会带来道德风险和逆向选择问题(Stiglitz and Weiss,1992)。

其次,信任通过合作机制的建立降低交易成本。信任是融资双方合作的基础。融资双方的信任水平越高,相应的合作表现就会越好,双方交易成本也会下降(吴德胜,2007),最终使合作趋于稳定(Fukuyama,1995)。高信任水平增加了投资者可获取的软信息,降低交易行为的不确定性,帮助投资者全面评估融资方的可信度,并在信息稀缺的情况下为投资者的决策提供支持。高信任水平可以降低融资后的监督成本,减少代理问题和交易成本。

第三,信任通过契约隐性治理机制,降低融资合约执行成本。社会信任是主体之间行为互相适应产生的一种社会秩序(哈耶克,邓正来,2012),在法律制度不完善或不能很好发挥作用的情况下,可以起到替代法律的作用(张维迎,2004),有效地抑制"搭便车"等机会主义行为,避免"囚徒困境",降低合约的执行成本。在融资活动中,社会信任作为私人秩序,通过对违约行为"用脚投票"的惩戒方式,增加其违约风险,同时增加了一种对投资者违约补偿的机制(张维迎和邓峰,2003)。

(二)社会信任融资治理的激励条件

社会信任融资治理作用的激励条件是什么呢?一般来讲,信任发挥作用需要三个条件:考虑长远利益的交易者之间进行的高概率重复性交易;使违约行为能及时被观测到的高效率信息传递系统;交易参与者有积极性和可能性对违约行为进行惩罚(张维迎,2002)。从融资过程来看,首先,一对一的交易几乎不可能实现融资交易,因此交易高概率重复性在融资活动中是可以实现的。其次,社会信任是社会成员之间的普遍信任程度,具有高度社会信任的区域可以被理解为具有一套促进合作行动的社会规范的区域,这些规范约束个人执行相应行为,是建立和维持社会信任的关键。这些规范作为博弈的规则,尤其是法律制度通过增加违约的机会成本,为社会信任约束作用的发挥提供可置信威胁,增加了交易者对违约行为实施惩罚的可能性。另外,依据科斯教授的分析,在交易费用不为零的条件下,有效的产权可以降低甚至消除外部性(科斯,程启智,1992)。界定清晰的产权制度,可以将违约行为选择和最终的博弈支付一一对应,由违约方承担全部违约成本,由此确保对违约行为进行惩罚的可能性,增加社会信任融资治理的激励。产权制度通过将违约成本向违约方集中,为社会信任发挥作用奠定了基础。可见,通过政府的法制和产权等制度治理,交易双方约束自己的经济行为而达到可信承诺。但同时制度治理和以社会信任的私人治理是互补的而不是相互替代的契约执行机制,因为私人执行是有限的且必定是有缺陷,所以必需把制度强制履行与私人强制履行最佳的结合起来,以确定其契约关系可自动履行的范围。

最后,信任作用的发挥还需要高效率的信号传递系统,信号传递的作用在于将交易者违背信任的行为被有效和及时观察。同时,信息传递的范围和速度决定了信任的治理边界,中国传统社会中以血缘和亲缘为渠道的信息传递,所决定的社会信任的差序格局很好地印证了信号传递对社会信任治理作用的激励(费孝通,2011)。血缘、亲缘、业缘等社会网络具有信息分享和减少机会主义的作用,通过有限范围内的监督和未来交易终止威胁等非正规的履约机制,实施违约信息的传递和违约惩戒威胁。

因此,从融资交易的角度分析,如图3-3所示社会信任融资治理作用的激励条件有两个:高效率的信号传递系统和具备惩罚和制裁效力完备的制度安排。这两个条件通过影响交易者的风险承担,最终影响社会信任融资治理效果。

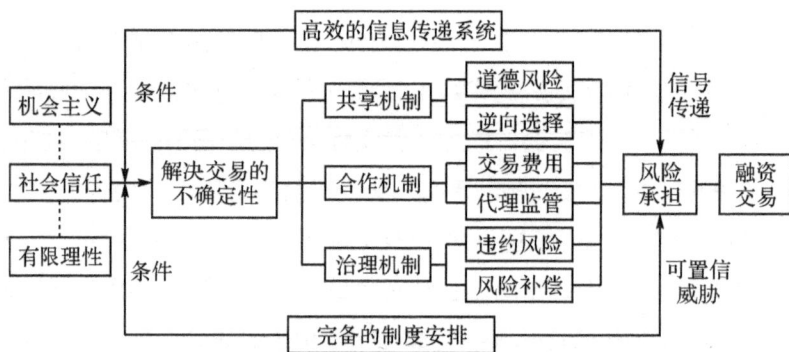

图3-3 社会信任对融资交易的三种作用机制

第四节 我国网络借贷交易的治理选择

一、我国网络借贷交易中的委托代理问题

网络借贷交易虽然借助于互联网技术和各类数据工具,但是并没有能够消除借贷交易中始终存在的信息不对称问题,在各类互联网市场中信息

不对称问题表现更为明显(Schwienbacher & Larralde,2010)。由于信息不对称,P2P网络借贷交易中存在双重的委托代理关系。第一重委托代理关系是存在于网贷借款人和投资人之间的委托代理关系,投资人暂时让渡借贷资金的使用权,由P2P网贷借款人使用并承诺按期足额归还本金和利息。在这重委托代理关系中,P2P网贷借款人作为代理人拥有信息优势。P2P网贷交易发生之前,网贷借款人信用信息、与借款人还款意愿相关的信用信息、与借款人还款能力相关的信息、借款人资金使用的具体用途及其收益状况等信息,投资者无法全面真实地获取。P2P网贷借款人作为借贷资金使用中的代理人具有信息优势,存在利用信息优势进行信息造假的动机。P2P网贷交易发生之后,有关借贷资金使用方向、使用方式、具体的使用项目、资金使用的效益、资金是否能够按期归还等信息,投资者无法全面掌握,而网贷交易借款人作为代理人拥有信息优势,存在为获取短期利益(进行投机性的投资以获取更高收益或不归还资金)而采取机会主义行为的激励,比如改变资金用途等。

P2P网络借贷交易中第二重委托代理关系是,投资人与P2P网贷平台之间的委托代理关系,与网贷交易借款人和投资人之间的委托代理问题比较,这重委托代理关系出现的问题更为严重。在这种关系中,委托人和代理人分别是投资人和网络借贷平台。作为代理人,网贷平台进行关于借款人信用信息的收集和评估,资金使用信息和资金归还信息的收集和披露等。由于信息不对称,P2P网贷平台作为代理人拥有信息优势,在借贷交易前后都具有隐藏信息或信息造假,以获取短期收益的机会主义行为动机和激励。首先在借贷交易发生之前,P2P网贷平台为了通过投资者聚拢人气提升平台吸引力等短期的利益,存在故意隐藏网贷交易借款人信息的机会主义行为动机。网贷平台的机会主义行为无论是在散标还是集合标中都有表现。按照网贷交易标的的组合形式,我国P2P网贷平台提供的标的大致可以分为两类:散标和理财计划标等集合标。散标一般又可分为信用认证标、机构担保标和实地认证标:信用认证标一般是纯线上的信用认证(比如拍拍贷平台);实地认证标一般是P2P网贷平台和一家金融信息服务公司合作,金融信息服务公司在P2P网贷平台审核的基础上,增加对借款人情况的实地走访、审核调查以及后续的贷中、贷后服务环节以增强对借款人信用信息和借贷合约执行的审核和检查（比如人人贷平台和友信的合作）；机构担保标是由担保机构为网贷借款人相应的借款承担连带保证责任的借款标的。对于散标标的，我国P2P网贷平台收益的80%来自借款人缴纳的管理费，只有20%的收益来自与投资者共享的借款利息的部分。作为代理人，P2P网贷平台更多关注的是借款人项目是否实现，却不愿意尽责调查借款人信用和借款项目的具体状况，也不愿意履行信息披露的义务，从而使借款人和借款项目良莠并存，导致出现逆向选择现象。而且无论是哪一种散标形式，各家平台目前的信用评价标准不统一、评价方法不透明、评价结果不共享加剧了原本信息不对称状况。P2P网贷平台的投资者难以获取或难以从复杂的各式信用评级模型中获取网贷借款人真实的信用信息。理财计划等集合标是P2P平台将多个不同类型散标组合到一起打包，再面向单个或多个投资者销售的一种投资标的。而理财计划标的作为集合标的主体，通常是P2P网络借贷平台牵头引入风险投资机构共同操作的一种标的形式，这种标的的突出特点是高利率。据网贷之家统计，2015年上半年银行理财产品的平均收益率为3%，而P2P理财计划的收益率平均在8%—15%之间，最高是银行理财产品均值的5倍。因此，理财计划标更多地出现P2P平台自融或者恶意隐瞒风险信息的问题，仅仅用高利率蒙蔽投资者，进而实现卷款潜逃等短期圈钱的目的。P2P网贷平台自融以及平台"跑路"等，就是网贷平台作为代理人道德风险问题的典型表现。

对于P2P网贷交易中由于委托代理关系出现的逆向选择和道德风险问题，以及由此导致的我国P2P网贷交易的风险爆发问题，依据第三节理论分析的结果，无法简单依赖网贷市场机制进行规避，引入良好的治理制度能够有效降低信息不对称导致的委托代理问题，克服市场失灵（Agrawal et al.，2014）。

二、P2P网络借贷交易的协同治理理论

P2P网络借贷交易借助于互联网开展借款人和投资者之间匿名的资金转移和配置，因此相互交往的借款人、平台和投资者之间形成了几乎没有互

惠关系的群体,尤其是在我国网贷交易各家平台信息没有共享的前提下,资金转移和配置完全是在没有互惠关系的群体中展开,因此传统的基于双边互惠关系的治理理论难以解决这种没有互惠关系的群体中各方合作关系的维护问题。故需要结合网络借贷特点以及多边治理理论,建立适合P2P网贷交易的治理理论。

(一)P2P网贷交易协同治理的理论原由

假设P2P网络借贷交易中参与人包括三方:网贷交易借款人、网贷交易投资者和网贷交易平台。参与人A与参与人B之间存在一个囚徒困境的博弈关系,如果参与人A为了获得当前的短期收益而违反借贷合同,或者违背委托代理的基本规则而采取机会主义行为,由于网络匿名环境的原因,他在将来通过P2P网贷交易方式与参与人B进行再次交易的概率会很低,参与人A和B之间不可能形成长期的互惠关系,难以通过参与人B对参与人A的机会主义行为实施惩戒,从而难以在P2P网贷交易中形成有效率的交易行为治理机制。为了对P2P网贷交易群体进行合作结果的治理,需要通过一定方式,使得A当前对B的交易违约行为或者机会主义行为,能够通过未来与A有合作机会的其他网贷交易参与人C、D等,给A施加一个未来的交易成本,使得参与人A违约行为和机会主义行为的未来成本大于短期收益,从而达到规避A短期违约行为和机会主义行为的治理效果。实现这个治理效果需要两方面的支持:(1)网贷交易参与人A对参与人B违约或者采取机会主义行为的信息,必须能够传递给未来的参与人C、D等;(2)其他参与人或者第三方机构能够发现,并采取行动使得有过违约或者机会主义行为的参与人A受到惩罚,无论这种惩罚是不与参与人A进行任何交易或者增加参与人A的直接交易成本,还是强制性的法律或行政处罚等其他方式。

对于上述第一个支持条件,与网贷交易参与人A有关的违约或者机会主义行为的信息,必须传递给未来不具有互惠关系的可能潜在交易者C、D等,即信息的有效传递,而这取决于交易群体的规模和群体之间的联系网络和信息交流技术。我国P2P网贷平台之间不存在有效信息共享机制和联系网络,因此更主要地取决于P2P网贷交易群体的规模。随着群体规模的扩大,联系网络和信息交流的效率将被削弱,小规模群体是成功解决集体行动困境的一个重要条件(Ostrom,1993)。关于交易群体规模大小的界定,社会学家格兰诺维特(1985)在引入嵌入概念时,曾将小规模交易群体表述为"以大家庭、邻里结构和种族语言为纽带联系起来的群体"。在这样的小群体中,邻里结构和种族语言等纽带联系,便于交易的重复和良好地进行信息交流。据此,可以将大交易群体界定为,完全以市场交易规则为纽带联系起来的交易群体,这类群体的信息可以以市场化网络为纽带顺畅地传递。

如果我们以交易群体的规模和交易治理成本为约束条件,寻求最佳的治理方式,那么可以得到如图3-4所示的关系图。依据治理制度模式选择的一项根本原则——交易成本最小化原则(Williamson,1998;Li,2003)。当交易群体规模小于S_1为小规模群体时,从治理成本的角度来看,最佳的治理模式是关系治理,比如我国长期出现的民间借贷市场;当交易群体规模大于S_2时,为大规模交易群体,制度治理方式是成本最优的,比如大多数成熟经济体以法律等制度作为主要的治理方式。

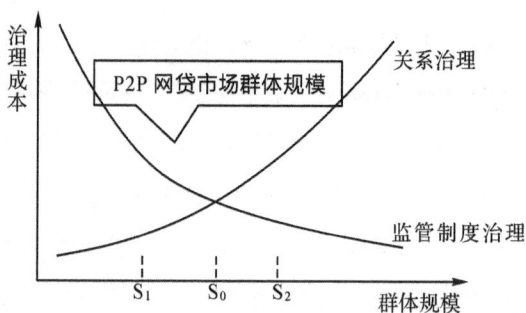

图3-4 P2P网贷交易治理模式选择

我国P2P网贷交易市场群体规模,既不是小规模群体如我国传统的民间借贷,也没有达到大规模群体,还存在大量的线下的信息交流和联系的纽带,因此,可以将我国P2P网贷交易市场群体界定为中等规模,如图3-3所示。中等规模交易群体对关系治理来说,范围太大;对于制度治理来说他们又太小(Avinash K.D.,2002)。采用单纯关系治理或者选择单纯制度治理都不是最优的选择。因此,依据经济学家Williamson治理方式选择的差别匹配原则,本书提出我国P2P网贷交易最优的治理模式是关系治理和监管等强制性制度治理相互协同的治理模式。

(二)P2P网贷交易协同治理的内涵

在分析我国P2P网贷交易群体规模与治理成本的基础上,结合经济学家Evans(2003)和Ceccagnoli 等(2012)对平台治理的界定,可以将我国P2P网贷交易协同治理理论内涵表述为:为了规范网贷交易参与人的交易行为,维系交易参与方之间的良好交易关系,建立关系治理和正式强制性制度治理的相互配合、相互合作的协同治理模式,通过提供协同的网贷交易治理机制和治理策略,增强网贷交易正外部性的同时抑制负外部性的传染,最终实现网贷交易低风险、高效益的运作。我国P2P网贷交易协同治理模式的治理机制包括两个方面:一是实施关系治理,通过网贷交易信息传递,发挥声誉机制和第三方治理机制制约交易双方的机会主义倾向;二是通过法律和监管制度治理,形成强制性的外部治理惩戒机制,并为关系治理机制的实施提供最重要的置信威胁。我国P2P网贷交易协同治理模式,其核心是通过关系治理和以监管制度为主体的制度治理进行协同共治,实现对我国P2P网贷交易过程中参与人违约和引起风险的各项机会主义行为的治理。协同治理模式中的两种治理机制,在治理实践中存在治理范围、治理能力和治理效果上的差异,不可能完全仰赖单独某一机制,两种机制相互合作、彼此促进,共同形成网贷交易的协同治理。

(三)网贷交易协同治理中的监管制度治理机制

Mcmillan和Woodruff(2000)对非政府治理的研究表明,只要政府没有形成事实上的禁区,在良好关系和信息网络的支持下,一个低水平小规模交易群体,能够通过关系治理实现增长。但是一旦交易群体规模进入中等水平,原来的关系治理就不能解决集体行动问题和既得利益等其他治理问题,需要更多地融入强制性制度治理机制。虽然声誉等关系治理机制初期具有成本优势和信息优势,但是关系治理缺乏国家的强制力,不能完全保证执行和判决的一致性。因此,依据Williamson的治理理论,在我国P2P网贷交易协同治理模式中,监管制度治理并非参与人和交易群体的首选机制,而是最后的屏障。在P2P网贷交易中,当参与人违约行为和机会主义行为发生时,监管制度往往是网贷交易参与人最后的求助手段,而不是最先依仗的工具。

随着我国P2P网贷交易规模和技术的进一步发展和完善,我国P2P网贷交易协同治理模式应该更多地增加监管等制度治理机制的占比。Rubin(1994)研究指出,转型国家法律制度的发展方式应该是这样的:从私人治理安排特别是仲裁开始,然后以他们运行中获得的知识作为基础建立相应的法律体制。在我国P2P网贷交易监管制度治理机制逐步发展的过程中,需要培养声誉和互联网金融协会等行业协会的关系治理机制,并逐步采用和执行行业协会等关系治理机制中有效的治理措施和治理制度安排。

三、P2P网贷交易协同治理模式中关系治理的作用与定位

我国P2P网贷交易协同治理模式包括两个相互协同的机制:关系治理机制和以监管制度为主体的制度治理机制。关系治理机制受制于P2P网贷交易群体的规模和信息交流的技术,在更大规模的交易群体中会失败或者不能完全实现比较优势;监管制度治理机制在监管法规和法律制度等基础制度结构建立中,解决P2P网贷交易的机会主义和集体行动问题。但是监管制度治理机制的建立过程需要付出时间成本,在这个过程中,监管制度治理机制是缺位的,没法提供激励P2P借贷合约如约执行的条件。而且即使是监管制度治理机制完全成熟,也会由于专业知识和网贷技术专业性的约束,无法单独执行和完成对我国P2P网贷交易的治理功能,依然需要关系治理机制的配合和协同。

关系治理机制在P2P网贷交易治理中的作用可以概括为两点:一是收集并传递既有网贷交易中各参与主体不可观察的信息,比如声誉信息等;二是建立一个可靠的惩罚体制以增加违约者或欺诈平台者未来参与网贷交易的成本,以减少或阻止P2P网贷交易中出现的违约和欺诈行为。

能够发挥上述两种作用的P2P网贷交易关系治理机制包括声誉关系治理和行业协会等第三方治理。声誉关系治理通过重复交易方式提供关

于P2P网贷交易参与人的信任度与意愿度的信息,减少借贷交易行为的不确定性,增强网贷交易参与人之间互动的有效性。网贷交易的参与人可以通过建立自己的声誉,积累与其他网贷交易参与人的信任度以降低交易成本,在正式监管制度缺失或有限的条件下,网贷交易各方参与人声誉治理作用也就愈加显著。我国P2P网贷平台声誉累积过程中的信息收集和传递的机制有两方面。首先,在一些第三方的网络平台上,从2016年开始建立了对各家P2P网贷平台集中性的用户点评机制。比如在网贷之家上就可以查询到P2P网贷平台的用户点评分值,网贷之家设置了五个方面的点评内容:提现、站岗、服务、体验和退出。每一项点评内容的分值是5分,然后根据每位用户对五项内容的打分分值,计算得到一家平台的用户的总体点评分值和总体点评人数的统计结果。另外第三方平台也结合自己收集的信息对P2P平台进行综合排序。比如网贷天眼对各家P2P平台进行发展指数的统计,综合各家P2P平台信息披露状况、合规情况、借贷期限、利率、上线时间、所在地区、资金偿兑性、资金流入率、运营地域性等几个具体的方面计算平台综合指数和综合排序。已经有学者(高觉民,赵沁乐,2017)以平台综合指数作为平台声誉的具体指标,验证了这个综合指数作为声誉指标对平台风险的治理作用。其次,各家P2P平台对网贷交易借款人的信用评分系统,对网贷交易借款人借贷交易中的履约信息进行收集,并向投资者提供借款人的信用评分。虽然目前各家平台的信用评分方法和评分系统并没有统一和共享,但是已经具备初步的信息收集功能。有些平台也承诺如果网贷平台借款人严重违约,会将信息传递到中国人民银行的信息征集系统中,比如人人贷平台,这样也起到了部分信息分享的作用。无论是哪一种声誉信息,除了信息收集和披露之外,还会起到对违约和机会主义行为的惩戒作用:一是通过降低违约个人或平台未来参与网贷交易的机会;二是通过提高他们未来进行网贷交易的成本,比如对网贷交易借款人提高借贷利率等方式。

关系治理机制中除了声誉信息收集和传递之外,每个P2P网贷交易的参与人也可以收集平台的相关信息。但是由于成本和技术手段等问题难以实现,行业协会和一些第三方机构可以作为关系治理主体,收集P2P网贷交易平台的信息并向投资者披露信息。网贷行业协会的作用除了在P2P网贷交易参与人和非参与人之间进行信息的传递，还可以通过对外公布参与人违约和机会主义行为信息，通过增加未来网贷交易成本起到对参与人机会主义行为的威慑作用。

第四章

网络借贷交易中的信息传递与风险表现

　　网络借贷是基于互联网技术,借贷双方直接完成的一种融资模式,突破了传统信贷中介的服务边界,覆盖了处于传统借贷配给的"长尾"人群。网络借贷过程中,网络借贷平台是否和传统信贷中介一样具备融资中介功能,各国的认定有所不同。我国2016年8月颁布的《网络借贷信息中介机构业务活动管理暂行办法》将网络中介平台定位为信息中介,即为网络借贷交易中借贷双方提供信息、撮合借贷交易并提供评估等中介服务,网络借贷平台不提供融资,不具备增信功能。网络借贷交易的风险表现和以传统商业银行为中介的借贷交易存在明显的不同。本章从网络借贷交易的信息传递路径出发,分析网络借贷交易的一般风险表现和特征,并从参与者风险表现的层面分析每一种风险产生的原因。

第一节　网络借贷信息传递与一般风险表现

一、网络借贷交易中的信息传递路径

(一)借贷交易前的信息传递与获取:缺乏筛选机制

网络借贷交易是一种借贷双方直接在网贷平台上完成资金融通的借贷交易行为。在这个借贷过程中,借贷平台充当信息中介。与传统以商业银行机构为中介的借贷交易不同,网络借贷平台仅仅对借款人提供的信息进行汇集和评级,并不对借款人后续的资金使用进行监督和检查。在网络借贷中借款人的信用信息传递和资金转移呈现两条不同的路径。网络借贷交易前,借款人选择交易平台并提交与信用信息相关的资料,网贷平台对借款人提交的资料进行认证和评级,并对外发布借款人的信用信息和借款信息(借贷金额、利率和期限)。潜在的投资者作为贷款人在网络上获取网贷平台基本信息和借款人信息之后,在特定平台上选择借款人和借款项目进行投资。如图4-1所示,在传统的以商业银行为中介的借贷交易中,贷款人对银行、银行对借款人信息获取的行为与资金存入、贷出的过程是同步进行的。而网贷交易中信息流和资金流是分离的,资金的转移是直接在借贷双方之间完成,有关于借款人的信息和平台的信息是通过平台对外公布的信息渠道获取的。另外,网络借贷交易的贷款人作为投资者需要根据网贷平台公布的信息自己评判和选择借款人,这与传统以商业银行为中介的借贷交易不同。在以传统商业银行为中介的借贷过程中,存款人以投资者身份参与交易时,不需要了解实际借款人的信用信息,借款人信息的评估和筛选是由商业银行完成的。

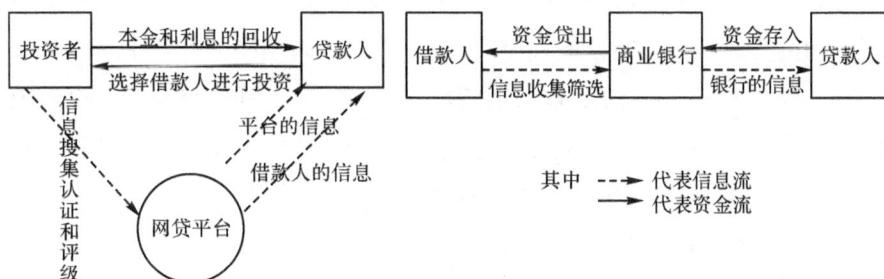

图4-1 网贷与传统借贷的信息传递和资金转移的比较

资金流和信息流传递方式的差异,导致了网络借贷和传统借贷交易中投资者风险分担的差异。传统商业银行作为信息中介和信贷中介的双重身份,使得商业银行分担了投资者风险。投资者只需要关注商业银行经营的安全与否,只是分担一部分借款人违约造成的风险。网络借贷交易中投资者自行选择借款人,网贷平台只是作为信息中介,不分担借贷中的违约风险,因此,网贷交易中投资者需要独自面对和承担借贷交易中借款人违约的风险。

(二)交易后评价信息在网络上无边界传递

网络借贷交易结束之后,通过投资者对网贷交易评价的方式,有关借款人和网络交易平台的交易信息在网络上公开,成为潜在借款人和投资者后续借贷交易参考的信息来源。如图4-2所示,网贷交易结束后投资人可以在平台评价区域对网贷交易进行评价,主要对网贷平台的声誉和能力进行评价。比如网贷之家上投资者可以从如下几方面对网贷平台进行评价:提现(资金提取的速度)、资金站岗(由于满标时长、提现等候、项目等待等原因出现的在平台暂时闲置的投资人的资金)、服务(平台的各项服务)和体验(客户在平台交易的体验)。这些评价信息以语言描述和打分的方式在网络上公开,成为后续投资者选择平台的一项重要参考。

另外一个对网贷交易的评价来自第三方机构,如网贷之家和网贷天眼这种对网贷交易平台进行综合性信息汇总和评价的机构。针对网贷交易的不同方面,比如网贷之家会从平台的发展指数、上线时间、所在城市、成交量、人气指数、合规指数、品牌价值、投资分散程度和信息透明度等这几个方面对网贷交易平台进行评级和排名,并定期对外公布国内网贷平台的排名情况。网贷天眼则从信息披露、经营合规性、借贷项目的期限利率、平台上线时间、平台所在地区、资金的偿兑情况、平台资金流入率、平台运营情况和地域性进行评级,并作为公开信息对外发布。这些信息也成为投资者后续选择网贷平台投资的主要参考。

如图4-2所示,网贷交易结束之后通过投资者评价和第三方机构的评级,在网络上公开了网贷平台和借款人交易的信息,将原来属于投资者个体的交易信息,通过交易后的评价转化为公开信息。信息由私有信息向公开信息的转化,不再仅仅是现有投资者的私有信息,而是任何潜在投资者和监管部门都可以获取的信息,为投资者群体和第三方机构开展后续的关系治理机制作用的发挥提供了信息基础。

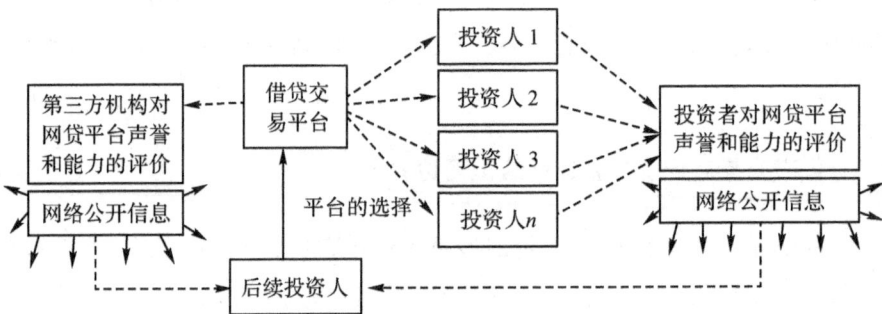

图4-2 网贷交易信息的传递

二、网络借贷交易风险特征与一般风险表现

(一)网络借贷交易的风险特征

网络借贷交易过程中信息传递的上述特征,加剧了网络借贷的信息不对称程度,带来网络借贷交易不同的风险特征。

1. 信息双重不透明造成风险叠加

网络借贷交易中借款人信用信息首先是由借款人自己向网贷平台提交,包括借款人性别、婚姻状况等基本信息,房产车产等资产信息,房贷车贷等信用信息。由于这些信息直接向投资者开放,因此为了获得投资者的青睐借款人有可能会有选择性地提供信息,这就是信息出现了第一次的不透明,可能带来信息不对称的风险。网络借贷交易中除了投资者提供的这些信息之外,网络借贷平台还会根据借款人提供的信息,对借款人进行信息的认证和评级。由于缺乏全国统一的个人信用征信系统,各个网贷平台建立了各自的信用评级的方法和模式。为了提高借贷交易的成功率并获取收益,网贷平台具有内在的抬高借款人信用评级或隐瞒借款人真实评级信息的激励,由此会加剧借贷交易信息不透明,造成网络借贷市场第二重的信息不透明。双重信息不透明加剧了网贷交易的信息不对称,形成叠加的信息不透明风险。

2. 缺乏对冲机制,风险具有短期积聚特点

在传统的以商业银行为中介的借贷交易中,商业银行除了作为债务人吸纳存款人资金之外,还持有大量的债券类资产,比如短期国债等容易变现的准现金资产;同时,商业银行还可以通过货币市场借入短期的资金,解决临时的来自存款人的资金需求,及时对冲流动性不足的问题。而且随着证券化推进,商业银行传统流动性较差的资产比如贷款资产也具备了市场流动性,由此带来了多元化资产负债配置下的多种风险对冲机制。然而,网络借贷平台主要进行借贷交易活动,缺乏其他多种金融市场交易工具,一旦出现来自投资者的集中性流动需求,网贷平台不具有及时变现能力以对冲风险,从而缺乏直接的应对措施,导致风险短时间内爆发。再加上网络信息无边界的传递,短时间的流动性风险会加剧投资者恐慌,让流动性暂时缺乏的问题转化为流动性风险并迅速积聚和蔓延。

3. 交易主体风险认知差,抗风险能力低

与传统以商业银行为主体的借贷交易不同,网络借贷可以为处于"长尾"部分——不能满足商业银行借贷条件的人群提供借贷服务。"长尾"部分的人群数量巨大,从金融机构服务的要求来看属于低端群体,因此,这部分人群有着对风险认知不足和风险承担能力弱的共同特点。大部分参与网络借贷的人群缺乏基本金融知识和金融交易经验,对金融风险及其可能带来的损失缺乏充分的认知,因此,一旦网络借贷平台采用高利诱惑,这部分人

群很容易在机会主义心理的作用下,参与网络借贷。我国2015年和2018年的网络借贷风险集中暴露了这样的问题。很多投资者把自己的医药费,或者仅有的养老费全部投入网络借贷交易中,投资之前没有对借款人和平台进行风险评估和分析,防范和控制风险的意识淡薄。网贷平台谎称的高收益对这部分"长尾"人群具有极大的诱惑力。他们在高利预期的诱导下,忽视风险盲目投资,最终面临风险积聚。

(二)网络借贷交易的一般风险表现

借贷交易活动中普遍面临的风险有信用风险、市场风险、操作风险、流动性风险以及法律合规风险等。其中,市场风险表现为外部宏观经济环境和利率波动等价格变动带来损失的可能性。所有网络借贷平台都面临相同的市场风险。除了一般的由于法律制度和监管制度不完善带来的风险之外,法律合规风险主要表现为平台操作的合法性问题。信用风险、操作风险和流动性风险会由于借贷参与主体不同呈现出不同的风险表现。

如表4-1所示,网络借贷交易作为一种全新的借贷交易过程,突破空间和时间的限制,在完全匿名和开放的网络环境中进行。网络借贷的借款人自愿在平台上公布自己的个人基本信息、信用信息和借款相关的信息,通过网贷平台获得投资人的资金;网络借贷投资者在与借款人没有任何信任交易的基础上,根据借款人自愿公布的个体信息和平台提供的信用信息进行独立评价,通过权衡可能的潜在风险和预期的潜在收益,决定出借资金的额度和时长,选择自己认为满意的投资标的进行投资。在这个过程中,网贷平台充当信息中介或融资中介,获取借款管理费和利息管理费的收入。由于信息不对称和上述网贷交易特有的信贷信息传递方式,基于全开放环境下完全匿名的网贷交易存在着与一般借贷不同的风险表现。

表4-1 网络借贷交易的风险类型与承担主体

	信用风险	市场风险	操作风险	流动性风险	法律风险
投资者	来自借款人违约或平台倒闭或跑路而遭受损失的风险	宏观经济变量的变动导致贷款价值下跌的风险	技术和平台系统原因导致投资者资金和信息泄露的风险	投资者持有的资产无法顺利转让的风险	法律和监管制度不完善可能导致的投资人资金损失
网贷平台	来自借款人违约而使平台遭受损失的风险	宏观经济变量的变动导致平台遭受的风险	平台操作或系统遭受外部攻击的风险	资产变现的风险	非法集资、高利贷等违法风险
借款人	无	宏观经济变量的变动导致借款价值波动的风险	技术和平台系统原因导致借款人信息泄露的风险	无	法律和监管制度不完善可能导致的借款人资金损失

从网络借贷交易参与方的角度分析,网络借贷交易的风险集中表现为三种:来自借款人违约的信用风险、来自投资者的"羊群效应"风险和来自平台的道德风险。如图4-3所示,网贷交易的三方当事人——借款人、投资者和网贷平台在信息不对称和外部信息传递的共同作用下,呈现不同的风险表现。借款人出现违背借贷交易契约不能按期足额偿还借入资金,而给投资者带来资金损失的可能性,由此使得投资者面临来自借款人的借贷违约风险。投资者在投资过程中出现非理性的投资行为,盲目追随市场大多数投资者的投资选择,而忽视对借贷交易基本信息的分析,出现投资从众态势引发借贷市场的波动和风险。网络借贷平台居于信息交易中介的地位,在信息提供的过程中存在着机会主义的行为,这种从平台收费和利润收益角度出发,在信息认证、评级和公布中出现的机会主义行为,带给投资者收益的不确定性和损失的可能性,就是平台的道德风险。

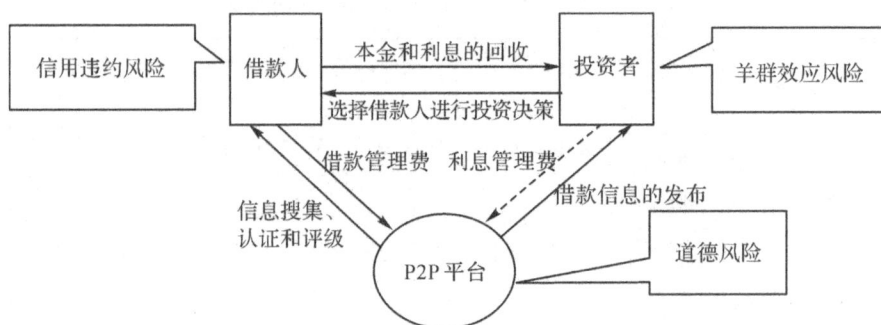

图4-3 网贷交易参与方的风险表现

第二节 网络借贷借款人风险及其成因

一、网络借贷交易借款人违约风险的基本状况

从投资者的角度来看,网络借贷的风险首先表现为来自借款人的违约风险。网络借贷中来自借款人违约的风险主要是,借贷到期之后借款人不能如期归还资金的情况。如果短期内不能归还资金就会形成逾期借款,如果长期不能归还资金就会出现投资者资金无法回收的坏账。我国网络借贷交易中借款人违约风险状况如何? 我们以人人贷和拍拍贷平台的数据为例,来分析我国网络借贷借款人违约状况和存在的风险问题。

如图4-4所示,从人人贷网络借贷平台的数据来看,网络借贷借款人逾

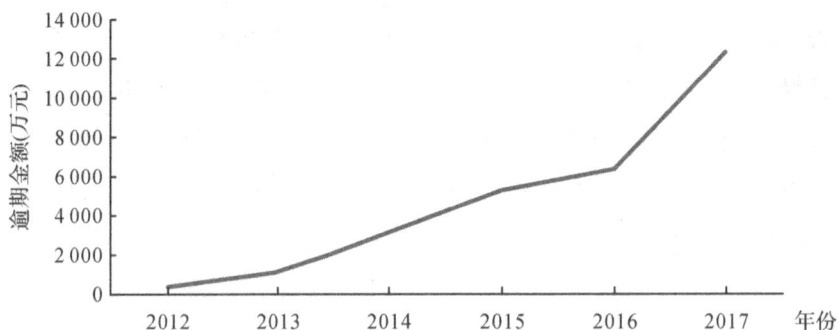

图4-4 人人贷年度逾期金额

期金额越来越大。根据人人贷网贷平台的年度报告,2012年人人贷网贷平台借款人逾期贷款总额是353.8万元,随后呈现逐年增长的状况,2016年到2017年有一个比较大的增幅,到2017年末逾期借款总额达到12424万元。

如图4-5所示,根据拍拍贷网站公布的年度借款人逾期借款期限分布,2015年到2017年30—59天借款逾期占比最大,2016年到2017年15—29天的逾期占比上升最快。这说明,短期借款在所有借款人逾期期限中占比较大,长期借款占比较小,总体逾期时间不长,也有可能是临时短期的周转或一时忘记所致,并不存在完全明显的恶意逾期的迹象。

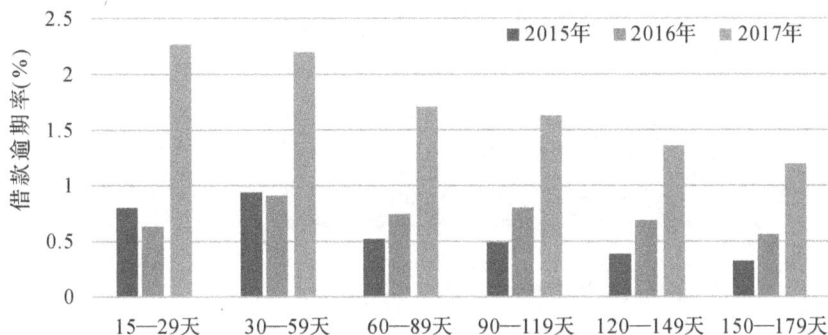

图4-5　拍拍贷平台借款逾期率期限分布

如图4-6所示,男性借款人占总借款人数比重为81.7%,远多于女性借款人。在所有借款人中,男性借款人的占比明显大于女性,这可能由于男性对于高风险项目具有一定的偏好,女性借款人相对谨慎一些。从违约借款人数占总借款人数的比重来看,男性和女性分别为3.9%和2.5%,男性借款人违约率大于女性借款人。

从逾期借款人年龄分布来看,30—39岁借款人的违约人数最多,这一方面由于网络借贷作为一种借助于互联网开展的全新借贷形式,受到年轻人的偏爱,越来越多的年轻人加入到网络借贷的行列中。另一方面,30—39岁的年轻人在工作一段时间之后面临着买房和买车的压力,资金相对比较紧张,会出现一时难以归还借款的问题。从图4-7来看,30—39岁的年轻人虽然违约人数最多,但是如果从逾期金额来看,60岁以上的老年人占比最大,这是一个有意思的现象。虽然60岁以上借款人逾期违约人数不是最多的,

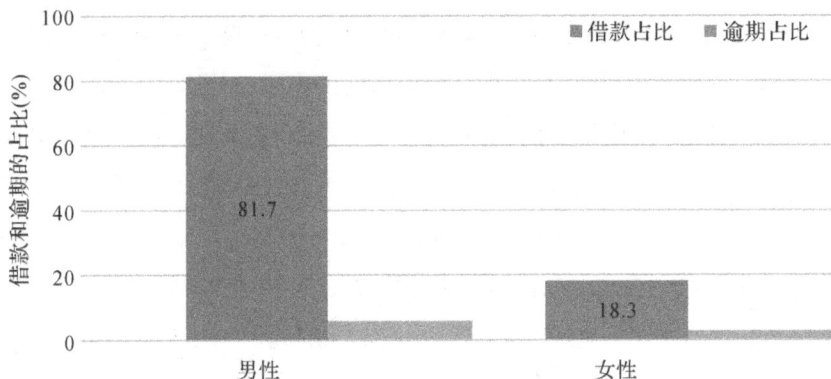

图4-6 人人贷平台违约人性别分布

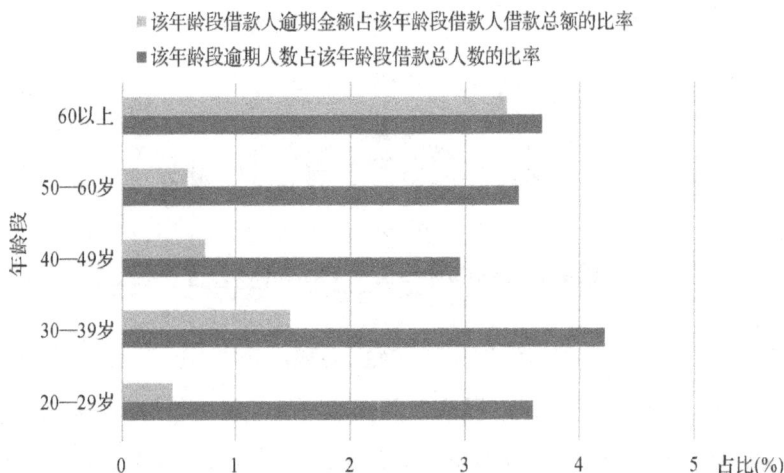

图4-7 人人贷平台借款人违约年龄分布

但违约的单笔金额较大,从逾期违约金额的统计结果来看,60岁以上的借款人逾期金额最大,说明这个年龄段的人群总体信用水平较差,存在一些明显恶意违约和赖账的可能性。40—49岁这个年龄段借款人总体表现较好,无论是从逾期借款人数还是从逾期借款金额来比较,都处于相对较低的水平,说明这个年龄段的群体总体信用水平较好。30岁以下的人群借款逾期的人数不少但逾期金额最少,主要是因为这部分群体的单笔借款金额较小。

■该学历段逾期人数占该学历段借款总人数的比率
■该学历段借款人逾期金额占该学历段借款人借款总额的比率

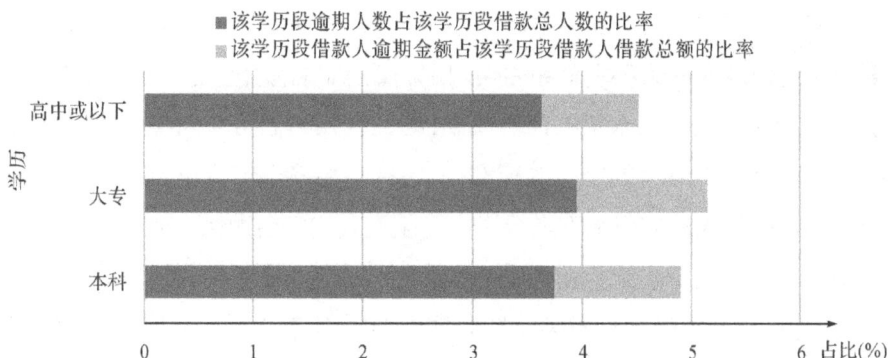

图4-8　人人贷逾期违约人学历分布

从图4-8人人贷逾期借款人学历分布来看,这个学历层次的借款人违约人数最多,逾期借款金额也最大。本科学历借款人违约的金额仅次于大专学历的借款人。

二、借款人违约风险的成因和影响因素

网贷交易过程中由于借款人不能按期足额偿还借款资金,首先会给投资者带来资金损失的风险,影响投资者资金的回收和收益的获取。其次会影响投资者的交易评价和后续的投资选择,由此带来平台交易量的下降并影响平台的声誉。如图4-9所示,网络借贷交易中借款人出现违约和逾期的主要原因有两方面:借款人缺乏还款意愿和还款能力。借款人缺乏还款意愿主要是指借款人到期之后不愿意归还投资者资金,而出现的逾期和违约行为;借款人缺乏还款能力主要是指借款人由于没有恰当和合理使用借入的资金,没有规划合理的资金回收安排,导致到期之后没有足够的资金偿还借款。

(一)影响网络借贷交易借款人还款意愿的因素

1. 借款人的信用水平

影响借款人还款意愿的因素有很多,主要分为两类,如图4-9所示。一是由于借款人内在品德问题,存在恶意借款的行为倾向和行为选择;二是由于信息不对称使得借款人产生了机会主义心理,通过提交虚假信息等手段

骗取资金。在传统借贷交易中，借款人的品德是指借款人是否诚实守信，主要通过对借款人的信用水平评估来识别借款人的品德状况。由于我国缺乏统一的针对个人信用水平的评价体系，因此在网络借贷交易中针对借款人的品德没有可以参考的统一的标准，一般都是由各个借贷平台分别设立评级标准对借款人的信用水平进行评估。以人人贷平台为例。通过对借款人提交的基本信用资料进行审核，并通过大数据的方法对各项信息进行综合分析和打分，最终形成针对某一个借款人的信用等级。人人贷平台的信用等级分为7个，分别是AA、A、B、C、D、E、HR。其中AA表示该借款人具有优良的品德和最值得信赖的信用水平；相反，HR代表该借款人品德极差，具有最低的信用水平和最高的违约概率。

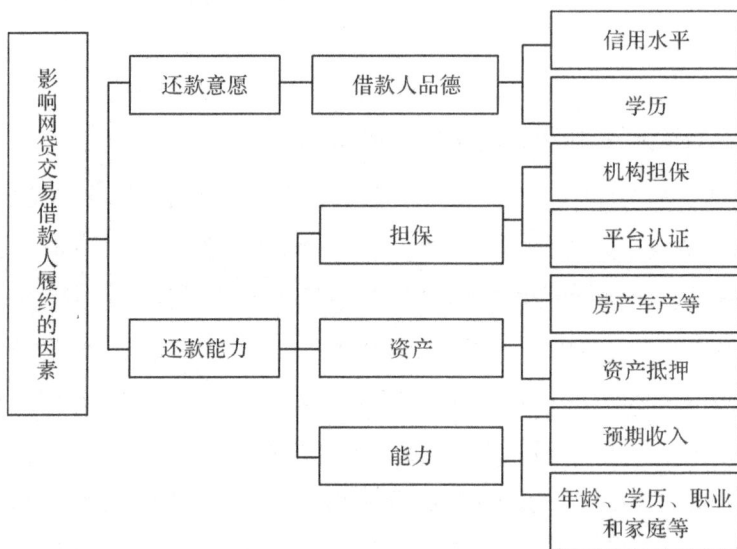

图4-9 网贷交易借款人违约的影响因素

2. 借款人受教育水平

除此之外，借款人的还款意愿还受其受教育水平的影响。无论是国内还是国外的信用评级指标体系中，借款人受教育水平或者其学历，一直都是借贷市场中评估借款人信用水平的一个重要指标。对网络借贷来说，已有研究也证明借款人受教育水平越高，其收入水平增长的同时，对借贷行为的自我约束力也越强(廖理 等,2015);收入水平增长的同时其借贷违约的声誉成本也越大(张维迎,2012);借款人的学历水平影响其工作能力,受教育程度越高,一般情况下其素质和经济收入也相对较高。所以学历与还款意愿和还款能力有直接的关系(樊鹏英 等,2014)。这些方面作用的结果是高学历借款人借贷违约率低,具有较高的借贷偿还意愿和偿还能力。

(二)影响网络借贷交易借款人还款能力的因素

1. 担保

网贷交易中的借款人为了以较低利率获得投资者的资金,向网络提交信息的过程中有可能会选择性地提交一些对自己借贷有利的信息,而不提交有可能证明自己真实信用水平的资料。也有借款人会出于机会主义的心理,篡改或粉饰自己提交的信用信息。这样在网络借贷交易匿名的作用下,进一步加大了原本就存在的借贷双方信息不对称的程度。

针对借款人上述机会主义行为,网贷平台采取的措施主要有机构担保和平台认证两种方式。如图4-9所示,机构担保是寻求线下担保机构对借款人信用信息和信用行为提供担保。比如人人贷平台就有机构担保标的,这种标的的借款人通过人人贷合作伙伴为其借款承担连带保证责任。担保的机构对借款人的借贷交易负有连带责任,无论借款人到期之后的财产是否足以清偿债务,投资者和网贷平台都有权要求担保机构履行其担保赔偿义务。因此,担保机构对借款人进行担保时也会审核借款人的资信状况,这样就在网贷平台审核之外增加了一重审核机制,有利于控制借款人违约风险。

网贷平台认证具有线上认证和线下认证两种方式。比如人人贷平台采用线下认证方式,人人贷集团的人人友信就是负责对借款人提交的资料进行线下审核,通过线下实地认证这一更严格和更真实的考核和调查方式,规避了可能存在的信息不对称问题。线上认证是通过对借款人提交的资料进行直接网上审核,比如拍拍贷就是采用这种方式,在借款人提交的基本资料和视频资料认证的基础上,运用反欺诈模型进行反欺诈分析,及时防范借款人信用违约。这些担保机构介入、线下实地认证和线上认证措施,增加了借款人机会主义行为的难度,降低了借款人恶意隐瞒信息的概率,也提高了借款人的还款意愿。

2. 资产及其抵押

如图4-9所示,借款人的债务清偿能力还受到目前拥有资产的影响,比如房产和车产等。这些资产一方面可以体现借款人既有的获取收入的能力,另一方面这些资产也可以作为未来偿还借款的一个基本保障。当借款人未来偿还出现问题时,可以通过房产或车产变卖获取流动性资金以偿还借款。不过,房产和车产作为借款人的资产,如果已经存在债务的抵押,其对网络借贷借款人债务偿还能力的作用就减弱。因为已经用于抵押的房产和车产,再用于偿还网络借贷借款人借入资金时,会受到一个受偿次序的影响。网络借贷作为次于已有债务的一种债务,在使用房产和车产变现资金清偿时,次序排在已有债务的后面,有可能面临房产和车产清偿已有债务之后没有任何剩余,无法对网络借贷债务进行清偿的情况。因此,网络借贷交易借款人拥有的资产以及资产的抵押状态,都会对借款人未来的还款能力产生影响。

3. 获取收入的能力

网络借贷借款人未来获取收入的能力,是其还款能力最直接的保障。如图4-9所示,影响借款人获取收入能力首要因素就是其预期的收入。借款人预期收入是指在未来借款期限内,借款人预期获得的经济收入总和,包括工资福利收入和其他资产收入,比如房屋出租的租金收入或股票投资收入等。借款人的预期收入是作为借款偿还的直接来源,预期收入越高说明未来偿还能力越强,违约风险的概率越低。

除了直接的预期收入之外,借款人的其他基本状况会影响到其收入的获取,比如年龄、学历、职业和家庭状况等因素。图4-7显示了我国不同年龄段的网络借贷借款人的履约状况,从中可以看出,不同年龄段的借款人群体,其违约状况也不相同。社会经济活动中,居民个体从事的职业不同,获得的工薪收入会有差异。而且从事的职业不同,预期收入受到社会经济环境和经济波动的影响不同,通常认为教师、律师和医生等职业受到社会经济波动的影响较小,未来收入获取的稳定性相对较强,这些职业的借款人未来贷款偿还的能力更强。家庭状况主要反映借款人收入中用于消费的规模如何，三口之家和四口之家的消费水平会有一些明显的差异。如果收入相同，那么这两类家庭消费后剩余的、可以用来归还贷款的收入也会存在差异。因此，借款人家庭状况不同对其未来借款偿还能力的影响也不同。

第三节　网络借贷投资者风险表现："羊群行为"及其信息驱动

一、投资者"羊群行为"及其性质

"羊群行为"这个概念最早出现在经济学领域，是由凯恩斯在1936年于其名著《利息、收入和货币通论》中提出的。随后经济学家将其引入金融学领域，对直接融资市场上交易者行为进行研究。在金融学领域对"羊群行为"并没有统一的界定，Banerjee(1992)认为"羊群行为"是指投资者作为融资的决策者仅仅模仿或追随他人的融资决定而忽视自我的私有信息。Bikchandani(2000)提出金融市场的"羊群行为"是投资者在特定时间段内通过模仿其他投资者行为，做出买卖相同股票的行为决策。Avery和Zemsky(1998)认为投资者在观察其他投资者行为之后，做出与自己投资初衷相反的投资决策的行为就是"羊群行为"。通过以上文献对投资者"羊群行为"的界定可以看出，"羊群行为"出现的本质原因在于市场信息不对称，投资者投资决策缺乏充足的信息进而更多依赖其他投资者的行为选择。"羊群行为"的本质特征在于投资者的投资决策，是基于其他投资者的投资行为，而不是对市场基本面信息的分析或不是基于自己的投资决策。"羊群行为"分类中最常见的一类是按照"羊群行为"的性质进行划分，即按照投资者做出投资选择是否符合追求收益最大化的目标，分为理性"羊群行为"和非理性"羊群行为"。如果"羊群行为"是投资者决策时最优的投资决策选择，则该"羊群行为"是理性预期行为；否则仅仅盲目地模仿而进行的投资就是非理性"羊群行为"。

互联网技术显著降低了借贷双方的信息不对称，拓展了交易可能性边界,但并未完全消除信息不对称和信息不对称背景下的羊群效应问题。"羊群行为"一方面助推了互联网金融的发展,比如短短8个月之内,余额宝的规模发展为全国第一;但同时也很容易导致投资者跟风和盲从,提高个体投资者决策系统性错误的概率,从而使个体投资者陷入骗局或遭到连锁风险,比如e租宝的受害投资人遍布全国31个省市区共计约90万人。如此不同的结果是由"羊群行为"不同性质导致的(Bikhchandani and Sharma,2000)。因此,设计有效机制缓解信息不对称造成的非理性行为影响的首要任务是,准确判断网络借贷"羊群行为"的性质,并寻求其背后的信息驱动机制。随着网络借贷市场的发展,大量文献开始探讨网络借贷"羊群行为"的性质及其影响。国外学者以Prosper网贷交易为例,研究发现网络借贷市场上存在着"羊群行为"(Dawei Shen et al.,2009)。网络借贷市场羊群效应存在持续性(Herzenstein et al.,2011),且边际效应递减(Shenet al.,2010)。网络借贷市场的"羊群行为"降低了投资收益及资金利用效率(Hui and Greiner,2010),对借款人参与度和借款利率等因素存在反向影响(Hui et al.,2009)。Krumme & Herrero(2009)发现贷款人"羊群行为"是一个渐进的过程,初期表现微弱,随着借款项目进度超过某个特定值,"羊群行为"会跳到一个较高水平。Zhang & Liu(2012)使用美国Prosper平台的数据研究发现,美国P2P网络借贷存在"羊群行为",并且进一步研究发现这种"羊群行为"是基于信息发现的理性行为。国内的学者从不同角度研究我国网络借贷"羊群行为"的性质,但是并未得出统一的结论。谈超等(2014)基于拍拍贷研究发现,当前投标次数能够对获得后续投标的可能性产生显著的正向影响。廖理等(2015)实证分析提出,我国网络借贷市场"羊群行为"是理性的且具有不稳定性的特征。"羊群行为"背后的驱动机制是什么呢? 到目前为止,已有的研究大致可以分为两类,一类是以声誉说、报酬结构说和推测信息说(申明浩,宋剑波,2008)为代表的学者;另一类是以Froot、Scharfstein and Stein(FSS)为代表的相似信息说。在完全陌生人形成的P2P网络借贷市场上,网络借贷市场行为更符合FSS提出的共同信息基础上的投资者短期均衡决策。

二、网络借贷投资者"羊群行为"的理论解析

在P2P网络借贷交易中，潜在投资者进入网贷平台面临两个投资选择：一是根据借款人提供的各项信息选择网贷平台新发布的贷款项目；二是选择已经有投资者加入的贷款项目。相对于全新的贷款项目，已经有投资者加入的贷款项目给潜在投资者提供多一层的信息，那就是这个贷款项目已经经过部分投资者筛选和评判。但是潜在投资者会有一层担心，无法确定已有投资者是否理性、合理地判断和筛选，进而产生犹豫心理。但是当这个贷款项目的投资者继续增加时，尤其是P2P平台一般的满标时间很短，根据FSS提出的"羊群行为"投资者短期均衡决策理论，短期内投资者的增加就会消除潜在投资者的犹豫和担心，吸引潜在投资者选择已有大量投资者加入的项目，这就形成了P2P网贷交易中投资者的"羊群行为"。P2P网贷交易投资者"羊群行为"形成的本质原因在于信息不对称和缺乏中间信息筛选机制。

首先，信息不对称引发投资者"羊群行为"。P2P网络借贷交易中潜在投资者对借款人和借贷项目评判和选择的主要信息，来自网贷平台上借款人提供的信息和平台对借款人的信用评级。网贷平台力图为潜在投资者提供公正和公开的信用评判信息，但部分借款人还是会利用网络信息空间的不对称，提供虚假证件或虚报各项信息，比如假造收入、房产和车产等各项信息证明从而提高这些信息的吸引力。一旦潜在投资者利用这些信息进行借款项目的评判，很容易做出投资决策，而后续投资者短期内获得的信息是相同的，即已有投资者短期内逐步增加对某项借款项目的投资，短期内相同的信息吸引后续潜在投资者"争先恐后"地进入，由此产生"羊群行为"。如果投资者不仅仅是依赖于借款人自己提交的这些信息，而是更多地依赖平台的信用评价信息，是否会产生"羊群行为"呢？答案是肯定的。部分借款人也看到了这一点，就会采取一些投机取巧的办法。比如在拍拍贷平台每顺利按期完成一次借入和归还的交易，信用积分就增加一分。所以有部分借款人就通过短期限小额度、频繁在同一平台借入和归还，刷出"高信用记

录"①。这样的"高信用记录"很容易吸引投资者进行借款项目的投资,而且如果已有投资者进入,后续投资者短期内在已有投资者的吸引和"高信用记录"的双重作用下,更加容易产生投资者的"羊群效应"。正是由于有刷信用记录等伪造行为,在信息不对称的环境下,潜在投资者更多地依赖已有投资者的选择和判断。如果借款项目恰好比较优质,则可以顺利获取收益;如果借款项目出现问题,则由众多投资者共同承担损失。这样的外部不对称环境和心理作用,助推了网贷交易市场的"羊群效应"。

其次,由于P2P网贷交易缺乏中间的筛选机构和机制,出于成本的考虑,潜在投资者更容易选择"羊群行为"。由于缺乏中间机构帮助网贷交易投资者进行借款项目的筛选,潜在投资者需要根据网络平台上借款人和借款项目的各项信息自己进行评价和筛选,这个过程是需要付出时间成本的。另外一个时间成本是来自于网贷交易的基本交易模式,即网贷交易的标的满标才可以完成借贷,如果不能满标,借款标的就流标,前期投资者的投资也自动取消。这样导致投资者需要不断投入时间去关注自己的投资,流标之后还需要重新选择和投标,也需要付出大量的时间成本。而如果直接跟随已有投资者的投资,潜在投资者就不需要自己筛选和评价,也不需要去担心流标给自己造成的麻烦,由此大量减少自己的时间成本。网贷交易缺乏中间筛选机构和特殊的交易机制,使得潜在投资者更愿意选择跟随已有投资者的投资选择,由此形成网贷交易的"羊群效应"。

三、网贷交易投资者"羊群行为"的信息驱动分析

FSS(1992)以相似信息说为基础分析"羊群行为",认为在投资者短期投资决策中,"羊群行为"的形成不是对既有投资行为模仿的结果,而是由于投资者在相近的时间段内进行投资获取的信息是相同或相近的,导致其雷同的决策结果。FSS对投资者投资行为短期均衡的假定,符合我国网络借贷市场的特点。根据网贷之家的数据,截止到2016年6月全国P2P网络借贷市

---

① 通过我们收集的拍拍贷平台的数据也可以说明这一点,有借款人只是借入155元2天,这样的借款行为,存在明显的刷信用记录的嫌疑。

场平均借款期限只有7.81月。而且P2P网络借贷的匿名性和虚拟性,使得投资人在选择项目时,会根据借款人各种各样的信息和信息组合,对借款人的履约能力进行条件概率评定(乔治·阿克洛夫,迈克尔·斯彭斯,约瑟夫·斯蒂格利茨,2010)。因此,在FSS提出的投资者是短期均衡假定的基础上,假定我国P2P网络借贷市场的投资者,是在获取了基本相同或相近的信息后进行的相继投机决策,并进一步研究不同信息对投资者"羊群行为"决策是否存在不同的驱动效应。

在信息不对称的不完全网络借贷市场中,虽然每个投资者面临相同的公共信息,但是投资者对相同的公共信息产生的价值判断不同;同时,每个投资者还可以观察到对方的投资选择信息,形成各自不同的私有信息。公共信息和少数前期投资者的投资决策,决定了后来大部分投资者的行为模式,产生了"羊群行为"。如图4-10所示,假设有A、B、C、D四个投资者,A是某个投资标的的第一个投资者。那么A在公共信息驱动下形成私有信息(P),如果P为优质信息(H),则做出投资的决策;如果P为劣质信息(L),则放弃投资。A的投资信息和外部公共信息驱动综合,后续B、C、D相继形成各自的私有信息,并依次做出决策。

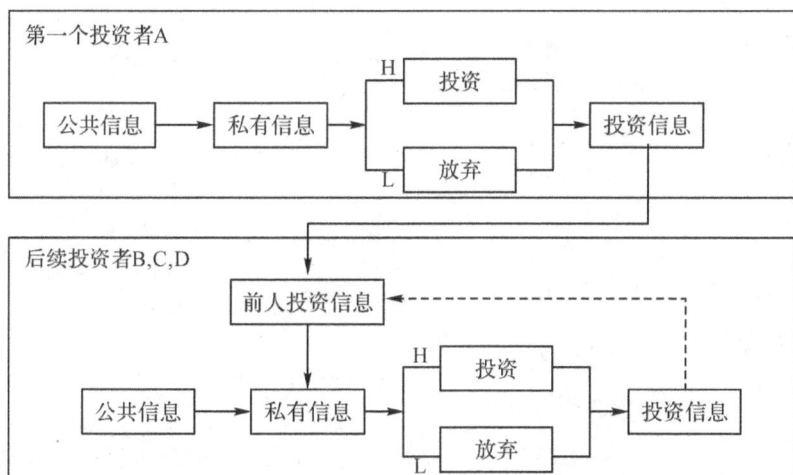

图4-10 网贷交易羊群行为的理论分析

为了研究公共信息对投资者行为的不同驱动和影响,根据信息的不同特征将网贷信息分为四类:平台信息、借款人历史信用信息、借贷项目信息、借款人基本信息。为了进一步分析网络借贷中投资者的"羊群行为",选择拍拍贷平台为例进行分析。根据网贷之家的历史数据显示,拍拍贷平台的月成交量一直稳居P2P网贷行业的前20位,且2016年初拍拍贷平台的月均新增用户量居首位,因此以拍拍贷为例研究网贷"羊群行为"特征具有较强的代表性。结合拍拍贷平台的具体信息和网贷四类信息分类,研究分析网贷"羊群行为"背后的信息驱动机制,具体的驱动信息设置如表4-2所示。

表4-2　拟定的"羊群行为"驱动信息及其含义

驱动信息	具体变量	含　义
平台信息	信用等级 （CreditRating$_{i,t-1}$）	样本数据来自拍拍贷平台的中度风险区,标的信用等级分布为A到D级,且B级、C级、D级居多。据此将信用等级变量设置为虚拟变量,D级为1,其他等级为0
借款人历史 信用信息	成功次数 （PastFail$_{i,t-1}$）	借款人至今为止在拍拍贷成功借款的次数
	流标次数 （PastFail$_{i,t-1}$）	借款人至今未满标(借款失败)的次数
	正常还清次数 （PaybackOnTime$_{i,t-1}$）	借款人至今正常还清拍拍贷借款的次数
	逾期还清次数 （LatePayment$_{i,t-1}$）	借款人至今逾期还款次数(逾期1到15天)
借贷项目 信息	借款金额 （LoanAmount$_{i,t-1}$）	拍拍贷规定首次借款金额一般为0.1万—1万元间。按时还款累计信用后,额度会有较大幅度提高,最高可达50万元
	年利率 （InterestRate$_{i,t-1}$）	经由借款人设定并需经平台审核
	借款期限 （PaybackPeriod$_{i,t-1}$）	每一个标的,借款人都会自行设定一个借款期限,借款期限为6到24个月不等
借款人基本 信息	婚姻状况 （MaritalStatus$_{i,t-1}$）	为虚拟变量,单身为0否则为1

驱动信息	具体变量	含　义
借款人基本信息	文化程度（EducationalLevel$_{i,t-1}$）	根据受教育年限设定,其中初中及以下设为9(年),高中和中专设为12(年),大专为15(年),以此类推,最高学历为研究生及以上
	住宅状况（ResidentialCondition$_{i,t-1}$）	为虚拟变量,有房为1否则为0
	是否购车（CarBuying$_{i,t-1}$）	为虚拟变量,有车为1否则为0
	年龄（Age）	借款人实际年龄

四、网络借贷中投资者"羊群行为"的检验:基于拍拍贷平台

(一)拍拍贷平台基本信息

1. 拍拍贷平台(信也科技)简介

拍拍贷平台于2007年6月在上海正式成立,全称为"上海拍拍贷金融信息服务有限公司"。截至2019年9月30日,拍拍贷累计注册用户数达1.028亿,累计借款用户数达1740万,服务区域遍及全国2804个县级行政区域。拍拍贷平台借款端服务包括面向广大个人用户的通用性借款和其他借款,借贷流程已实现高度自动化。出借端包括散标出借、自动投标策略新彩虹计划,借助自动投标工具等为用户带来不一样的出借体验。2012年10月,拍拍贷获得A轮融资,由红杉资本中国基金投资;2014年4月,拍拍贷完成B轮融资,投资机构为光速中国创业投资基金、红杉中国及诺亚财富;2017年11月10日,拍拍贷在美国纽约证券交易所成功上市。2019年更名为信也科技。

2. 拍拍贷平台的管理模式

拍拍贷平台定位于小额信用借款用户,致力于为用户提供更好的用户体验,帮助用户提升生活质量。拍拍贷运营模式采取的是纯线上运营,对借款人的信用审核、贷后管理等各项工作均在线上完成,并不涉及线下流程。

拍拍贷平台不参与借贷交易,只进行线上审核。拍拍贷平台上的借款人在平台上发布借款信息,提供具体的认证资料后,由拍拍贷通过网络、电话等方式在线上对借款人进行信用审核和信用评级。拍拍贷同样根据借款人提交的认证资料,对借款人的信用由高到低划分八个信用等级,借款人可通过添加认证资料来提高自己的信用等级。有优良的借款历史也会使信用等级得到提高,若出现逾期等不良记录,则将给借款人信用等级带来负面影响。在借贷流程上,首先借款人需在拍拍贷平台上进行注册,成为注册用户并提交借款人信息资料,此时拍拍贷会根据借款人提供的资料对其进行信用评级。然后借款人根据自己的实际情况提出自己的借款请求,并在平台上发布借款信息,之后出借人进行投标,此时拍拍贷对借款标的进行预审,预审通过则满标后借贷关系成立,或者投标完成后拍拍贷对其进行复审,复审通过后则借贷交易成立,否则借贷失败。若在投标规定时间内投标数额不足,则会出现流标情况。最后,借款人按照借款协议进行定期还款。

(二)研究设计

1. 解释变量

(1)"羊群行为"检验的方法

借鉴股票市场上"羊群行为"研究的方法,已有的研究P2P网络借贷市场投资者"羊群行为"的文献主要使用三种验证"羊群行为"的方法(Zhang & Chen,2017)。第一种是以投标时间间隔来测度"羊群行为"(Luo & Li, 2011;罗彬杰,2013)。检测平均投标时间是否随着当前投标数目的增多而减少,如果投标时间的间隔不断缩短,就证明网贷交易存在"羊群效应"。第二种是根据MNL市场份额模型,通过检验市场份额是否随时间的递增而增加来判别是否存在"羊群行为"(Lee,2012;廖理 等,2015)。如果随时间的增加投标份额增加,则证明存在"羊群效应"。第三种是测度当前投标数目对于获得后续投标可能性的影响(Herzenstein et al.,2011;李伟军,2013;谈超,2014;李新功,2015;牛洁,2016),如果借款项目有后续投标则证明"羊群效应"是存在的。

P2P网络市场中的投资者行为较少受到其他不可观测因素的干扰,而且

P2P网贷交易利率是固定的,可以更为直观地观测"羊群行为"背后的信息驱动机制。因此,我们借鉴和使用第二种方法,即根据MNL市场份额模型,通过检验市场份额验证网贷交易中投资者"羊群行为"。"羊群行为"具体表现为人们在决策过程中会参考他人的决策行为,还会观察P2P网贷平台发布的信息,他人的决策行为主要蕴含在当前借款进度和当前投标人次两个信息变量中,所以"羊群行为"检验的解释变量设定如下:

当前借款进度($\text{ParticipationRate}_{i,t-1}$):某标的当前已借到金额占总借款金额的比例。

当前投标人次($\text{ParticipationNumbers}_{i,t-1}$):某标的当前已成功投标的贷款人数量。

(2)"羊群行为"背后的信息驱动机制分析

"羊群行为"背后的信息驱动机制分析是在FSS假设的基础上研究各个驱动因素对后续贷款人投资决策的影响,因此各个驱动因素即为这部分实证分析的解释变量。因为各个驱动因素已在表4-2中列出,所以这里不再重复解释。

2. 被解释变量

被解释变量衡量的是后续投资者的决策行为。本文中的被解释变量借鉴Eunkyoung Lee和Byungate Lee改进后的MNL市场份额模型,如下所示:

$$\ln\left(\frac{S_{it}}{S_t}\right) = \alpha_i' + \alpha_t' + \sum_{k=1}^{k}\beta_k\left(X_{ikt} - \overline{X_{kt}}\right) + \varepsilon_{it} \quad\quad (4\text{-}1)$$

式中,$S_{it} = \dfrac{A_{it}}{\sum\limits_{i=1}^{I}A_{it}}$,衡量的是在一个总产品量为I的市场中,t时刻第i个产品所占的市场份额,被解释变量就是依据这个市场份额设定的。

结合P2P网络借贷的特征,将从两个方面对市场份额进行度量,首先是某标的已投标人次,其次是该标的已投标金额。具体表示如下:

$$Bids\_Mktshr_{i,t} = \frac{(NumberofBids)_{i,t}}{\sum_{i=1}^{I}(NumberofBids)_{i,t}}$$

$$Money\_Mktshr_{i,t} = \frac{(FundedAmount)_{i,t}}{\sum_{i=1}^{I}(FundedAmount)_{i,t}}$$

(4-2)

其中 $(NumberofBids)_{i,t}$ 表示 1 小时内标的 i 投标人次的增量，$(FundedAmount)_{i,t}$ 表示 1 小时内标的 i 投标金额的增量。$Bids\_Mktshr_{i,t}$ 和 $Money\_Mktshr_{i,t}$ 即两个被解释变量。

3. 数据来源和描述性统计分析

因需研究后续投资者的投资行为，所以每个标的的投标人次数据和投标金额数据（动态数据）都至少采集2次。网贷之家的数据显示，拍拍贷平台的平均满标用时约为1.5小时（一旦满标该标的即下线），而且经过实验发现，最有效率的采集时间间隔为1小时，因此每个标的数据采集2次，采集时间间隔为1小时。如表4-3所示，利用网页抓取软件获得了拍拍贷平台2016年1月1日至2016年5月1日期间发布的有效信用借款标的数据共6908条。

表4-3　数据的描述性统计分析结果

变量	样本	均值	标准差	最小值	最大值
$Bids\_MktShr$	6,908	0.006	0.01	0	0.422
$StdBids\_MktShr$	6,908	−0.985	0.023	−1	−0.001
$Money\_MktShr$	6,908	0.007	0.013	0	0.508
$StdMoney\_MktShr$	6,908	−0.987	0.025	−1	0
$ParticipationRate$	6,908	0.156	0.123	0	0.77
$ParticipationNumbers$	6,908	12.092	14.168	0	268
$CreditRating$	6,908	0.653	0.476	0	1
$PastSuc$	6,908	1.042	1.458	0	15
$PastFail$	6,908	0.466	1.013	0	14

续表

变量	样本	均值	标准差	最小值	最大值
PaybackOnTime	6,908	3.772	6.149	0	88
LatePayment	6,908	0.313	1.3	0	27
LoanAmount	6,908	0.497	0.353	0.015	5.8
InterestRate	6,908	0.213	0.011	0.16	0.23
PaybackPeriod	6,908	11.393	2.085	6	24
MaritalStatus	6,908	0.52	0.5	0	1
EducationalLevel	6,908	13.984	2.041	9	19
ResidentialCondition	6,908	0.233	0.423	0	1
CarBuying	6,908	0.237	0.425	0	1
Age	6,908	29.486	6.987	18	55

运用Stata软件对数据进行描述性统计分析,分析结果见表4-3。由表4-3的统计分析结果来看,因为被解释变量1小时内标的 i 投标人次的增量($Bids\_MktShr$)与1小时内标的 i 投标金额的增量($Money\_MktShr$)都是一个百分数,因此这两个变量的均值分别为0.006和0.007,数值很小,因此,运用离差标准化的方法对这两个变量进行标准化处理,得到表4-3中 $Std\ Bids\_MktShr$ 和 $Std\ Money\_MktShr$[①]。主要解释变量 $ParticipationRate$ 也是一个比率值,最大值为0.77,最小为0,均值为15.6%。$ParticipationNumbers$ 的最大值为268,均值为12.092。$CreditRating$ 的均值为0.653,说明大部分借款人的信用等级并不高。$PastSuc$ 最大值为15,说明有借款人曾经15次成功借到款;最小值为0,说明有借款人是第一次在拍拍贷平台借款。$PastFail$ 的最大值为14,说明有借款人14次在拍拍贷平台借款都没有成功。$PaybackOnTime$ 最小值为0,这个不能说明借款人从来没有按期还款,因为有可能借款人是第一次在拍拍贷平台借款。$LatePayment$ 预期还款的最大

---

① 标准化处理就会出现负数,但这并不会影响回归分析的结果。

值为27,说明有借款人出现多次不能按期归还贷款的情况;均值为0.313, 说明拍拍贷平台整体的逾期率比较低。$LoanAmount$ 最大值为5.8万元,最 小值只有0.015万元。$InterestRate$ 最大值为0.23,最小值为0.16,说明贷款 利率比较高。$PaybackPeriod$ 期限为6-24个月。$EducationalLevel$ 最高是研究 生,最低是初中及以下。$ResidentialCondition$ 和 $CarBuying$ 的均值分别为 0.233和0.237,说明大部分人还是没有房产和车产抵押物的。借款人年龄 (Age)在18到55岁之间。

(三)模型设定

1. "羊群行为"检验

实证分析采取 OLS 模型考察被解释变量与解释变量之间的线性关系。 根据不同的被解释变量分别建立以下两个模型。

从投标人次角度:

$$StdBids\_Mktshr_{i,t} = \beta_0 + \beta_1 ParticipationRate_{i,t-1} + \beta_2 ParticipationNumbers_{i,t-1} + \varepsilon_i$$

$$(4-3)$$

从投标金额角度:

$$StdMoney\_Mktshr_{i,t} = \beta_0' + \beta_1' ParticipationRate_{i,t-1} + \beta_2' ParticipationNumbers_{i,t-1} + \varepsilon_i'$$

$$(4-4)$$

2. "羊群行为"背后的信息驱动机制分析

"羊群行为"背后的信息驱动机制分析中的样本数据类型依然是横截面 数据,被解释变量也没有改变,因此羊群行为信息驱动机制的实证研究也将 建立 OLS 模型,具体设定如下所示。

从投标人次角度:

$$StdBids\_Mktshr_{i,t} = \gamma_0 + \gamma_1 CreditRating_{i,t-1} + \gamma_2 PastSuc_{i,t-1} + \gamma_3 PastFail_{i,t-1}$$
$$+\gamma_4 PaybackOnTime_{i,t-1} + \gamma_5 LatePaymen_{i,t-1}t + \gamma_6 LoanAmoun_{i,t-1} +$$
$$\gamma_7 InterestRate_{i,t-1} + \gamma_8 PaybackPeriod_{i,t-1} + \gamma_9 MaritaStatus_{i,t-1} +$$
$$\gamma_{10} EducationalLevel_{i,t-1} + \gamma_{11} ResidentialCondition_{i,t-1} + \gamma_{12} Carbuying_{i,t-1} +$$
$$\gamma_{13} Creditratig*InterestRate_{i,t1} + \gamma_{14} Age + \sigma_i$$

$$(4-5)$$

从投标金额角度：

$$StdMoney\_Mktshr_{i,t} = \gamma_0' + \gamma_1'CreditRating_{i,t-1} + \gamma_2'PastSuc_{i,t-1} +$$

$$\gamma_3'PastFail_{i,t-1} + \gamma_4'PaybackOnTime_{i,t-1} + \gamma_5'LatePaymen_{i,t-1}t +$$

$$\gamma_6'LoanAmoun_{i,t-1} + \gamma_7'InterestRate_{i,t-1} + \gamma_8'PaybackPeriod_{i,t-1} +$$

$$\gamma_9'MaritaStatus_{i,t-1} + \gamma_{10}'EducationalLevel_{i,t-1} + \gamma_{11}'ResidentialCondition_{i,t-1} +$$

$$\gamma_{12}'Carbuying_{i,t-1} + \gamma_{13}'Creditratig*InterestRate_{i,t1} + \gamma_{14}'Age + \sigma_i'$$

$$(4\text{-}6)$$

(四)实证结果分析

1. "羊群行为"检验的实证结果

分别从投标人次和投标金额角度,以当前投标人次和当前投标进度作为解释变量,检验了P2P网贷过程中是否存在"羊群行为",实证结果如表4-4所示。

表4-4　羊群行为检验

	模型(1)	模型(2)
	$StdBids\_Mktshr_{i,t}$	$StdMoney\_Mktshr_{i,t}$
$ParticipationRate_{i,t-1}$	0.0176***	0.000789
	(6.25)	(0.26)
$ParticipationNumbers_{i,t-1}$	0.000393***	0.000481***
	(16.05)	(18.00)
constant	−0.992***	−0.993***
	(−230.19)	(−211.77)
R-squared	0.094	0.075
N	6908	6908

注:***、**、*分别表示1%、5%、10%的显著性水平。

从表4-4中我们可以发现,当从投标人次角度度量市场份额时, $ParticipationRate_{i,t-1}$ 与 $ParticipationNumbers_{i,t-1}$ 的系数都在1%的水平下显著为正,从而证实了拍拍贷投标过程中存在"羊群行为",但是当从投标金额角度度量市场份额时,我们发现 $ParticipationRate_{i,t-1}$ 对被解释变量没有显著影响,而 $ParticipationNumbers_{i,t-1}$ 的系数在1%的水平下依然显著为正。从投标金额角度,市场份额与当前借款进度没有显著相关性的原因可能是,每项标的借款金额较小。根据平台的数据分析,借款金额最小值仅为155元,贷款人每次跟投金额并不是很大且大多集中在50—100元。总体来看,拍拍贷投标过程中存在"羊群行为",且"羊群行为"相对比较谨慎。

2. "羊群行为"背后信息驱动机制分析的实证结果

(1)信息驱动因素的影响分析

上述实证研究中我们已经分析出P2P网贷中存在着谨慎的"羊群行为",接下来我们将在FSS研究的基础上,假定投资者获取了相同或相似的信息,运用模型(4-5)和模型(4-6)对我国P2P网络借贷市场不同信息对投资者"羊群行为"的驱动机制进行实证分析,分析结果如表4-5所示。

从表4-5的模型(4-5)和模型(4-6)回归结果来看,首先在平台信息中,根据相关性分析得知信用等级与利率水平存在显著的正相关性,这可能是因为网贷平台在对借款人进行信用评级时,借款利率是评级指标之一。为了研究信用等级对市场份额的偏效应,我们在实证分析中引入了一个交互项($CreditRating_{i,t-1}*InterestRate_{i,t-1}$)。最后实证结果显示,如果不考虑利率的影响,信用等级($CreditRating$)在1%的水平下对被解释变量有显著的负向影响,信用等级为虚拟变量,其中1代表D级,也就说明等级越高,羊群行为越明显; $CreditRating*InterestRate$ 这项指标是在1%的水平下对被解释变量具有显著的正向影响,这意味着如果同时考虑利率的影响,则在利率水平越高的情况下,即使信用等级越低的借款标的,"羊群行为"也越明显。在借款人历史信用信息中,成功借款次数在模型(4-5)和模型(4-6)中分别在5%和1%的显著水平下对市场份额有显著影响,正常还清次数在模型(4-5)中以1%的显著水平对市场份额有显著的正向影响,而在模型(4-6)中无显著影响,逾期还清次数则在模型(4-5)和模型(4-6)中以1%的显著水平对市场份额有显著的负向影响,而流标次数在模型(4-5)和模型(4-6)中都对市场份额无显著作用。在借贷项目信息中,无论是在模型(4-5)还是模型(4-6)中,借款利率和借款期限都分别在1%的显著水平下对市场份额有显著的负向作用,而借款金额在1%的显著水平下对市场份额有显著的正向作用。在借款人基本信息中,学历在1%的显著水平下对市场份额有显著的正向作用,购车状况则在模型(4-5)和模型(4-6)中在1%的显著水平下对市场份额有显著的负向作用。但是婚姻状况、住宅状况和借款人年龄都对市场份额无显著作用。

表4-5 "羊群行为"背后信息驱动机制分析

	模型(4-5)	模型(4-6)
	$StdBids\_MktShr_{i,t}$	$StdMonsy\_MktShr_{i,t}$
$CreditRating_{i,t-1}$	−0.179***	−0.176***
	(−8.13)	(−7.56)
$PastSuc_{i,t-1}$	0.00104**	0.00275***
	(2.20)	(5.51)
$PastFail_{i,t-1}$	0.000134	0.000101
	(0.50)	(0.36)
$PaybackOnTime_{i,t-1}$	0.000292***	0.000137
	(2.73)	(1.21)
$LatePayment_{i,t-1}$	−0.000788***	−0.000791***
	(−3.40)	(−3.23)
$LoanAmount_{i,t-1}$	0.0187***	0.0223***
	(21.23)	(23.92)
$InterestRate_{i,t-1}$	−0.476***	−0.521***
	(−7.10)	(−7.34)
$PaybackPeriod_{i,t-1}$	−0.00156***	−0.00101***
	(−10.08)	(−6.19)
$MaritalStatus_{i,t-1}$	0.000602	0.000890
	(0.97)	(1.35)

	模型(4-5)	模型(4-6)
$EducationalLevel_{i,t-1}$	0.000622***	0.000591***
	(4.66)	(4.19)
$ResidentialCondition_{i,t-1}$	−0.000133	0.000799
	(−0.20)	(1.12)
$CarBuying_{i,t-1}$	−0.00165**	−0.00177**
	(−2.49)	(−2.53)
Age	−0.0000687	−0.0000266
	(−1.54)	(−0.56)
$CreditRating_{i,t-1}*InterestRate_{i,t-1}$	0.861***	0.854***
	(8.26)	(7.74)
constant	−0.890***	−0.894***
	(−66.14)	(−62.79)
R-squared	0.118	0.153
N	6908	6908

注:***、**、*分别表示1%、5%、10%的显著性水平。

婚姻状况、住宅状况、购车状况、年龄这些变量的影响不显著,原因可能在于这些信息由借款人自己提供,是未经平台审核的信息,以至于投资人无法判断这些信息的真实性。学历的影响则与廖理等(2015)对P2P信贷市场中学历的信用识别价值的研究结果相一致。

(2)驱动因素相对作用大小比较

在线性回归结果中,由于各因素测量单位不同,故系数之间不具有直接可比性。为了比较各因素对市场份额的影响大小,需要进行标准化系数回归。回归结果如表4-6所示。

比较表4-6中模型(4-5)和模型(4-6)的标准化系数可以发现,首先,$CreditRating$和$InterestRate$的交互项的系数最大,说明后续投资者投资行为的影响因素既包括项目的利率信息也包括借款人的信用信息。进一步单独观测这两项因素,可以看出相对于借款人历史借贷信息、借款项目信息、借款人的基本信息,平台信息(拍拍贷平台评定的借款人信用等级 *CreditRating*)对投资者"羊群行为"的影响更大,这说明市场上影响投资者"羊群行为"的首要因素是借款人信用等级。其次是借贷项目信息(借款人给出的利率 *InterestRate* 和借款额度 *LoanAmount*)。借款人历史信用信息和借款人基本信息对投资者的"羊群行为"的影响较小。

为了使比较分析结果更具可靠性,下面对各驱动因素与市场份额之间进行偏相关分析。

表4-6 标准化系数回归

	模型(4-5)	模型(4-6)
	$Bids\_MktShr_{i,t}$	$Monsy\_MktShr_{i,t}$
$CreditRating_{i,t-1}$	−7.559***	−8.956***
	(−8.12)	(−7.56)
$PastSuc_{i,t-1}$	0.0438**	0.140***
	(2.20)	(5.51)
$PastFail_{i,t-1}$	0.00565	0.00504
	(0.50)	(0.35)
$PaybackOnTime_{i,t-1}$	0.0123***	0.00696
	(2.73)	(1.21)
$LatePayment_{i,t-1}$	−0.0332***	−0.0402***
	(−3.40)	(−3.23)
$LoanAmount_{i,t-1}$	0.788***	1.132***
	(21.22)	(23.92)
$InterestRate_{i,t-1}$	−2.010***	−2.648***
	(−7.10)	(−7.34)

续表

	模型(4-5)	模型(4-6)
$PaybackPeriod_{i,t-1}$	−0.0659***	−0.0515***
	(−10.08)	(−6.19)
$MaritalStatus_{i,t-1}$	0.0254	0.0454
	(0.97)	(1.35)
$EducationalLevel_{i,t-1}$	0.0263***	0.0300***
	(4.67)	(4.18)
$ResidentialCondition_{i,t-1}$	−0.00561	0.0406
	(−0.20)	(1.12)
$CarBuying_{i,t-1}$	−0.0697**	−0.0901**
	(−2.49)	(−2.53)
Age	−0.00290	−0.00136
	(−1.54)	(−0.57)
$CreditRating_{i,t-1}*InterestRate_{i,t-1}$	24.33***	35.37***
	(8.26)	(7.74)
constant	4.649***	5.393***
	(8.19)	(7.46)
R^2	0.118	0.153
N	6908	6908

注:***、**、*分别表示1%、5%、10%的显著性水平。

表4-7是以$Bids\_MktShr_{i,t}$作为研究对象分析各驱动因素与其之间的偏相关关系,表4-8是以$Monsy\_MktShr_{i,t}$作为研究对象分析各驱动因素与其之间的偏相关关系。比较各驱动因素与市场份额之间的相关性大小发现,平台信息和借款项目信息与市场份额在1%的水平下显著相关,而且相比其他两类信息相关性更强。这与标准化系数比较结果相似,所以前文中比较标准化系数得出的结论具有一定的可靠性。

表4-7　偏相关分析1

Variable	Partial Corr	Semipartial Corr.	Partial Corr.^2	Semipartial Corr.^2	Significance Value
$CreditRating_{i,t-1}$	−0.0974	−0.0920	0.0095	0.0085	0.0000
$PastSuc_{i,t-1}$	0.0267	0.0251	0.0007	0.0006	0.0267
$PastFail_{i,t-1}$	0.0064	0.0060	0.0000	0.0000	0.5980
$PaybackOnTime_{i,t-1}$	0.0325	0.0305	0.0011	0.0009	0.0070
$LatePayment_{i,t-1}$	−0.0412	−0.0388	0.0017	0.0015	0.0006
$LoanAmount_{i,t-1}$	0.2470	0.2400	0.0611	0.0575	0.0000
$InterestRate_{i,t-1}$	−0.0858	−0.0809	0.0074	0.0065	0.0000
$PaybackPeriod_{i,t-1}$	−0.1200	−0.1130	0.0143	0.0128	0.0000
$MaritalStatus_{i,t-1}$	0.0038	0.0035	0.0000	0.0000	0.7540
$EducationalLevel_{i,t-1}$	0.0565	0.0532	0.0032	0.0028	0.0000
$ResidentialCondition_{i,t-1}$	−0.0050	−0.0047	0.0000	0.0000	0.6780
$CarBuying_{i,t-1}$	−0.0310	−0.0292	0.0010	0.0009	0.0100
Age	−0.018	−0.017	0.000	0.000	0.124
$CreditRating_{i,t-1}*$ $InterestRate_{i,t-1}$	0.0990	0.0935	0.0098	0.0087	0.0000

表4-8　偏相关分析2

Variable	Partial Corr.	Semipartial Corr.	Partial Corr.^2	Semipartial Corr.^2	Significance Value
$CreditRating_{i,t-1}$	−0.0907	−0.0838	0.0082	0.0070	0.0000
$PastSuc_{i,t-1}$	0.0663	0.0611	0.0044	0.0037	0.0000
$PastFail_{i,t-1}$	0.0044	0.0040	0.0000	0.0000	0.7150
$PaybackOnTime_{i,t-1}$	0.0145	0.0133	0.0002	0.0002	0.2300
$LatePayment_{i,t-1}$	−0.0390	−0.0359	0.0015	0.0013	0.0012
$LoanAmount_{i,t-1}$	0.2780	0.2660	0.0771	0.0707	0.0000

续表

Variable	Partial Corr.	Semipartial Corr.	Partial Corr.^2	Semipartial Corr.^2	Significance Value
$InterestRate_{i,t-1}$	−0.0883	−0.0816	0.0078	0.0067	0.0000
$PaybackPeriod_{i,t-1}$	−0.0741	−0.0683	0.0055	0.0047	0.0000
$MaritalStatus_{i,t-1}$	0.0148	0.0136	0.00020	0.0002	0.2200
$EducationalLevel_{i,t-1}$	0.0505	0.0465	0.0026	0.0022	0.0000
$ResidentialCondition_{i,t-1}$	0.0127	0.0117	0.00020	0.0001	0.2920
$CarBuying_{i,t-1}$	−0.0309	−0.0284	0.0010	0.0008	0.0103
Age	−0.007	−0.006	0.000	0.000	0.573
$CreditRating_{i,t-1}*$ $InterestRate_{i,t-1}$	0.0929	0.0858	0.0086	0.00740	0.0000

实证结果显示,四类信息都对"羊群行为"产生一定的影响,其中平台信息的作用最大,这可能是因为平台信息中的信用等级是P2P网贷平台经过严谨的程序评估所得,贷款人会认为这个信息有较强的可靠性。而影响作用最低的是借款人的基本信息,可能因为其包含的信息大都是未经审核的单方陈述内容,所以贷款人无法完全信任。从实证结果来看,贷款人根据各种信息作出的从众投资决策是基于自身利益最大化的,是经过理性的思考和比较的,因此P2P网贷中的"羊群行为"是理性的。

3. 稳健性检验

为了保证上述实证结果的稳健性,将从两个方面对研究结果进行稳健性检验。首先,基于目前各网络借贷平台为了节约贷款人的选标时间推出的系统自动投标的功能,贷款人借助这种功能只需手动设定投资期限、收益率和预计逾期率等指标,具体的标的选择将由系统自动完成,这样的选标方式存在外部干扰,无法完全体现贷款人的决策行为。为了保证研究结果的稳健性,将有系统自动投标参与的样本剔除后重新进行回归检验。具体结果见表4-9。

从表4-9稳健性检验结果来看,排除平台系统对"羊群行为"的干扰后,回归结果中的系数和显著性都没有发生明显的改变,只有模型(3)中的购车状况变得不显著了,但这不影响我们已得到的核心结论,说明前文的研究结果具有较好的稳健性。另外,我们在数据获取过程中,一般每天都会进行网站数据的观察与抓取,但是考虑到贷款人选标需要花费一定的时间,所以周末参与投标的贷款人可能更多。除此之外,我们一般一天至多获取两次数据,大致分布在9点、11点、13点、15点和17点五个时间点,不同的时点贷款人投标的活跃度可能也不同。因此为了控制数据获取时间的差异对研究结果的影响,引入星期的控制变量(每周7天,需6个虚拟变量)和时间段的控制变量(5个时间段,需4个虚拟变量)对数据进行回归检验,检验结果没有发生很大的变动,各参数符号没有发生变化,数值变化也不大并且依然显著。

表4-9 稳健性检验

	模型(1)	模型(2)	模型(3)	模型(4)
	StdBids_MktShr$_{i,t}$	StdMoney_MktShr$_{i,t}$	StdBids_MktShr$_{i,t}$	StdMoney_MktShr$_{i,t}$
ParticipationRate$_{i,t-1}$	0.0166***	0.00188		
	(4.80)	(1.11)		
ParticipationNumbers$_{i,t-1}$	0.000401***	0.000260***		
	(15.81)	(18.11)		
CreditRating$_{i,t-1}$			−0.097***	−0.181***
			(−8.11)	(−7.42)
PastSuc$_{i,t-1}$			0.00112*	0.00286***
			(2.25)	(5.50)
PastFail$_{i,t-1}$			0.00014	0.00012
			(0.49)	(0.40)
PaybackOnTime$_{i,t-1}$			0.00032**	0.000145
			(2.70)	(1.19)

续表

	模型(1)	模型(2)	模型(3)	模型(4)
LatePayment$_{i,t-1}$			−0.00081***	−0.00080**
			(−3.39)	(−3.18)
LoanAmount$_{i,t-1}$			0.0194***	0.0243***
			(20.26)	(23.79)
InterestRate$_{i,t-1}$			−0.483***	−0.532***
			(−6.58)	(−7.18)
PaybackPeriod$_{i,t-1}$			−0.00166***	−0.00104***
			(−9.67)	(−6.32)
MaritalStatus$_{i,t-1}$			0.000549	0.000788
			(3.98)	(1.46)
EducationalLevel$_{i,t-1}$			0.000576***	0.000462***
			(5.21)	(4.32)
ResidentialCondition$_{i,t-1}$			−0.000149	0.000765
			(−0.36)	(1.09)
CarBuying$_{i,t-1}$			−0.00178	−0.00189*
			(−1.96)	(−2.85)
Age			−0.0000694	−0.0000271
			(−1.64)	(−0.61)
CreditRating$_{i,t-1}$* InterestRate$_{i,t-1}$			0.856***	0.839***
			(8.08)	(7.39)
constant	−0.987***	−0.993***	−0.897***	−0.886***
	(232.18)	(212.08)	(8.75)	(−61.74)
R−squared	0.091	0.076	0.122	0.153
N	4378	4378	4378	4378

注：***、**、*分别表示1%、5%、10%的显著性水平。

五、网络借贷中投资者"羊群行为"检验结论与启示

采用拍拍贷平台的交易数据,从投标人次和投标金额两方面,检验了我国P2P网络借贷市场的"羊群行为"性质及其背后的信息发现和驱动机制。实证分析结果显示,我国P2P网络借贷市场存在理性"羊群行为",驱动这种"羊群行为"的信息依次为平台的信用信息、项目的基本信息和借款人信息。研究结果对我国P2P网络借贷风险管理和监管制度的建构具有如下启示:

(1)我国P2P网络借贷风险管理的重点在于平台监管和投资者保护。虽然投资者在投资过程中具有"羊群行为"倾向,但由于投资者单次投资额度有限,其"羊群行为"更多地受到平台信用信息的影响,因此,投资者在P2P网络借贷市场的羊群效应引发风险的可能性比较小。我国P2P网络借贷风险管理的重点,应该在于对平台行为的监管;同时通过设立投资者保护的制度,鼓励投资者更多地参与包括P2P网络借贷在内的多元化投资。

(2)建立统一和规范的个体信用评估制度,是我国P2P网络借贷健康发展的必要条件之一。我们的研究显示,影响投资者"羊群行为"的首要信息是平台的信用信息,P2P网贷平台披露的信用信息是投资者投标的重要依据。但是目前我国并没有统一公认的类似美国FICO的信用评估体系,各个P2P网络借贷平台只能建立各自的评价方法和标准,这样的做法不具有普遍公认性。由于平台评估方法和收集数据所限,评估结果不能全面和真实地反映借款人的信用状况,误导投资者的投资决策,引发非理性的P2P网络借贷羊群效应,影响我国P2P网络借贷的平稳性和融资效率。因此,从我国P2P网络借贷健康发展的角度来分析,有必要尽快建立统一和规范的个体信用评估制度。

(3)完善我国P2P网络借贷平台的信息披露制度。我们的研究显示,除了平台信息之外,项目信息、借款人借款的历史信息和借款人的基本信息都会对投资者投资决策产生影响。目前在我国P2P网络借贷过程中,这些信息的审核和披露都是由借贷平台负责的,但网络借贷平台却不承担借款人违约的任何连带责任。从理性经济人的角度分析,我国P2P网络借贷平台不具有信息公开和公平披露的主动性和积极性,而具有和借款人联合欺诈

投资者的可能性。因此,金融监管部门除了需要重视P2P网贷的风险控制,还应该建立更完善的P2P网贷平台信息披露制度,加强各P2P网贷平台信息披露的自律性。金融监管部门还需要加大对信息欺诈的惩戒力度,减少甚至杜绝信息欺诈行为对投资者投资决策的影响。

第四节　我国网络借贷平台风险及其成因

一、网贷平台风险状况与风险表现

经过近7年的发展,到2018年11月底,我国网贷交易成交量总规模达到114543亿元,远远超过世界上其他国家网络借贷交易的规模。这样的发展规模和发展速度,一方面有利于缓解以商业银行为主体的传统借贷业务的普惠压力,弥补传统借贷业务发展中对"长尾"部分客户服务的缺失;但另一方面由于网贷业务监管、征信和各项配套法律法规政策的不完善,造成网络借贷交易市场风险频发,不仅严重挫伤了投资者对网贷交易市场的信心,同时也给传统借贷交易带来不可避免的风险隐患。如图4-11所示,对2015年1月到2018年9月,我国网贷交易中出现问题平台数量进行了统计,2015

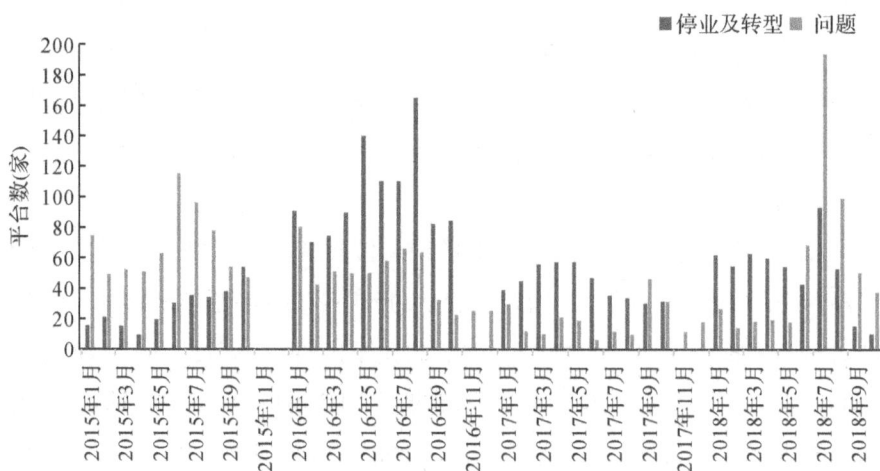

图4-11　各年停业及转型、问题平台数量

年1—8月是网贷交易问题平台集中爆发的一个时间段,2018年6-10月也是网贷交易问题平台风险集中爆发的时间段。

相较于2015年网贷交易问题平台出现,2018年问题平台的风险呈现出不一样的特点。首先,不仅仅是一些规模较小的平台出现风险问题,一些规模较大的平台也出现风险问题,比如2018年6—8月出现问题的牛板金和唐小僧等平台。截止2018年6月,唐小僧已经运营了3年时间,累计借贷余额超过9.3亿元,平台累计成交量超过800亿元;截止2017年8月,注册用户已经超过1000万人,实际投资人数在10万左右。其次,网贷平台风险在多地爆发,不仅仅集中在浙江、上海、广州等网贷交易比较发达的城市,一些内陆城市也出现了网贷交易平台风险的问题,比如郑州、武汉、合肥和重庆等地区。再次,网贷交易平台风险问题的出现不仅仅集中在民营背景的平台中,一些国资背景的平台也出现了问题,比如小灰熊金服、好好理财和唐小僧等平台,其中以唐小僧为代表。唐小僧于2015年5月成立;2017年1月20日,其母公司正式被瑞宝力源战略重组,唐小僧也顺势成为国资背景的平台。

二、舞弊三角理论与网贷交易平台的道德风险

(一)舞弊三角理论

1993年,国际内部审计师协会在其发布的《内部审计实务标准》中提出,"舞弊包含一系列故意的非法欺骗行为"。2005年,国际审计与鉴证准则理事会指出:舞弊是指被审计单位的管理层、治理层、员工或第三方使用欺骗手段获取不当或非法利益的故意行为。日本注册舞弊审核师协会则认为,舞弊由四个要素组成:一是重大虚假记录;二是当事人故意的欺骗;三是有人相信欺骗者;四是被欺骗的人最终遭受损失。我国注册会计师审计准则对舞弊的定义与2005年国际审计与鉴定准则理事会的定义相同。可见,虽然各个机构和国家对舞弊的界定都比较宽泛,但其核心的内容是相同的,即恶意欺骗,这是舞弊不同于一般错误的主要特征。

舞弊三角理论是企业管理领域的一种理论,最早由Albrecht在《Fraud Examination & Prevention》这本书中提出。他提出舞弊有三个不

可或缺的因素,如图4-12所示,分别是动机、机会和借口。这三个因素相互依存缺一不可,如果其中某个因素影响特别突出,即使其他因素并不是特别充分时也会引发舞弊行为。舞弊动机有时也被称为压力,有可能来自企业获取资金的压力和追求自身收益的压力等。机会是舞弊行为产生的先决条件,主要来自两方面:从企业内部经营来看,有可能来自信息不对称和内部治理不规范;从外部环境来看,机会有可能来自法律法规不健全、监管不力和审计不到位。内外两方面因素共同导致舞弊行为顺利实施且不会受到处罚时,便获得了舞弊机会。借口是将舞弊行为合理化,在舞弊动机和舞弊机会出现时,舞弊人员通常会寻找一些冠冕堂皇的理由,比如"为了公司的利益最大化""为了给投资者带来更多的财富"等,实施舞弊行为。只要内外因素带来舞弊的任何一丝机会,都可能引发舞弊行为。从舞弊三角理论的三要素(图4-12)可以看出,动机、机会和借口从三个方向构成了舞弊三角形,每个因素都对三角形的构成产生了重要的影响。只要市场上出现了这三个要素,就会有企业试图利用舞弊的机会,寻找看似合理的舞弊借口,获取不正当的收益以缓解其经营压力。这三个因素是舞弊行为形成的必要条件,并且互相影响。为了识别和治理舞弊,需要从这三个维度考虑相关防治措施。

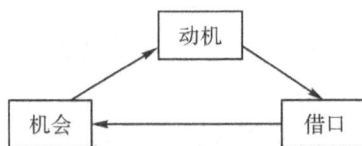

图4-12　舞弊三角理论的三要素

(二)平台恶意欺骗是一种舞弊,也是网贷平台道德风险的原因

2017年下半年我国开始爆发的网贷交易平台的问题,并不仅仅源自真正在网贷平台上满足自己实际需要的借款人的违约,也不是仅仅投资者"羊群行为"带来的风险问题,其本质在于网贷平台经营者利用网贷交易过程中的信息不对称,通过使用恶意欺骗手段获取不当或非法利益的不合规行为。根据百家号P2P平台的统计,网贷交易平台中无存管、发布假标等问题平台

占平台总数量的80%[①]，这些平台都存在自融、假标、资金池等不合规行为。而有关这些假标的、无存管和各种不合规手段的信息，对网贷交易中的大部分借款人和投资者来说，都是不透明的。P2P网贷平台这种恶意隐瞒信息，通过不正当手段谋取非法收益的行为，就是一种典型的舞弊行为。正是由于网贷交易平台存在严重的舞弊行为才导致大量平台出现问题，因此，我们进一步运用舞弊三角理论分析网贷交易风险出现的本质原因。

如图4-13所示，P2P网贷平台恶意舞弊的三要素分别是圈钱的动机、监管和治理缺失的时机、"服务于借贷双方"等将舞弊合理化的借口。在有限理性和有限信息的外部市场环境下，网贷交易平台通过自融、资金池和欺诈等方式，存在着明显的在网贷市场圈钱的动机；而P2P网络借贷平台监管制度和监管制裁的缺位，为网络借贷平台舞弊行为的实施提供了时机和借口；于是，在"网络借贷"这个合理化的幌子之下，网络借贷平台违背借贷的诚实守信的基本规范，通过舞弊手段实现短期内在网络借贷市场迅速圈钱的目的。

图4-13 网贷平台舞弊的三要素

从图4-13可以看出，网络借贷监管制度和监管制裁缺乏是网络借贷交易平台风险出现的一个重要原因。因此，从管控网络借贷平台风险的角度出发，需要尽快完善网络借贷交易的监管制度，尤其是在提出各项监管措施的基础上，明确监管制裁和强制性市场退出机制，以加大网络借贷交易的违规成本。

根据舞弊三角理论，结合网贷交易平台出现问题的原因，下面分别就网贷交易舞弊的动机、时机和自我合理化三方面展开分析。

---

① P2P资讯.近期的爆雷平台及其背后原因,你知道吗?[DB/OL].(2018-10-3).网址https://baijiahao.baidu.com/s? id=1613269798545054316&wfr=spider&for=pc.

三、运用舞弊的三要素分析网贷平台的道德风险

(一)网贷交易平台舞弊的动机在于圈钱

在没有完善监管制度的时期,相较于传统的融资方式,比如直接向商业银行借贷获取资金,成立一家网络借贷机构是一种"省时省力"的选择。其"省力"表现在网络借贷机构不需要像传统商业银行借贷那样,接受严格的信用审核和监督,即使在信用状况和企业整体财务状况恶化的情况下,也可以利用市场信息不对称和投资者有限信息,顺利地通过成立一家网贷交易机构进行向市场圈钱的行为。其"省时"主要是利用了投资者的有限理性。网络借贷对于市场是一种新鲜的投资方式,具有互联网融资的大数据分析和云计算的光鲜外衣,且面向全国网络开放,增加了投资者群体数量,承诺提供高于传统借贷业务的高额收益。于是网络借贷成为投资者趋之若鹜的投资方式之一,同时也使得网络借贷成为一个快速获取资金的渠道。正是上述有限信息和有限理性双重不确定性的市场状态,助长了各类企业向网络借贷市场圈钱和"薅羊毛"的动机。

在市场有限信息和有限理性的双重不确定性条件下,网贷平台舞弊行为采取了多样化的隐蔽和欺诈形式,比如自融、建立资金池、套贷和欺诈。其中自融就是指成立网贷交易平台的企业通过伪造投资公司和虚构投资项目等方式,从网贷交易市场上获取资金,以应对由于自身财务状况恶化而难以从传统借贷市场获取资金的困境。自融这种方式的舞弊导致网贷交易市场的资金集中流向单一一家不具备偿还能力和经营能力的企业,成为了网贷交易市场潜在违约风险的最大隐患。比如早期的e租宝平台,其中90%的投资是网贷平台伪造的项目。2013年8月出现风险的网赢天下,仅仅在成立四个月之后就全面停止运营,其背后的主要原因是存在自融。网赢天下公司介绍中写道:"网赢天下网络借贷平台是由深圳市网赢天下电子商务有限公司运营,成立于2013年3月28日。公司注册资金2000万元,是一家准上市企业创办的网络借贷平台。"而这家拟上市公司正是深圳华润通。在网赢天下成立之前,华润通已经开始在其他网贷平台上借款。据红岭创投数

据,华润通在2011年12月5—8日累计通过快借获得500万元借款,借款利率为24.18%,期限6个月,借款标题为"拟上市公司短期资金周转"。由此推断,网赢天下的成立就是为这家关联企业融资服务的①。2018年出现的大面积网贷平台倒闭风潮中,80%爆雷的网贷平台存在自融问题,比如规模较大的牛板金和唐小僧等平台,都存在严重的自融现象。

第二种形式就是违规建立资金池。按照我国监管部门的规定,网络借贷平台仅仅是一种网络借贷交易中的信息中介,而非借贷资金的融资中介。但很多网贷交易平台违规充当融资中介,在借贷交易双方资金融通过程中,汇集和归集资金形成资金池。由于网贷交易平台业务单一,缺乏流动性管理的多样化手段和方式,任何影响资金池资金稳定的事件发生,都会直接导致资金池资金链断裂,网贷平台遭受流动性冲击而面临倒闭。这一点在2018年的网贷交易平台爆雷中表现得非常突出,接近50%爆雷的平台都有违规建立资金池的现象②。这同时也是监管部门规定网贷交易平台仅为信息中介的主要原因,但是大量网贷交易平台没有正视资金池的流动性风险问题,违规建立资金池。网贷交易平台的欺诈行为还表现为,通过虚报预期收益率、虚假宣传和自我包装制造平台交易繁荣的虚假现象,吸引投资者资金。比如2018年6月爆雷的唐小僧,在2016年网贷平台注册资金仅为1000万元的情况下,在央视、电视剧和户外等多媒体上投放的广告费就接近5000万元。另外,通过高额返利吸引投资者。2018年4月,唐小僧承诺项目年利率10%,而且每出借1万元能得到500—600元高额现金和实物等的返利③,这在经济整体平稳运行的市场环境下是难以覆盖的高昂资金成本,但唐小僧却以此诱使投资者投入资金。

由此可见,在有限理性和有限信息的外部市场环境下,网贷交易平台通

---

① 高谈.网赢天下熄火背后:网贷平台"自融"风险暴露[EB/OL].(2013-08-24).网址https://www.wdzj.com/news/guonei/5788.html.
② 搜狐金服透视镜.P2P平台爆雷的原因终于找到了![EB/OE].(2018-07-19).网址http://www.sohu.com/a/242133268_481763.
③ P2P资讯.近期的爆雷平台及其背后原因,你都知道吗?[EB/OL].(2018-10-03)网址https://baijiahao.baidu.com/s? id=1613269798545054316&wfr=spider&for=pc.

过自融、资金池和欺诈等方式,试图实现在网贷市场圈钱的目的,却使自己陷入流动性危机和信用风险中。

(二)网贷平台舞弊的自我合理化:以借贷为幌子

2017年监管部门真正开始进行网贷交易规范化发展之前,网络借贷交易市场几乎没有设置任何市场准入门槛,导致网络借贷市场呈现出低门槛高收益的状况。网络借贷交易市场短期内呈现出巨额的高收益和极低的进入门槛,大量不具备市场融资资质的企业和职业人进入这个市场,在"借贷"合理化的外衣下,通过自融、建立资金池和欺诈等方式开展欺骗性的圈钱行为。网络借贷中的"借贷"给予网络借贷平台舞弊行为一个合理化的幌子,即平台只是暂时以债务人身份获取资金的使用权,期满之后会足额并附带高额利息偿还。为了使得"借贷"这个幌子看似更合理,几乎所有问题平台都存在谎报高管信息或者网站上公布的高管实际上根本就不参与平台经营和管理的问题,而平台实际经营和管理人员并不具备基本的职业素养。作为一种资金借贷交易,网络借贷交易应该具备的职业规范被无情地践踏,而这又进一步使网贷平台舞弊自我合理化。

(三)网贷交易平台舞弊的时机在于外部监管和治理制度缺失

首先,是网贷交易正式治理制度缺失。我国第一家网贷交易平台出现在2007年,但是直到2014年监管部门才出台了第一项关于网贷交易监管的规则,这使得早期的网贷交易处于监管空白和无法可依的状态;从2014年到2015年虽然监管部门相继出台了"十大原则""五大导向"等监管政策,但是由于这些政策大多偏向指导性的意见,缺乏具体的监管措施和制裁手段,出现监管乏力的问题。即使2016年开始加大对网络借贷交易平台的监管和整顿,但是对于借贷平台的市场准入和违规惩戒仍然缺乏明确的认定。这些监管相对滞后和监管制度不完善的问题,为网贷交易平台舞弊行为的出现和蔓延提供了时机。网贷交易监管空白和监管乏力的直接影响是,网贷平台的舞弊成本为零,同时舞弊收益居高。

四、网贷平台道德风险的生成机理：基于舞弊三角理论的分析

通过分析可以看出，网贷平台舞弊三要素分别是圈钱动机、借贷合理化借口和制度缺失。在这三要素的共同作用下，网贷交易平台舞弊导致大量网贷平台风险爆发。如图4-14所示。

首先，P2P网贷市场的交易动机在于圈钱和欺诈，完全忽略了借贷交易本身内生存在的流动性风险本质。借贷作为一种资金的融通和交易，前提是资金的到期归还，资金的使用权进行转移而资金的所有权并未发生变化，投资者始终是资金的所有权人，具备到期请偿的权利；资金融通的本质在于流动性的临时让渡，借款人临时取得了借贷资金的使用权，而且借款人偿还的信用承诺是投资者请偿的基本保障。P2P网贷平台作为借贷交易的信息中介，其本质作用在于提供和公开借贷双方基本借贷信息，满足借贷双方基本信用评价的需求，在完成借贷交易撮合之后获取收益。但是我国大量网贷交易平台仅仅看到了借贷交易融通资金的过程，和借贷交易短期内作为资金获取的手段和方式，完全抹杀了借贷交易的流动性风险本质，采取自融、建立资金池和欺诈等手段在网贷交易市场上圈钱。这为网贷交易流动性风险的爆发埋下了隐患。同时，圈钱的目的也助推网贷交易平台进一步伪装和寻找合理化借口。

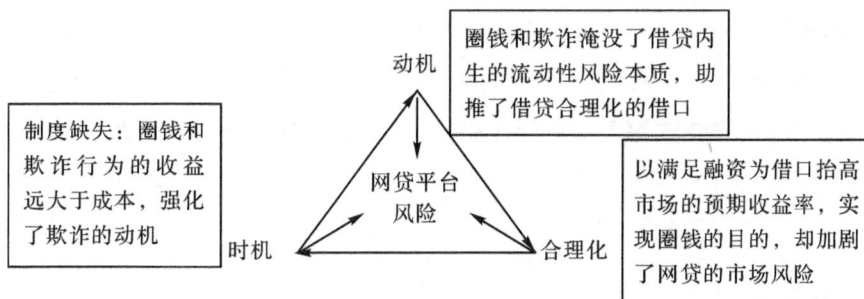

图4-14　基于舞弊三角理论网贷平台道德风险的产生机理

其次，在圈钱而非通过借贷交易进行资金融通的动机作用下，P2P网贷平台的借贷交易被完全扭曲了，通过自融等项目不计成本不计代价地给出

极高的借贷利率,加剧了借贷交易内含的市场风险。投资者在高利的诱惑下,短期内大量涌入网贷交易市场,网贷平台圈钱的目的在借贷这个看似合理化的借口下顺利实现了。而这进一步助推和强化了网贷市场上圈钱的动机,大量根本不具备借贷交易经验和毫无借贷交易风险基本认知的机构和个体,纷纷以圈钱为目的再次涌入网贷交易市场,P2P网贷交易的市场风险迅速膨胀和累积。一旦有平台出现流动性风险,欺诈和圈钱的本质暴露出来,就会迅速引发市场风险,这就是网贷交易市场涌现大量平台风险和倒闭的原因之一。

最后,P2P网络借贷平台之所以能够利用借贷这样一个合理化借口,在交易市场双重不确定性状况下,实现多种机会主义的舞弊和欺诈行为,最本质的原因还在于网络借贷交易治理制度的缺失。如图4-15所示,交易治理制度的作用是通过对舞弊行为带来高昂的舞弊成本,使得扣减舞弊成本之后的舞弊净收益远远小于合作的收益,由此抑制交易过程中机会主义的舞弊行为,促使交易各方采取合作的行为。在具有完善和严格网贷交易平台监管的市场环境下,网贷交易平台获取的合作和合法收益,同时面临高于合作收益的舞弊成本,使得网贷交易平台合作和合法的选择成为一个最优的博弈策略。即使存在舞弊的内在动机,但由于高昂的舞弊成本使得舞弊净收益(舞弊收益-舞弊成本)远远小于合作收益,因此合作或合法仍然是网贷交易市场最优的博弈策略。但是,我国网络借贷交易在发展过程中出现了治理制度严重缺失的现象。如图4-15所示,由于我国P2P网贷交易平台的监管缺位和监管措施乏力,在我国网贷交易市场发展的早期和中期,舞弊成本这个博弈的成本约束是不存在的,于是在短期内可以获得远高于合作收

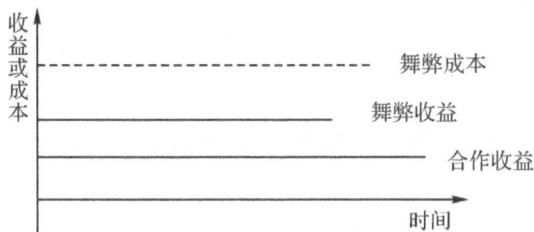

图4-15 网贷平台舞弊的收益与成本

益的舞弊收益的诱使下,大量网贷交易平台选择采取舞弊手段,短期内迅速积累网贷交易市场的舞弊收益。其次,我国缺乏网贷交易的非正式治理制度。虽然网络借贷交易从2007年就已经开始了,但是2016年之前,没有建立投资者网络评价体系,也就没有基于投资者评价的声誉机制发挥对网络借贷交易的治理作用。从第三方治理机构来看,中国互联网金融协会作为第三方治理机构,成立于2016年3月;作为中国首家权威P2P网贷行业门户网站的网贷之家成立于2011年。这些第三方治理机构成立的时间和网贷交易开始的时间相比,也存在明显的时滞。

由此可以看出,由于以监管制度为核心的正式治理制度和以声誉为主体的非正式治理制度的缺失,未能对单一一家网贷交易平台以借贷为借口的欺诈和圈钱等机会主义行为给予明确的舞弊制裁,使得P2P网贷交易平台短期内可以获得高昂的舞弊收益,舞弊行为的策略选择提供了机会,强化和诱导了大量网贷平台以圈钱和欺诈为目的。因此,P2P网贷交易风险治理的主要途径在于治理制度的建立和完善,强制和约束非理性的网贷平台道德风险行为。

第五节　本章小结

互联网手段和互联网技术提高了网络借贷信息传递速度,扩展了信息传播的覆盖范围。作为一种新型的借贷交易,网络借贷表现出了和传统的以商业银行为中介的借贷交易不同的风险特征。总体来看,网络借贷交易的风险综合性更强,影响投资者的数量更多,比如一家网络借贷交易平台(唐小僧)可能会涉及超过百万的投资者。具体来看,网络借贷交易的风险特征体现在三个方面:一、信息不对称和网络借贷平台信息不透明加剧了网络借贷交易的信用风险;二、网络借贷风险缺乏相应的市场对冲机制;三、网络借贷交易平台的道德风险缺乏内外的监管机制。

从P2P网络借贷交易参与者的层面来分析,网络借贷风险表现为借款人的信用违约风险、投资者"羊群效应"风险和网络借贷平台的道德风险。

针对这三种不同的风险表现,本章分别结合我国网络借贷的发展实践,分析每一种风险的具体表现和产生的原因。针对投资者"羊群效应"的风险,以拍拍贷平台上投资者行为的数据为例,分析了我国网贷交易中投资者"羊群行为"的性质。基本的结论和判断是,我国网贷交易中投资者的"羊群行为"具有一定理性性质,并不完全是非理性的羊群交易行为。这点结论与廖理(2015)等学者的研究相一致。运用舞弊三角理论分析了网贷平台的道德风险,提出网贷平台道德风险的本质是恶意舞弊,其结果是系统性的网贷平台风险和大量倒闭风波;其结论是,网贷交易治理制度的建立和完善,是应对和治理网贷交易风险的核心手段和内容。

通过三种风险表现和原因的分析得出,在我国P2P网络借贷交易市场中,网贷交易投资者的"羊群行为"并非完全非理性,"羊群行为"不是网贷交易风险的主要原因;借款人违约风险和借贷交易平台的道德风险是我国网络借贷交易的主要风险形式,其中最主要和最突出的风险是网络借贷平台的道德风险,这是诱发我国大量网贷平台倒闭和网贷风波的主要原因。网络借贷平台道德风险不仅影响网络借贷行业的正常发展,对金融系统的低风险运营带来冲击,还因为其影响面广的特点带来对社会和谐和稳定的直接影响和冲击。因此,如何在内部控制和外部监管逐步完善的过程中,通过关系治理解决网络借贷交易中借款人违约的信用风险和平台道德风险,是网络借贷交易平稳运行的关键所在,也是治理网贷交易的核心内容。

第五章
网贷交易中借款人违约风险的关系治理

作为一种资金借贷交易，网络借贷交易首先面临的一项风险就是来自借款人违约的信用风险。对于借款人的信用风险，传统借贷中介会以设置各种标准、对借款人进行筛选并要求提供必要的担保、商业银行作为融资中介等方式进行信用风险的分担。但是，网络借贷平台只是一个信息中介，不分担风险，也没有相应的来自借款人的担保，对于投资者来说借款人违约风险就直接转化为资金的损失。因此在网络借贷交易中，借款人信用风险决定了投资者资金的流入与否。如何通过关系治理约束网贷交易中借款人违约风险行为是本章需要研究的核心问题。通过建立网络借贷交易的博弈模型，分析借款人和投资者不同声誉水平下的博弈选择，提出本章的研究假设。然后以人人贷网贷平台为例，分析借款人声誉对借款人融资行为的治理作用。

第一节　网贷交易中借款人声誉及其风险治理效应

一、网贷交易借款人声誉的内涵

虽然对网贷交易借款人声誉作用研究的文献很多，但是直接对网贷交易中借款人声誉内涵进行界定和理论说明的文献很少。由于网贷交易的核心内容是借贷的债权债务关系，其本质属于借贷交易的范畴，因此在既有关于借贷交易中借款人声誉界定和研究的文献的基础上，结合网贷交易的特点，对网贷交易中借款人声誉的内涵进行厘定。

从经济活动中行为主体的角度出发，声誉是信息不对称条件下，一方行为主体对另一方行为主体类型特征和行为选择的一种认知(Kreps，1982)，这种认知是过去行为主体在经济活动中行为选择的一种综合反映。声誉作为行为主体类型的认知，可以帮助交易参与者在难以对另一方参与主体行为进行观察和预知的情况下，提供给参与者未来行为选择判断的依据。在竞争性市场中，声誉可以作为行为主体的一种资产或者无形资本，给行为主体带来"声誉租金"和竞争优势(Tadelis，2003；Kevin，2004)。

借款人作为借贷交易中的一方行为主体，在信息不对称的借贷交易中，借款人的信用状况和未来借贷合同履行中的行为选择，是贷款方或投资者难以观察和预知的，而借款人声誉则是借款人内在类型和历史偿还行为的具体和综合反映(Diamond，1989)。借款人借款的偿还历史反映出借款人在历次借贷交易中，具有良好的履行借款合同，避免借款违约的行为选择，对过去借贷行为的"认知"就是现在借款人的声誉(Ghosh & Ray，2001)。声誉作为借款人的一项资产或无形资本，可以给借款人在当前借贷交易中带来收益，这种收益可以表现为在竞争性的借贷市场上以较低的利率或较少的抵押顺利地获得贷款(Petersen & Rajan，1998；Wang，2008)。

网贷交易中借款人和投资者之间缺乏中介机构的风险分担机制，投资者需要承担全部资金损失的风险，因此，在信息不对称环境下，作为对借款人信用和历史偿还行为综合反映的声誉，就成为投资者对借款人类型认知非常重要的一项指标。网贷交易借助于网络的信息传播速度和范围，使得借款人声誉的资本价值得到更充分的体现，不仅具备降低抵押成本的作用，也可以帮助借款人在更大范围内获取信贷投资。在网贷交易这些特征基础上，结合既有文献对借款人声誉的界定，我们提出网贷交易借款人声誉的基本内涵：P2P网贷交易借款人的声誉是P2P平台、网贷交易投资者等依据借款人以往的借贷交易行为与结果，形成的对网贷交易借款人总体认知与评价。通过该评价可以预知P2P网贷交易借款人的信用状况、未来一定时期内借款合约的履约概率和内在的行为特征,借款人声誉作为借款人的一项无形资本,可以给借款人带来一定的价值和收益。

二、网贷交易借款人声誉的形成与效应

如果将P2P网贷交易看成是借款人和投资者之间的博弈,那么借款人声誉就是借款人在已有的网贷交易博弈过程中形成的,所有相关主体(投资者和平台)对借款人的总体认知与评价。借款人作为网贷交易中的行为主体,其声誉的形成过程也遵循一般声誉形成的路径。本节运用博弈论的分析工具,分析网络借贷交易中借款人声誉形成的过程及其产生的效应。

(一)网贷交易中借款人声誉形成的博弈分析

1. 借款人声誉形成的博弈假设

在理性经济人的前提下,假设网络借贷博弈中的参与方有:借款人(B)、投资者(L)和网贷平台(P)。借款人(B)是声誉的行为主体和载体,投资者(L)和网贷平台(P)是网贷交易借款人声誉的主要评价者。网贷交易的借款人在网贷平台上发布借款请求和项目,投资者通过网贷平台选择借款人及其借款项目。和一般借款人一样,网贷交易的借款人在一期借贷项目结束时,会面临两种选择:及时还款或拖欠不还。网贷平台(P)根据借款人提供的个人基本信息对借款人初始特征进行评价并披露评价结果。比如人人贷平台会根据借款人提供的个人详细信息、工作信息和经过认证的申请材料——收入证明、房产证明、居住证明等,对借款人给予初始特征的判断。假设形成两类初始判断:初始状况好的借款人(θ_1)和不好的借款人(θ_2)。

在上述基本假设基础上,由于网贷交易借款人到期之后采取不同的做法,及时还款(R_1)或拖欠不还(R_2),因此会形成不同的借款人声誉水平。

2. 网络借贷交易中借款人声誉形成的博弈

根据信息不对称动态博弈原理,建立一个单期的三阶段博弈,如图5-1所示。第一阶段在自然选择借款人状态是高能力借款人(θ_1)还是低能力借

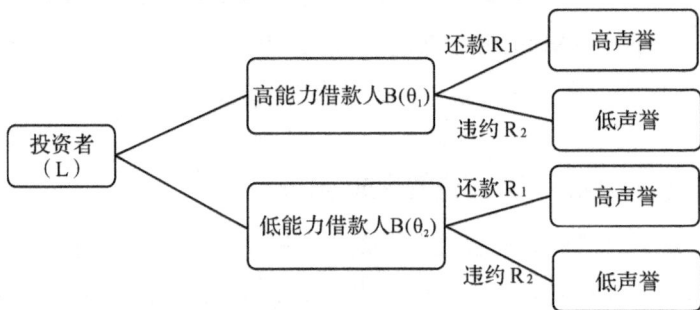

图5-1　网贷交易借款人声誉的形成博弈

款人(θ_2)的基础上,投资者给出借款人不同状态的先验概率分别是$P(\theta_1)=$ p和$P(\theta_2)=1-p(0<p<1)$,p值越大说明能力越好,这是投资者的初始判断。第二阶段是借款人在网贷交易达成后所采取的行动,借款人可能的行为选择有两种:按期还款(R_1)和到期违约不归还贷款(R_2)。网贷交易人无论采取R_1还是R_2,其行为都是随时可以被投资者、平台和潜在投资者观察到的网络公开信息。第三阶段,投资者获得借款人行动信息之后,对自然的初始判断进行贝叶斯调整,得到一个对借款人的后验认知概率。高能力借款人选择按期归还和到期违约不归还后验概率分别为:$\tilde{p}(R_1|\theta_1)=r$和$\tilde{p}(R_2|\theta_1)=(1-r)$;低能力借款人选择按期归还和到期违约不归还的后验概率分别为:$\tilde{p}(R_1|\theta_2)=\pi$和$\tilde{p}(R_2|\theta_2)=(1-\pi)$。

根据上述假设和分析,网贷交易的投资者预测借款人到期之后,采取不同行动(按期归还或到期不归还)的可能性取决于借款人初始的特征和对借款人类型判断的先验概率。借款人按期归还的可能性为:

$$p(R_1)=P(\theta_1)\times P(R_1|\theta_1)+P(\theta_2)\times P(R_1|\theta_2)=P_0\times r+(1-P_0)\times\pi$$

借款人到期违约不能归还的可能性为:

$$p(R_2)=P(\theta_1)\times P(R_2|\theta_1)+P(\theta_2)\times P(R_2|\theta_2)$$
$$=P_0\times(1-r)+(1-P_0)\times(1-\pi)$$

网贷借款人采取不同还款行为,投资者、网贷平台和网贷的潜在投资者会对借款人进行不同的评价。这个事后的评价和判断,就形成了网贷交易借款人的声誉。依据贝叶斯定理,如果网贷交易借款人到期之后采取 R_1 按期归还贷款的行为,那么借款人为高声誉的后验概率为:

$$\tilde{p}(\theta_1|R_1) = \frac{P(\theta_1) \times P(R_1|\theta_1)}{P(\theta_1) \times P(R_1|\theta_1) + P(\theta_2) \times P(R_1|\theta_2)} = \frac{p \times r}{p \times r + (1-p)\pi}$$

可以得出:

$$\tilde{p}(\theta_1|R_1) = \frac{p \times r}{p \times r + (1-p)\pi} > p$$

也就是说,网贷交易借款人采取 R_1 按期归还贷款的行为,一定会提高他的声誉水平。

如果网贷交易人采取 R_2 到期违约不归还贷款的行为,那么借款人为低声誉的后验概率为:

$$\tilde{p}(\theta_2|R_2) = \frac{P(\theta_2) \times P(R_2|\theta_2)}{P(\theta_2) \times P(R_2|\theta_2) + P(\theta_1) \times P(R_2|\theta_1)}$$

$$= \frac{(1-p) \times (1-\pi)}{(1-p) \times (1-\pi) + p(1-r)}$$

同样可以得出:

$$\tilde{p}(\theta_2|R_2) = \frac{(1-p) \times (1-\pi)}{(1-p) \times (1-\pi) + p(1-r)} < p$$

网贷交易借款人采取 R_2 到期违约不归还贷款的行为,一定会降低他的声誉水平。

通过博弈分析可以看出,网络借贷借款人到期之后的行为选择是形成借款人声誉的最根本因素,网贷交易借款人本期声誉是投资者和网贷平台在此前网贷交易借款人行为选择结果的基础上,对该借款人形成的总体认知。因此,可以说网贷交易借款人的行为选择是其声誉形成的基础,也是影响其声誉水平的决定因素。

上述博弈分析得出,在单期交易中,网贷交易借款人到期之后的行为选择决定了这一期结束后投资者和网贷平台对网贷交易借款人认知的评价,即网贷交易借款人声誉形成。单期交易形成的借款人声誉除了会随着后续借款人行为选择的变化而变化,还会在后期对网贷交易和网贷交易借款人产生风险治理效应。

(二)网络借贷交易借款人声誉的效应

将一次博弈重复进行就是重复博弈。在无限重复博弈中，如果交易一方选择合作，合作将一直持续下去；一旦任意一方选择不合作，就会触发其后所有阶段都不再相互合作，即触发战略。在触发战略下，交易双方出于长期利益的激励建立自己的声誉（双边声誉机制）。如果一个参与人与多个人进行重复博弈时，虽然与每个人可能只进行一次博弈，但同样有激励建立声誉，即"多边声誉机制"。为了克服无限重复博弈的条件约束，KMRW声誉模型证明在不完全信息条件下，只要博弈的次数足够多，囚徒博弈中的合作行为就会出现（张维迎，1998）。所以，在重复博弈下声誉机制将促进合作行为的出现。

1. 网贷交易借款人声誉信号传递效应

声誉导致在网络借贷交易的重复博弈中借款人的合作行为，即借款人按照贷款合约按时履行偿还贷款的义务。如果网贷交易借款人到期不履行借贷合同，其结果是机会主义行为获得了短期收益（借款不偿还）和声誉降低带来的长期损失（无法或不得不以更高价格在市场上进行再次借贷）。Kennes & Schiff(2002)研究了机会主义短期收益和长期声誉损失之间的关系，研究显示声誉作为一种市场信号具有信息甄别和筛选的机制。如果网贷交易借款人选择机会主义行为到期不履行借款合同，虽然他获得了短期的收益，但同时声誉作为一种市场信号，汇集和报告了过去借款人的行为选择，则短期机会主义行为必然损害网贷交易借款人的声誉，带来下一期借款人的低声誉信号。由于P2P网络借贷中的信息通过网络传播，其信息传递速度足够快，信息传播范围足够广，于是，在下一期的市场博弈中借款人的低声誉作为一种市场信号，起到对高风险借款人的筛选作用，其结果是低声誉借款人难以获得市场信贷机会或者只能以更高的成本获得市场借贷机会。因此，网贷交易借款人为了进行持续的市场借贷交易，需要不断向市场释放高声誉的信号，由此激励网贷交易借款人按期履行每一次借款合同，追求长期市场收益。可以说，声誉作为一种信号，约束网贷交易借款人机会主义行为,激励网贷交易借款人塑造好的声誉,因为良好的声誉能使其更便利获得市场借贷机会。

2. 网贷交易借款人声誉的资本效应

Wang(2008)对1803—1833年之间普利茅斯银行借贷活动进行检验表明,拥有很少抵押物的借款人之所以能够从银行获得借款,是因为这些借款人和银行之间建立了长期重复交易基础上的声誉。因此,声誉作为一种无形资产,可以为网贷交易借款人提供一种抵押替代。这表明网贷交易借款人在已有借贷博弈交易中通过努力(放弃短期机会主义收益)建立了高声誉,在后期的借贷博弈交易中可以通过声誉发挥抵押替代的作用,获得较低的抵押担保的要求(黄晓红,2009)或者一个较低的资金成本(牛路辰,2013)。

第二节　网贷借款人违约风险声誉治理作用的博弈分析

在P2P网络借贷交易过程中,借款人和贷款人之间信息不对称,借款人处于信息优势方即借款人对借款的目的、还款能力和借款用途等信息非常了解。而贷款人处于信息劣势,无法判断这些信息的真实性,贷款人只能依据市场的平均额度来进行投资和贷款。依据信贷配给理论,借贷双方信息不对称就会造成高能力借款人借款额度与低能力借款人的借款额度趋同和贷款利率升高,导致借款人借款意愿下降。高能力的借款人不断退出网贷市场,留在网络借贷市场的是低能力借款人,P2P网络借贷交易的市场融资效率下降。而声誉的治理作用有助于缓解由于信息不对称带来的融资效率下降问题。

一、借款人声誉的信号传递:解决网贷交易的逆向选择问题

网络借贷双方信息不对称会在事前带来逆向选择问题,即低能力的借款人有机会从市场借入资金,而高能力的借款人退出网贷市场,无法实现网贷交易的帕累托最优。信号传递博弈是一种不完全信息动态博弈,博弈一

方通过一个可观测的信号向外界表明自己的身份和所属类型,影响博弈另一方的行为选择,由此在信号和收益之间建立联系。该信号之所以能够有效影响接收者的行为,主要是因为不同参与者对于同种信号(比如劳动力市场中的教育水平)付出的成本不同(Spence,1974),因此,存在一定的信号导致博弈的分离均衡,避免市场交易中的逆向选择问题。

(一)借款人声誉信号博弈的基本假设

假设网络借贷交易中借款人和贷款人均是理性经济人,追求自身效用的最大化。根据借款人所具备的真实偿债能力,将网络借贷中的借款人分为两种且假定只存在这两种:低能力的借款人和高能力的借款人。低能力借款人的偿债能力低下,对投资者来说具有一定的贷款投资风险;高能力借款人具有良好的偿债能力,是市场上投资者追求的理想的投资对象。Q_1 表示低能力借款人的偿债能力,Q_2 表示高能力借款人的偿债能力。由于借贷双方信息不对称,虽然借款人对其偿债能力有清楚的界定和认识,但是作为投资者的贷款人并不清楚借款人的真实偿债能力,只是了解其类型的概率分布。假设借款人为低能力的概率为 $p(Q_1)$,高能力的概率为 $p(Q_2) = 1 - p(Q_1)$。

为了向投资者传递自己信用行为能力和信用水平,理性的借款人会通过一定的方式塑造自己声誉并将信息传递给投资者,以获得投资者的投资青睐。假设借款人的声誉水平(H)有两种:低声誉水平 H_1 和高声誉水平 H_2。借款人的信用行为能力和信用水平不同,塑造同样声誉水平付出的成本不同:假设高能力的借款人塑造高声誉付出的成本为 C_1,低能力的借款人塑造高声誉付出的成本为 $(1+m)C_1$ 且 $m>0$。高声誉水平借款人在市场借贷成功,并成功获取资金的概率更大,因此,高能力和低能力的借款人都试图努力塑造高声誉。但是如果出于成本的考虑,借款人不主动塑造高声誉水平,就会降低成功获取资金的概率并由此带来潜在损失。假设低能力和高能力借款人,不塑造高声誉水平可能带来损失分别为:C_2 和 $(1+P)C_2$ 且 $P>0$。假设借款人使用借入资金后可以获得的收益为 I,那么塑造了高声誉的高能力借款人借贷满标后,可以获得的效用为$I-C_1$,投资该标的的投资者获得的收益为利息收入r;若标的未能满标,则无法获得效用,仅仅是付出了成本,因此其效用就为$-C_1$,流标前投资的投资者也无法获取收入。若高能力借款人没有塑造声誉水平,在投标借贷项目满标时,其获取的效用为$I-(1+P)C_2$且$P>0$,投资者获得的收益依然是利息收入r;若项目流标,高能力借款人获取的收益是$-(1+P)C_2$且$P>0$,同样,流标前投资的投资者也无法获取收入。对于塑造了高声誉的低能力借款人借贷满标后,可以获得的效用为$I-(1+m)C_1$且 $m>0$,投资该标的投资者获得的是扣减风险溢价(f)之后的收益,为利息收入减去风险溢价$(r-f)$;若标的未能满标,则无法获得效用,仅仅是付出了成本,因此其效用就为$-(1+m_1)C_1$,流标前投资的投资者也无法获取收入。若低能力借款人没有塑造声誉水平,在投标借贷项目满标时,其获取的效用为$I-C_2$,投资者获得的收益依然是利息收入$r-f$;若项目流标,高能力借款人获取的收益是$-C_2$,同样,流标前投资的投资者也无法获取收入。

在上述假设的基础上,借款人在网络借贷交易中的策略选择和支付组合状况如表5-1所示。在表5-1的支付组合中,第一项是借款人的效用,第二项为投资者的效用。网络借贷交易中借款人和投资者之间的博弈是一个不完全信息动态博弈,借款人是信息优势方,投资者是信息弱势方,借款人综合考虑声誉塑造的成本和收益,力图通过塑造良好的声誉水平向投资者传递信用行为能力和水平。投资者依据借款人声誉水平(H)做出投资策略选择,修正其先验概率$p(Q)$,形成其投资选择的后验概率$\tilde{p}(Q|H)$。投资者的策略选择最终决定借款人借贷项目的结果——流标或满标,也就是资金是否流入和注入网络借贷交易中。

表5-1　借款人博弈策略和支付组合

		高能力借款人	低能力借款人
高声誉	借贷项目满标	$I-C_1,r$	$I-(1+m)C_1,r$
	借贷项目流标	$-C_1,0$	$(1+m)C_1,0$
低声誉	借贷项目满标	$I-(1+P)C_2,r$	$I-C_2,r$
	借贷项目流标	$-(1+P)C_2,0$	$-C_2,0$

(二)博弈结果与研究假设的提出

在上述博弈假设条件下,投资者依据自己接收到的借款人声誉信号,进行投资博弈策略选择,决定是否对特定借款人进行投资,即高声誉借款人具有高能力,可以作为投资对象;低声誉借款人只具备较低的信用能力不选择投资,即:

$$\tilde{p}(Q_1 | H_1) = 1, \tilde{p}(Q_1 | H_2) = 0, \tilde{p}(Q_2 | H_2) = 1, p(Q_1 | H_1) = 0 \ (5-1)$$

借款人不同声誉信号的条件是:

$$I - C_1 > I - (1 + P)C_2 ; -C_1 > -(1 + P)C_2 \qquad (5-2)$$

$$I - (1 + m)C_1 < I - C_2 ; (1 + m)C_1 < -C_2 \qquad (5-3)$$

由此得到博弈均衡的必要条件是:

$$\frac{1}{1 + m} < \frac{C_1}{C_2} < 1 + P \qquad (5-4)$$

不等式(5-4)是借款人和投资者博弈选择成立的条件,也就是在不等式(5-4)成立的条件下,借款人声誉可以作为对借款人信用能力进行筛选的机制之一,借款人运用声誉信号向投资者传递自己信用行为能力的信息,投资者可以据此做出投资选择。声誉之所以能够发挥这样的信号传递作用,就在于不同能力的借款人在市场上塑造高声誉的成本不同,对于高能力的借款人其塑造高声誉的成本较低,而信用能力低的借款人却难以承担高声誉成本。因此,通过声誉作为一种信用行为能力传递的信号,实现了高信用行为能力的借款人可以凭借高声誉从网络借贷市场上借入资金;而低信用行为能力的借款人由于难以承担高声誉成本,只能对外发出低声誉的信号,结果很难从网络借贷市场获取资金。声誉信号筛选机制的作用在于在借贷交易发生之前,避免由于借贷双方信息不对称出现的逆向选择问题,在事前防范了网络借贷借款人的信用风险,为投资者的投资选择增加了一项选择依据的同时,也提高了网络借贷交易的高声誉借款人融资成功率,即声誉越高越容易获得资金。基于此,提出研究假设:

假设1:在网络借贷交易中,借款人声誉水平与其融资成功率呈正相关关系。

二、借款人声誉的无形资本效应：解决道德风险问题

网络借贷交易不仅面临事前的信息不对称，也会出现事后的信息不对称问题。借款人在网络借贷市场获取资金之后，由于出现资金使用不当或者仅仅出于恶意拖欠导致借贷资金归还延期或者归还无望，而使投资者面临资金损失的风险，这就是网络借贷市场借款人的道德风险问题。声誉的KMRW模型提供了一种有效地解决道德风险问题的方法，该模型是经济学家Kreps、Milgorm、Roberts、Wilson在1982年提出的，研究在有限次重复博弈中合作均衡博弈策略的生成机制。虽然网贷交易过程中，单一一个投资者不一定和某一个平台有多次重复博弈交易，但是因为网贷参与人数目较大，从一家平台的角度出发，也依然存在大量重复博弈的状况。因此，可以运用声誉的KMRW模型分析网络借贷交易中借款人的声誉治理机制。

（一）博弈的基本假设

网络借贷交易的参与人：借款人（B）和投资者（I）都是追求效用最大化的理性交易者。网络借贷借款人发出借款标的之后，可以有多个投资者参与共同完成借贷交易过程；投资者也可以在网络借贷平台上分别选择不同的借款人进行投资。假设网络借贷双方是重复博弈，共发生了T期。借款人提交的借款申请额度为M，借款利率设定为i，借款人借入资金后给自己带来的投资回报率为r。

网络借贷交易的第一步是由借款人根据实际需求，在网络借贷交易的平台上选择发布自己的借款标的。随后，投资者根据借款人提交并经过平台审核之后的信息选择具体的项目进行投资。若借款人的借款标的在规定时间内达到设定的借款额度，则视为满标。博弈进入网贷交易的事后阶段，借款人获得并使用借入资金，在约定的时间按照约定的利率归还借款的本金和利息，则为"偿还"；若借款人不能按期归还本金和利息则是"违约"。投资者根据借款人事后的资金偿还记录，决定后续的"继续"投资还是"终止"贷款。

(二)加入惩罚因子的博弈结果与研究假设

网贷平台对网贷交易借款人违约行为实施惩罚性约束,抑制借款人违约的机会主义行为。一般网贷平台都会对参加该平台交易的借款人实施约束,网贷平台对借款人违约的惩罚分为两部分。一是降低借款人信用评分和计入借款人信用记录,包括扣除平台的信用分数或者进入人民银行的失信等级系统。因为借款人在网贷平台借款是凭借信用分数来确定额度的,一旦借款人逾期不能还款,会大幅降低信用等级,增加了后续再获得贷款的难度。比如人人贷平台规定借款人逾期一次扣1分,严重逾期扣30分。如果平台借款人恶意逾期,包括金额巨大、期限长、伪造资料诈骗等情节严重行为,有可能会被起诉。一旦起诉成功,借款人会被列入失信人执行黑名单内,不仅影响未来信用卡办理和后续申请贷款,对其出行、子女上学等都会有影响。二是网贷交易借款人违约要承担一定的损失,包括违约金和逾期管理费。比如人人贷平台规定逾期的罚息按照"逾期本息×罚息利率×逾期天数"计算,其中罚息逾期1到30天为0.05%,31天以上为0.1%。人人贷借款不仅需要利息,还需要缴纳一定的管理费,一旦逾期不能还款,那么就按"逾期本息×逾期管理费率×逾期天数"计算逾期的管理费,其中逾期管理费率1到30天为0.1%,31天以上为0.5%。

因此,在网贷平台交易中,对于借款人的违约行为,不仅考虑一般性的惩罚,同时还加入网贷平台对逾期借款人信用和费用性的惩罚。假设对网贷交易借款人违约行为的惩罚因子为 ε ,且惩罚因子具有一定的累加性,即 $(1-\varepsilon)^h$,$(0 \leqslant \varepsilon < 1)$,其中h为借款人违约的次数。假设借贷博弈过程中贴现因子为 θ ,且 $0 < \theta < 1$ 。可能会有两种情况出现:

(1)网贷交易借款人进行T期的博弈交易,如果在T-1期借款人违约,最后的T期也违约,那么网贷平台会对借款人的违约行为进行惩罚。由于在T-1期违约,则假设后续无法获得网贷市场的借款资金,所以h=1。在这种情况下,网贷交易借款人获得的总效用为: $M(1+r) - M(1-\varepsilon) = M(r+\varepsilon)$ 。

(2)如果借款人T期的合约期内的T-1期都是信守合同按期履行借款偿还义务,只是在第T期的时候违约,这时平台对借款人违约的惩罚中h=0,则该借款人的总效用为：$M(r-i)\dfrac{1-\theta^{T}}{1-\theta}+Mr$。当借贷双方博弈的期限足够

长，即$T\to\infty$，那么借款人获得的总效用可以近似地等于$\dfrac{M(r-i)}{1-\theta}+Mr$。

如果第二种情况下借款人获得的总效用大于第一种情况的，那么网贷交易借款人就会存在按期偿还借款的激励，也就是$\dfrac{M(r-i)}{1-\theta}+Mr\geqslant M(r+\varepsilon)$，化简之后得到：当$0<\theta<1$时，借款人履约的条件是$\theta\geqslant\dfrac{\varepsilon-r+i}{\varepsilon}$。也就是说当贴现因子足够大的时候，声誉可以起到对网贷交易借款人违约的约束作用，激励借款人按期履行借款合同。因为惩罚因子是既定的，不会随着博弈过程的进行而改变，因此贴现因子的大小取决于利率和收益率的比较，如果相较于收益率，网贷交易借贷的利率升高，则会带动贴现因子提高，发挥声誉的激励和约束作用。

在上述条件下，进一步考虑借款人不同声誉的影响。由于高能力借款人申请借款时付出低利率的概率高于低能力借款人，高能力借款人获得借款资金之后获取高收益的概率大于低能力借款人。在其他条件相同的情况下，高能力和高声誉借款人满足上述履约条件的概率更大。也就是说，声誉更有助于约束借款人的道德风险，有助于促使借款人履行借款契约，具备对借款人违约道德风险的治理作用。从投资者投资选择的角度来看，由于声誉具备道德风险的治理作用，即使高声誉借款人给出的借款利率低于低声誉借款人给出的借款利率，考虑到违约风险的概率和损失，理性的投资者还是会选择高声誉低利率的借款人。因此，高声誉借款人凭借其声誉资本，可以较低的利率获得资金。基于此分析，提出第二个研究假设：

假设2：网络借贷借款人声誉与其借款成本负相关。

三、网贷借款人违约风险声誉治理作用

通过上述对网贷交易借款人声誉在网贷交易博弈中的信号传递效应和资本效应的分析，可以对网贷交易借款人声誉对违约风险的治理作用进行汇总和说明，如图5-2所示。

```
                    ┌─────────┐   ┌───────────┐   ┌───────────┐   ┌─────────┐
                    │ 逆向选择 │◄──│ 声誉的信号 │◄──│改变网贷中借款│◄──│增加对高 │
         ┌─────────┐│         │   │ 传递效应   │   │人贷款的可得性│   │风险借款 │
         │网贷交易中││         │   │           │   │  (假设1)   │   │人的筛选 │
         │借款人的违││         │   └───────────┘   └───────────┘   └─────────┘
         │约风险   ││
         └─────────┘│         │   ┌───────────┐   ┌───────────┐   ┌─────────┐
                    │ 道德风险 │◄──│ 声誉的无形 │◄──│改变网贷交易│◄──│防范借款人│
                    │         │   │ 资本效应   │   │中借款人违约│   │违约的机会│
                    └─────────┘   │           │   │成本        │   │主义行为 │
                                  └───────────┘   │  (假设2)   │   └─────────┘
                                                  └───────────┘
```

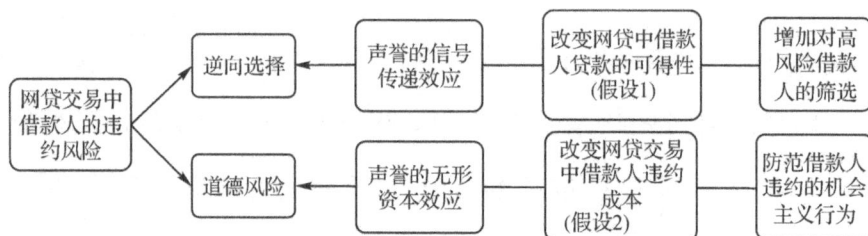

图5-2　网贷交易借款人违约风险的声誉治理作用

网贷交易中的借款人违约主要原因是,信息不对称出现了事前的逆向选择和事后的道德风险。借款人声誉的作用主要是解决产生违约风险的事前和事后信息不对称问题。首先,网贷交易借款人声誉具有信号传递效应,通过改变网贷交易借款人借款的可得性——即高声誉的借款人可以在后续的借贷博弈中获取贷款,低声誉的借款人难以在后续的借贷博弈中获取贷款,建立了一种对网贷交易中潜在借款人的筛选机制。对违约概率比较大的低声誉借款人进行过滤,保留高声誉的、违约概率较低的借款人,从而实现事前对网贷交易借款人的筛选。通过借款人声誉的信号传递效应,规避由于信息不对称引发的事前的逆向选择问题,降低网贷交易借款人违约的风险概率。其次,网贷交易借款人声誉具有资本效应,可以发挥抵押替代的作用,降低网贷交易借款人借贷交易的成本。声誉高的借款人可以因为既有交易中保持的高声誉,从而在随后的交易中获得一个优惠的资金价格;声誉低的借款人则由于既有交易的违约行为难以在随后交易中获得贷款,或者只能以更高的价格获得信贷资金。因此,出于后续资金成本的考虑,网贷交易借款人在借贷交易博弈中,通过按期履行合约形成自己的高声誉,降低总体的借贷资金成本,从而减少了借贷交易合约签订之后,借款人机会主义行为等道德风险行为引发的违约风险。

第三节　借款人声誉治理作用的检验：以人人贷为例

通过博弈分析发现，借款人声誉在一定程度上能够有效缓解P2P网络借贷中的逆向选择和道德风险问题，并对融资行为产生较大的影响，具体体现在融资成功率和融资成本。而在博弈理论推导结果的引导下，本章以人人贷为研究对象，分析借款人声誉对融资行为的影响，验证假设的准确性，并尝试找出其他影响网络借贷融资行为效率的因素。在对人人贷平台的数据进行实证分析时，在文献研究的基础上将借款人的信用等级作为衡量借款人声誉水平的替代变量。

一、网贷平台的选择

人人贷成立于2010年5月，是中国最早的网络借贷信息中介机构之一，长期积累了大量的投资者和借款人。人人贷平台成立以来一直坚持稳健、安全、专注的发展理念，为全国2000多个地区的客户提供了高品质的服务。其2017年的年度报告显示，截至2017年底，人人贷平台累计成交金额达到462.04亿元，同比增长89.37%，一共为投资者获取了18.45亿元的收入，各项指标数据均证明其处于行业佼佼者的地位。在网贷之家公布的2017年年度P2P网络借贷百强榜中，人人贷平台位于第2位，也说明了该行业对人人贷的认可。与其他网络借贷平台相比，人人贷平台拥有相对透明的交易数据以及足够庞大的交易量，这也是选择其作为分析对象的主要原因。

本章利用八爪鱼网页抓取软件，一共采集到了人人贷平台2017年6月22日到2017年8月25日的49751条初始交易数据，其中满标数据有15185条，流标数据有34566条。另外由于八爪鱼网络爬虫软件在搜集过程中受一些因素的影响，所获取的部分借款条目存在缺失，因此为了提高研究的准确性，删除了存在数据缺失的借款项目列表，实际剩余的分析对象为46893条真实的交易数据。

(一)变量选择的文献基础

国内外关于P2P网贷交易借款人信用风险方面的研究,如表5-2所示。主要集中在两个方面:一是网贷交易借款人借贷成功率的影响因素研究;二是网贷交易借款人融资成本影响因素研究。首先关于借贷成功率影响因素的研究,国外的文献开始得相对早一些,提出借款人的个人收入、信用评级、房产等个人财务状况对借款成功率有显著影响(Jin,2008),借款描述信息会对借款成功率产生影响(Gregor,Christopher et.al.,2016),借款人年龄(Pope & Sydnor,2011)对借贷可获得性有影响,信用级别(Lin,2009)、借贷利率(Puro,2010)也会影响网贷交易借款人借贷资金可得性。国内对网贷交易借款人借贷成功率影响因素的研究发现,借款金额、借款利率、信用评分(吴小英,鞠颖,2012)、借款人的社会资本和财务因素(张正平等,2015)、借款人提供的认证信息(包括工作认证、收入认证、房产和车产认证等)(王会娟,廖理,2014)都对借款成功率有影响。

表5-2 变量选择的主要文献依据

	影响因素	代表文献
融资可得性	借款人财务状况	Jin,2008
	借款金额	吴小英,鞠颖,2012
	借款利率	Puro,2010
	信用级别	Lin,2009
	借款人年龄	Pope & Sydnor,2011
	车产、房产等认证信息	王会娟,廖理,2014
融资可得性	借款人描述性信息	Gregor,Christopher et.al.,2016
融资成本	借款人财务状况	Herzenstein et al.,2008
	自愿披露且无法验证的信息	Michels,2012
	借款金额	Collier,2010
	信用水平	Klaffi,2008
	学历	任燕燕,徐美娟,2017

续表

	影响因素	代表文献
融资成本	担保方式	郑迎飞,陈晓静,2017

网贷交易借款人融资成本影响因素的相关研究发现,借款人的信用评级(Klaffi,2008)、借款人的财务状况(Herzenstein et al.,2008)、借款金额(Collier,2010)、自愿披露且无法验证的信息(Michels,2012)等会影响网贷的融资成本,借款人的借款金额、信用水平(李金阳,朱钧,2013)会影响网络借贷的成本,担保方式(郑迎飞,陈晓静,2017)、信用水平和学历(任燕燕,徐美娟,2017)等因素会影响网贷交易的融资成本。

(二)变量选择

借鉴国内外网络借贷交易的已有研究,结合人人贷信息披露情况,针对每一条借款记录分别提取了借款标的状态、借款利率、信用等级、借款期限、借款金额、年龄、学历、婚姻状况、收入、房产、房贷、车产、车贷等13个借款特征进行实证分析。

1. 融资成功(Success)。对网络借贷借款人提出的借贷交易标的,人人贷平台采取"零或全部"的阈值机制,只有当借款人预设的借款标的金额全额满足时,也就是标的满标才算借款成功,借款标的未满标出现流标的情况则视为借款失败。据此,将借款人借款标的满标设为1,表示借款成功;借款标的流标设为0,表示借款失败。

2. 借款利率(Interest)。借款人为从借贷市场上获取资金,愿意付出的资金价格,也是投资者进行网络借贷交易获取的收益率。

3. 声誉水平(Rep)。声誉水平是指网络借贷的借款人的声誉水平,作为实证分析的主要解释变量。已有研究显示,网络借贷平台给出的网络借款人的信用等级评分可以作为衡量借款人声誉水平的一个指标(钱炳,2015),而且研究显示信用评级与交易者的声誉资本具有密切关联(秦凤鸣,2011)。因此,本章的实证研究中,用网络借贷交易平台给出的借款人信用等级表示借款人声誉水平。人人贷平台根据借款人在平台上的交易记录,并结合借款人提供的认证报告,给出了信用评分和信用等级。信用等级与评分具体对应关系如表5-3所示。为了进一步进行实证研究,对人人贷平台信用等级和信用评分分别赋值,借款人声誉水平越高,对应的赋值也越高。

表5-3　人人贷信用等级、信用评分与赋值

信用等级	HR	E	D	C	B	A	AA
信用评分	0-99	100-109	110-129	130-149	150-179	180-209	210
赋值	1	2	3	4	5	6	7

4. 借款期限(Month)。借款期限是借款人在借款标的中设定的借款时长,也是借贷交易合约的时间期限。

5. 借款金额(Loan)。借款金额是借款人借款标的中设定的借款金额,单位万元。出于数据平稳性的考虑,对借款金额取对数进行分析。

6. 年龄(Age)。主要是指网络借贷交易中借款人的年龄。

7. 婚姻状况(Marriage)。借款人已婚时取1,其余取0。

8. 担保状况(Guarantee)。借款人的标的类型为机构认证标时取1,为实地认证标时取0。

9. 借款人偿债能力。借款人偿债能力主要包括借款人的资产、学历以及负债情况,其中资产主要包括收入、车产、房产,负债情况主要包括是否有车贷和房贷,偿债能力的具体定义如表5-4所示。

表5-4　借款人偿债能力指标具体定义

借款人偿债能力	定义
车产(Car)	有车产为1,否则为0
车贷(Car_D)	有车贷为1,否则为0
房产(Home)	有房产为1,否则为0
房贷(Home_D)	有房贷为1,否则为0
收入(Income)	1000元以下取1,1000—2000元取2,2000—5000元取3,5000—10000元取4,10000—20000元取5,20000—50000元取6,50000元以上取7

续表

借款人偿债能力	定义
学历（Degree）	高中或以下取1，专科取2，本科取3，硕士或以上取4

(三)变量的描述性统计分析

运用Stata软件，对各项变量进行描述性统计分析，分析结果如表5-5所示。

表5-5　全样本的描述性统计分析

变量	样本	平均值	标准差	最小值	最大值
Success	46,907	0.307	0.461	0	1
Interest	46,907	9.941	0.403	8	11.40
Month	46,907	33.44	7.558	6	48
Loan	46,907	8.3444	4.8672	0.1	20
Rep	46,907	2.470	2.276	1	7
Age	46,907	34.43	7.597	18	61
Degree	46,907	2.470	0.642	1	4
Marriage	46,907	0.586	0.493	0	1
Income	46,907	4.749	1.300	1	7
Home	46,907	0.376	0.484	0	1
Home_D	46,907	0.108	0.310	0	1
Car	46,907	0.281	0.449	0	1
Car_D	46,907	0.0520	0.222	0	1
Guarantee	46,907	0.007 29	0.0851	0	1

从表5-5中可知，借贷成功率（Success）的均值为0.307，说明在选取的样本中，借款人的融资成功率为30.7%，网络借贷市场总体借贷成功率不

151

高。借款利率(i)的均值为9.941,最小值为8,最大值为11.4。借款期限
(Month)的波动幅度较大,最短6个月最长48个月,平均借款期限为33.45
个月。借款人声誉水平(Rep)平均为2.47,表明借款人的信用评级大部分都
处于E级附近,进入网络借贷市场的借款人信用评级总体偏低。借款人的
年龄(Age)平均为34.43岁,大部分网络借贷的借款人是年轻人。借款人的
学历(Degree)均值为2.47,表明网络借贷借款人受教育程度不高,大部分借
款人学历水平为专科及其以下。借款人婚姻状况(Marriage)的均值为
0.586,表明大部分借款人已婚。借款人收入(lncome)的均值为4.749,表明
大部分借款人的月均收入在5000—10000元之间。在所有样本数据中,有
房产的借款人占37.6%,有车产的借款人占28.1%。综合表5-4的结果可以
对网络借贷交易中借款人的状况给出一个初步的判断:绝大多数网络借贷
的借款人是低学历且收入中等的已婚人士。

进一步对46 893条样本数据按照声誉水平高低进行描述性分析,从整
体上分析借款成功率是否和借款人声誉高低有关,结果如表5-6所示。

表5-6　借款人声誉水平的分布情况

声誉水平	借款人数	成功借款人数	借款失败人数	成功借款占总人数的比重
AA	5	3	2	0.6000
A	13730	13539	191	0.9861
B	17	6	11	0.3529
C	62	18	44	0.2903
HR	33079	809	32270	0.0245

从表5-6对借款人声誉水平分布的统计结果来看,大致可以得出借款
人的声誉水平和融资成功率之间具有正相关关系。但是由于AA、B和C信用
等级的借款人数过少,还不能据此做出最终的判断,需要进一步进行回归
分析。

二、借款人声誉对融资成功率的影响

(一)Logit 二元模型的构建

由于被解释变量借贷成功率是离散且非连续的二元变量,适用二元 Logit回归模型,因此实证分析采用如下Logit回归模型:

$$z = \ln \frac{p\left(Sucess = 1\right)}{\left(Sucess = 0\right)} = \beta_0 + \beta_1 Interest + \beta_2 Mouth + \beta_3 Loan + \beta_4 Rep + \beta_5 Age$$
$$+ \beta_6 Degree + \beta_7 Marriage + \beta_8 Income + \beta_9 Home + \beta_{10} Home_D + \beta_{11} Car + \beta_{12} Car_D$$
$$+ \beta_{13} Gurantee$$

$$(5\text{-}5)$$

(二)样本相关性检验

对模型(5-5)进行回归分析之前,首先对变量进行相关性分析,如表5-7 所示给出了相关系数矩阵。

如表5-7中,除了借款期限和利率、声誉水平和融资成功率具有较高的相关性以外,其他变量之间的相关系数较小,不存在明显的多重共线性问题。借款人的声誉水平与融资成功的相关系数为0.948,与融资利率的相关系数为-0.047,两者都在1%水平下显著,可以看出声誉水平越高,融资成功概率越大,融资成本也就越低,因此说明模型设定较为合理,可以进行实证分析。

(三)Logit 回归结果分析

运用stata软件对模型5-5进行回归,回归结果如表5-8所示。表5-8中,模型一仅仅对借款人声誉水平和融资成功率进行了回归;模型二是添加其他所有控制变量之后,对借款人声誉水平和借贷融资成功率进行回归的结果。从回归结果来看符合预期的假设,即网络借贷的借款人声誉与借款成功率正相关,说明借款人声誉具有一定的声誉治理作用,可以通过影响借款人融资成功率起到对借款人行为的约束作用。为了进一步探究借款人声誉影响程度,还需要进行边际效应分析。

表5-7 变量间相关系数矩阵

变量	success	rep	interest	months	loan	age	degree	marriage	income	home	homed	car	card	guarantee
success	1.000													
rep	0.948***	1.000												
interest	-0.048***	-0.047***	1.000											
months	-0.004	-0.002	0.708***	1.000										
loan	-0.004	-0.004	0.325***	0.452***	1.000									
age	-0.010**	-0.012**	0.115***	0.140***	0.206***	1.000								
degree	0.005	0.009**	-0.057***	-0.045***	0.149***	-0.070***	1.000							
marriage	-0.007	-0.006	0.273***	0.349***	0.215***	0.273***	-0.068***	1.000						
income	0.009*	0.017***	0.243***	0.350***	0.317***	0.097***	0.167***	0.173***	1.000					
home	0.008*	0.010**	-0.094***	-0.095***	0.027***	0.138***	0.064***	0.074***	0.082***	1.000				
homed	-0.002	-0.003	0.086***	0.111***	0.127***	0.039***	-0.002	0.089***	0.059***	0.448***	1.000			
car	0.017***	0.020***	-0.156***	-0.172***	-0.007	0.022***	0.090***	0.022***	0.159***	0.331***	0.098***	1.000		
card	0.002	-0.001	0.056***	0.072***	0.046***	-0.023***	-0.025***	0.055***	0.056***	0.042***	0.076***	0.375***	1.000	
guarantee	-0.023***	-0.023***	-0.013***	-0.115***	-0.083***	0.015***	-0.063***	0.015***	0.016***	-0.067***	-0.030***	-0.054***	-0.020***	1.000

注：***、**、*分别表示1%、5%、10%的显著性水平。

表5-8　声誉水平与融资成功率的Logit回归结果

	模型（1）	模型（2）
Rep	1.566***	1.576***
	（102.13）	（101.03）
Interest		−0.238**
		（−2.12）
Month		0.00282
		（0.43）
Loan		0.155**
		（2.03）
Age		0.00554
		（1.26）
Dergee		−0.0922*
		（−1.81）
Marriage		−0.0387
		（−0.54）
Income		−0.113***
		（−4.08）
Home		−0.0633
		（−0.79）
Home_D		0.105
		（0.90）
Car		−0.150*
		（−1.72）
Car_D		0.406***
		（2.70）
Guarantee		−0.543
		（−1.24）

续表

	模型（1）	模型（2）
Constant	−5.269***	−2.527**
	(−116.68)	(−2.52)
Observations	46907	46907
LR Chi2	47992.58	48043.32
P	0.0000	0.0000
Pseudo R²	0.8300	0.8308

注:***、**、*分别表示1%、5%、10%的显著性水平。

通过对每个变量均值边际变化引起的被解释变量变化百分比的边际效应检验,得到如表5-9所示的回归结果。从表5-9中可以看出,在其他条件相同的情况下,随着网络借贷交易借款人声誉的每一个边际变化,融资成功率或失败率的对数比上升24.9%,这是所有变量中对融资成功率影响最大的变量。同时,在其他影响因素中,借款利率、借款人的学历、收入对其是否融资成功有负面的影响,借款金额、车贷对融资是否成功有正面的影响,而借款人的年龄,借款期限,婚姻状况,借款人是否拥有房产、房贷、车产对其的影响并不显著。

表5-9 借款人声誉与融资成功率的边际效用

	模型（1）	模型（2）
Rep	0.0336***	0.0337***
	(44.51)	(44.46)
Interest		−0.00509**
		(−2.12)
Month		0.0000604
		(0.42)
Loan		0.00332**
		(2.02)

续表

	模型（1）	模型（2）
Age		0.000119
		（1.26）
Dergee		−0.00197*
		（−1.81）
Marriage		−0.000827
		（−0.54）
Income		−0.00241***
		（−4.06）
Home		−0.00135
		（−0.79）
Home_D		0.00224
		（0.90）
Car		−0.00322*
		（−1.72）
Car_D		0.00869***
		（2.69）
Guarantee		−0.0116
		（−1.24）

注：***、**、*分别表示1%、5%、10%的显著性水平。

（四）期望预测表检验

为了进一步检验模型设置是否合理，得出的结论是否有效，对模型（5-5）进行期望预测检验。检验结果如表5-10所示。

表5-10　期望预测表

Estimated Equation			
	Success=1	Success=0	Total
P(Success=1)≥0.5	13 566	248	13,814
P(Success=1)<0.5	809	32 270	33,079
Total	14 375	32 518	46,893
Correct	13 566	32 270	45,836
%Correct	94.38	99.24	97.75
%Incorrect	5.62	0.76	2.25

由表5-10可知,通过Logit回归模型进行期望预测,在14375条融资成功的借贷交易中,有13566条融资交易显示成功,模型预测的误差率为5.62%;在32518条融资失败的借款交易中,有32270条融资交易显示失败,模型预测的误差率仅为0.76%。对网络借贷交易借款人融资成功与否,预测的总体准确率达97.75%,预测误差率控制在5%以内。由此可以证明Logit模型设置合理,分析结论可靠。

(五)稳健性检验

通过对借款人声誉水平设置不同的哑变量,对模型(1)和模型(2)进行稳健性检验。稳健性检验的结果见表5-11。如表5-11中模型(3)将信用级别为AA、A两个级别的借款人的声誉水平设置为1,其余的为0。模型(4)为将信用级别为HR的借款人声誉水平设置为0,其余的为1。如表5-11的稳健性检验结果显示,网络借贷交易借款人的声誉水平对其融资成功率有正向影响,与模型(1)和模型(2)的结果相同,进一步验证了假设1,表明在网络借贷交易中借款人声誉可以发挥一定的治理作用,约束借款人行为选择;同时借款人声誉作为借贷市场对借款人信用行为能力的一种信号,通过影响投资者的投资决策,影响借款人通过网络借贷市场融资的成功率。

表5-11　稳健性检验

变量	模型(3)	模型(1)
Rep	7.956***	7.732***
	(97.29)	(103.77)
Interest	−0.280**	−0.231**
	(−2.50)	(−2.09)
Month	0.00610	0.00208
	(0.91)	(0.32)
Loan	0.182**	0.146*
	(2.38)	(1.93)
Age	0.00509	0.00565
	(1.16)	(1.30)
Dergee	−0.0796	−0.0954*
	(−1.56)	(−1.90)
Marriage	−0.0501	−0.0373
	(−0.70)	(−0.53)
Income	−0.114***	−0.108***
	(−4.11)	(−3.96)
Home	−0.0760	−0.0601
	(−0.95)	(−0.76)
Home_D	0.105	0.103
	(0.90)	(0.90)
Car	−0.152*	−0.138
	(−1.74)	(−1.61)
Car_D	0.407***	0.394***
	(2.71)	(2.65)
Guarantee	−0.248	−0.557
	(−0.60)	(−1.29)

续表

变量	模型(3)	模型(1)
Constant	−0.624	−0.998
	(−0.62)	(−1.01)
Observations	46893	46893
LR Chi^2	48038.35	47761.22
P	0.0000	0.0000
Pseudo R^2	0.8311	0.8263

注:***、**、*分别表示1%、5%、10%的显著性水平。

三、借款人声誉对融资成本的影响

(一)多元线性回归模型的构建

在分析借款人声誉水平与融资成本的关系时,采用了多元线性回归方法,设置如下多元线性回归模型:

$$Interest = \gamma_0 + \gamma_1 Month + \gamma_2 Loan + \gamma_3 Rep + \gamma_4 Age + \gamma_5 Degree +$$
$$\gamma_6 Marriage + \gamma_7 Income + \gamma_8 Home + \gamma_9 Home_D + \gamma_{10} Car + \gamma_{11} Car_D +$$
$$\gamma_{12} Guarentee + \varepsilon \tag{5-6}$$

在模型(5-6)中,因变量为借款利率,即借款人获得借款的成本;解释变量为借款人的声誉水平(Rep);控制变量包括借款期限、借款金额、借款人年龄、婚姻状况、借款人学历、借款人担保方式以及借款人个人财产等。

(二)多重共线性检验与多元回归

采用多元线性回归方法,研究借款人声誉水平对融资成本的影响,模型(5-6)的回归结果如表5-12所示。

多重共线性的存在是由于参数存在有偏估计,对回归结果产生影响,因此,采用方差膨胀因子方法(VIF)修正多重共线性。从表5-12可知,模型(5-6)的VIF值都小于10,说明上述所设置的变量不存在多重共线性问题。

表5-12 借款人声誉水平与融资成本多元回归结果

变量	系数	T值	标准误	VIF
Rep	−0.00758***	−13.24	0.0006	1.00
Month	0.0367***	165.19	0.0002	1.66
Loan	8.67e−08***	2.75	0.0003	1.39
Age	0.000586***	3.19	0.0001	1.14
Degree	−0.0103***	−4.83	0.0021	1.10
Marriage	0.0205***	6.99	0.0029	1.23
Income	0.000236	0.21	0.0011	1.30
Home	−0.0208***	−6.36	0.0033	1.48
Home_D	0.0261***	5.42	0.0048	1.31
Car	−0.0302***	−8.64	0.0035	1.45
Car_D	0.0334***	5.16	0.0065	1.22
Guarantee	0.293***	18.74	0.0156	1.04
Cons	8.726***	835.04	0.0105	
N	46907			
R^2	0.511			

注:***、**、*分别表示1%、5%、10%的显著性水平。

表5-12的回归结果显示,在其他条件相同的情况下,借款人的声誉水平每上升一个级别,其融资成本会下降0.00758,由此证明假设2成立,即网络借贷借款人声誉与其借款成本负相关。除此之外,借款期限、借款金额、借款人年龄、婚姻状况、借款人收入、有无房贷和车贷与借款利率正相关;借款人学历、有无房产和车产与借款利率呈负相关关系,这些因素中借款期限和借款人是否拥有车贷的影响最为突出。从表5-12中可以得出,在1%的显著性水平下,有车贷的借款人比没有车贷的借款人的融资成本要高出0.0334,这个结果是符合基本借贷原理的,因为车贷作为借款人已有的一项负债,会影响网络借贷的偿债能力和受偿次序,提高了借款人的风险违约概

率,从而增加了借款人再次通过网络借贷的成本。网络借贷的融资成本会随着借款期限的延长而上升,每延长一个月融资成本上升0.036。这个结果符合一般借贷的原理,借贷期限越长违约概率越大,借贷要求的借款利率越高,说明网络借贷也符合这样一个基本的借贷逻辑。另外,表5-12回归结果显示,拥有车产的借款人比没有车产的借款人融资成本低0.0302,与之类似地,拥有房产的借款人比没有房产的借款人的融资成本低0.0261,说明拥有固定资产(有车、房)的借款人在网络借款中具有一定的优势,有车贷、房贷压力的借款人在网贷平台上借款则要承担较高的融资成本,这也符合现在网贷平台对借款人借款资质审核的主要标准之一,即平台对借款人在借款时是否有其他负债比较关注。

(三)稳健性检验

通过将借款人不同声誉水平设置为哑变量的方式进行稳健性检验。如表5-13所示,模型五中将AA、A级别的声誉水平设置为1,其余的为0。模型六将声誉水平为HR级别的设置为0,其余的为1。模型(5-6)稳健性检验回归结果如表5-13所示。

表5-13 借款人声誉水平与融资成本稳健性检验结果

变量	模型(5)	模型(6)
Rep	−0.0376***	−0.0380***
	(−13.14)	(−13.29)
Month	0.0367***	0.0367***
	(165.18)	(165.20)
Loan	8.65e-08***	8.67e-08***
	(2.74)	(2.75)
Age	0.000586***	0.000585***
	(3.20)	(3.19)
Degree	−0.0103***	−0.0103***
	(−4.84)	(−4.83)

续表

变量	模型（5）	模型（6）
Marriage	0.0205***	0.0205***
	（6.99）	（6.99）
Income	0.000234	0.000236
	（0.20）	（0.21）
Home	−0.0208***	−0.0208***
	（−6.36）	（−6.36）
Home_D	0.0261***	0.0261***
	（5.42）	（5.42）
Car	−0.0302***	−0.0302***
	（−8.65）	（−8.64）
Car_D	0.0334***	0.0334***
	（5.16）	（5.16）
Guarantee	0.293***	0.293***
	（18.73）	（18.74）
Constant	8.719***	8.719***
	（839.13）	（839.20）
Observations	46,893	46,893
R-squared	0.511	0.511

注：***、**、*分别表示1%、5%、10%的显著性水平。

　　表5-13的稳健性检验结果显示，对借款人声誉水平与借款利率的回归分析结论没有发生改变，借款人声誉水平会显著影响融资成本即借款利率。声誉水平越高的借款人，面临的融资成本越低；声誉水平越低的借款人，付出的融资成本越高。在其他条件相同的情况下，模型（5）的结果说明，网络借贷交易中拥有高声誉（AA和A级别）的借款人融资成本会比声誉水平低的借款人低0.0376；模型（6）的回归结果从另一方面说明了这一点，即声誉水

平低(HR级别)的借款人融资成本比其他声誉水平借款人高0.038。也就是说在网络借贷市场中,借款人声誉水平不仅仅影响借贷交易的成功率,也会通过影响借款人融资交易的成本,起到对借款人信用行为的约束,最终通过投资者的投资策略选择,发挥对借款人行为的治理作用。

第四节　分析的结论与启示

本章在对网络借贷交易中借款人声誉治理的博弈分析基础上,以人人贷平台为例,检验借款人声誉对融资交易成功率和融资成本的影响。检验结果显示,在网络借贷交易中,借款人声誉水平与其融资成功率呈正相关关系,与融资成本呈负相关关系。这个检验结果证明,在信息不对称的网络借贷交易市场上,借款人声誉具有一定的治理作用,可以起到对借款人信用行为选择的制约作用。这种治理作用主要通过声誉信号传递作用影响投资者在网络借贷市场的投资选择,进而影响借款人融资成功率和融资成本,具体表现为声誉高的借款人可以以更低的成本,更高概率地获取资金;而声誉水平低的借款人融资成功的概率较低,融资成本更高。

上述分析结论对网络借贷交易治理的启示,有如下几方面:

首先,对于网络借贷借款人来说,塑造和保持良好的借贷声誉,是进入网络借贷市场需要具备的一个重要要素。网络借贷市场与传统借贷市场具有同样的债权债务约束和契约约束,虽然网络借贷市场是非排他性的市场,也是一个完全公开和公平的市场,但并不意味着网络借贷市场是一个无规则的、无治理约束的市场。随着网络借贷治理制度的完善,试图在网络借贷市场随意圈钱的行为,会受到越来越多的约束和治理制裁。借款人可以通过借贷平台完善各项资料,提升网贷平台对借款人信用能力的评价级别;同时规范借贷行为,保持良好的借贷记录,从而为良好的借贷声誉水平提供基础。

其次,目前网络借贷借款人声誉水平的评价,主要依赖于网络借贷平台的信用评级。网络借贷平台是否能够准确和如实地评估借款人信用能力和声誉水平,关乎借款人在网络借贷交易中的成功率和成本。因此,无论是从网络借贷交易借款人利益,还是从网络借贷平台投资者的角度来看,网络借贷平台都有必要在大数据云计算技术的基础上,建立多层级多元化的信用评级体系。

再次,从加强监管和制度建设的角度来看,需要建立全国统一的个人信用评级体系。由于我国长期以来缺乏对个人信用的评级,对个人的信用评价主要来自银行借贷交易记录,而处于借贷市场"长尾"的大部分借款人没有银行借贷记录,故难以准确评估其信用能力。而网络的大数据和云计算为统一的个人信用评级提供了技术支撑,政府加强综合金融数据和非金融数据管理,提升对个人进行全方面的信用行为评级的能力,从而避免个人信用评级中的偏差已成为急迫需要推进的任务。

最后,需要建立和完善网络借贷相关的法律法规,以强化声誉的治理作用。因为声誉作为一种关系治理机制,是一种非正式制度的治理,其作用不具有强制性。声誉治理作用实现中最终的威胁来自法律的强制性。法律作为一种正式治理制度,具有执行的强制性和来自政府的强制性威胁。法律制度可以为声誉等非正式制度治理提供强制性威胁。所以,完善网络借贷的各项法律法规和监管法规,可以为声誉治理作用的发挥提供基础,强化声誉的治理作用。

—— 第六章 ——

网贷交易中网贷平台道德风险的关系治理

在监管和法律制度逐步完善的过程中,如何规范和有效治理P2P网贷平台道德风险,成为当前网贷市场有序发展的重点问题。本章在手工统计平台投资者评价基础上,利用Beta函数测算中国478家P2P网贷平台声誉,检验基于投资者评价的平台声誉对网贷风险的治理作用。本章的分析不仅为声誉非正式治理作用的理论研究提供经验支持,对于通过政策建构提升和利用声誉网贷平台风险治理作用,也具有重要的现实意义。

第一节 分析的背景与问题

P2P网贷交易因为缺乏代理监管和风险分担机制,使投资者独自承担来自融资项目和平台的双重风险(吴晓求,2015),其中平台道德风险问题表现得最为突出,影响也最大。根据网贷之家数据统计,从2014年开始我国网贷交易出现问题平台增加的现象,2016年问题平台的增加量超过当年新增平台数量。截至2017年底,诈骗"跑路"、提现困难等问题平台累计达到4039家,占平台总数的67.65%。问题平台的出现严重损害了投资者的利益。例如2015年e租宝平台风险暴露,造成全国31个省市区90.95万投资者资金受损。因此,在监管和法律等正式治理制度逐步完善的过程中,如何发挥非正式治理制度的作用,规范 P2P 网络借贷平台风险,成为当前我国 P2P 网贷市场发展中需要研究的现实问题。

非正式治理制度研究中,声誉的研究最为丰富和成熟(Brown,2000、Greif,1993、张维迎,2013)。声誉的 KMRW 模型指出,长期重复博弈产生的声誉溢价足以激励交易双方做出合作的行为选择,避免博弈的囚徒困境(Kreps,1982、史晋川等,2015)。但是网络交易的低成本和广泛性降低了重复交易的比例[①],更多地表现出随机匹配的博弈特点。随机匹配博弈很难产生稳定的声誉溢价,声誉是否依然能够发挥治理作用,成为声誉理论研究的一个焦点。而结合 eBay、淘宝和易趣等买方评价系统对声誉治理作用的研究很好地回答了对这理论的质疑。在商品同质性假设条件下,基于买方交易评价系统的声誉,在随机匹配网络交易中能够发挥治理的作用(Li,2016、Klein,2013、Cai,2014、吴德胜和李维安,2009)。

尽管理论界对网络交易的声誉治理进行了广泛的研究,但绝大部分研究是以交易价格为作用途径,观测和检验买方声誉评价对卖方行为的约束作用。对于价格之外的交易范围、交易规模和商品实际质量的研究非常稀少(Fan,Ju and Xiao,2016)。本章借助中国 P2P 网贷交易投资者评价系统,通过对平台成交量的观测,从平台声誉直接治理作用和中介传导效应两方面,探究基于投资者评价的声誉能否发挥对网贷交易道德风险的非正式治理作用。本章首先对网贷平台道德风险和声誉治理作用进行理论分析并提出研究假设;然后以平台成交量作为治理效果的检测指标,检验投资者评价基础上的平台声誉对平台道德风险的治理作用;最后,为了避免内生性对研究结果的影响,以"平台加入互联网金融协会"和"平台 CEO 学历"为工具变量进行回归。另外,以"平台持续时间"作为替代变量进行稳健性检验。

首先,以中国网贷平台道德风险为研究对象,拓展了网贷交易风险治理的研究边界。在国内外文献集中讨论网贷交易借款人信用风险和关系治理

---

① 根据 Resnick 和 Zechhauser 的调查,89% 的网络交易是一次性的,且重复交易会随着声誉评价的集中而降低(Cai et al.,2014)。

的背景下,结合中国网贷平台风险频发的实际状况,以网贷平台成交量为观测和检验标准,研究声誉对网贷平台道德风险的治理作用。截至2017年12月,平台道德风险引发的平台"跑路"现象占问题平台的比例高达27.47%[①],可见,平台道德风险是中国网贷交易中最主要的风险源。因此,以中国网贷平台风险突出的实际状况为研究背景,分析网贷交易风险治理问题,不仅具有典型性,而且拓展了网贷交易风险治理的研究。其次,为网贷交易声誉治理作用的理论分析提供经验支持。虽然对声誉网络交易治理作用的研究已经很深入,但是结合新型网络借贷这一特殊交易方式的经验研究仍然比较缺乏。结合网贷平台道德风险的特点建立网贷声誉治理模型,并对投资者评级基础上的声誉治理作用进行检验。这不仅是对既有网络交易声誉治理研究的深入和推进,也为理解不完善监管和法律制度背景下声誉的非正式治理作用提供经验证据。

第二节　网贷平台的道德风险与声誉治理模型

一、网贷平台道德风险及其约束机制

P2P网贷是参与者通过互联网平台直接达成的借贷交易。虽然云计算和大数据技术为网贷提供了低成本和高效率风险收益匹配模式,但是并不能完全根除借贷双方信息不对称以及由此引发的逆向选择和道德风险问题。如图6-1所示,P2P网络借贷缺乏传统融资市场严格的借款人信息披露机制,资金的借入和归还在借款人和投资者之间直接完成。P2P平台作为投资者的代理人负责对借款人信息的搜集、评价和披露,投资者依赖平台披露的客户信息进行决策,投资者和P2P平台之间形成了借款人信息的委托代理关系。依据委托代理理论,作为委托人的投资者与作为代理方的平台之间存在两个问题:一是作为代理方的P2P平台是否能够出于委托人利益的

---

① 截至2017年12月全国问题平台累计占比达到50.69%,其中平台道德风险即平台所有者跑路事件占问题平台总量的54.20%,由此计算得到(50.69%×54.20%≈27.47%)。

考虑,进行尽职的信息搜集和信息披露;二是投资者如何激励和监管平台的行为。

首先,网贷平台和投资者目标函数不一致,使得平台作为信息代理具有道德风险行为选择的内在偏好。网贷交易中平台的收益主要来自两方面,一是平台向成功融资借款人收取的服务费(借款管理费),未成功融资的借款人不需要缴纳这个费用;二是平台向投资者收取利息管理费。为了吸引投资者,网络借贷平台会减免或降低利息管理费,因此借款管理费是目前我国网贷平台主要的收入来源[①]。P2P平台为了追求自身收益最大化,会忽略对借款人的信用审核或恶意造假,使具有潜在高违约风险的借款人也能实现足额融资。比如造成90.95万人被骗的e租宝平台上"95%的项目都是假的"[②]。而平台这种行为选择的结果是损害投资者利益,因为投资者的目标函数是本金回收基础上获取投资收益,其更关心本金的回收概率,而本金的回收概率受制于借款人的信用状况。平台如果如实地反映借款人和借款项目信息,虽然提高了投资者资金回收的概率,但是会因为信用级别较低的借款人的借款需求不能满足,使得平台损失了获取借款管理费的机会,影响平台的短期收入。因此,作为信息代理的P2P平台具有道德风险行为选择的内在偏好,即以损害委托人——投资者利益为代价,实现自身收益的最大化。

其次,网贷交易本身不具备对平台行为选择的激励和监督机制。如图6-1所示,针对中介信息传递的道德风险,传统以商业银行为中介的融资交易,建立了存款和贷款的双重合约关系,作为融资中介的商业银行在双重债权债务关系中,既是债权人同时又是债务人,而且债权人关系的成立是以债务人身份为前提的,也即只有通过债务人身份获取足够的资金,才能以债权人身份贷放资金,获取收益。在双重债权债务关系基础上,传统商业银行借贷提供了一种最佳的监督机制:存款合约(Campbell and Kracaw,1982)。投资者通过对存款合约"用脚投票"方式对中介的道德风险实施可置信的威

---

① 刘美茹. 28家网贷平台财务分析:盈利平台超6成[DB/OL]. (2017-05-05). https://www.wdzj.com/news/yanjiu/96031.html.

② 白阳、陈寂. "e租宝"非法集资真相调查:95%项目都是假的[DB/OL]. (2016-02-01). http://money.cn/c/2016/02/01/3902260.htm.

胁,起到对代理监管者行为的监管(Diamond,1984)。投资者通过不再在商业银行存款或者取出商业银行存款,不为商业银行提供资金来源的方式,制约商业银行中介代理的行为,起到对商业银行代理行为的监管作用。相较于以传统商业银行为中介的融资交易,网络借贷交易没有存款合约的约束和激励机制,投资者没有直接可以制约网络借贷平台行为的机制,缺乏对平台道德行为的监督和约束。面对信息不对称,投资者无法直接约束作为代理监管的网络借贷平台的行为,使其按照委托人——投资者的意愿如实地公布和评定借款人信用和借款项目的状况。因此,网贷交易中投资者面临来自代理监管者——网络借贷平台的道德风险,而这一点也成为中国P2P网贷交易最大的风险源(吴晓求,2015)。

图6-1 传统信贷的参与方及其相互关系

二、声誉对平台道德风险的治理模型

对于信息不对称带来的代理人道德风险问题,信息经济学和治理理论提出显性治理和隐性治理的理论:产权和市场契约等正式治理制度可以提供显性治理,非正式制度如声誉等可以提供隐性治理(张维迎,1996)。显性治理和隐性治理共同完成对市场交易中机会主义行为的约束和治理。由于显性治理制度的不完善或者执行的高成本,声誉等非正式治理制度成为不对称信息条件下道德风险治理和激励的重要选择(Fama,1980;Holmstrom,1982)。由于我国网贷交易的监管制度和法律制度处于逐步完善的过程,因此有必要从非正式的隐性治理角度分析网贷交易道德风险的治理问题。

企业声誉是通过企业个体特征形成的影响交易主体行为决策的认知(Kreps,1990),是利益相关者对企业能力和道德等总体印象的语言表达(Saxton,1998)。作为传统信贷中介,商业银行声誉是利益相关人对其一贯行为的舆论评判(熊红英和阮小平,2009),也是商业银行稳定性的源泉(Diamond,1986)。作为与商业银行具有类似业务的新型组织形式,网贷交易平台的声誉可以界定为,网贷交易利益相关人在网贷平台基本面特征基础上对网贷平台行为和风控能力的综合评价。这种评价可以来自网贷交易的直接参与人,如借款人和投资者,也可以来自如网贷协会或网贷之家等第三方机构。既有的关于网络交易治理研究,来自交易者评价的研究最为丰富①,因为交易者评价能够将平台私有信息转换为公开信息(吴德胜,2007),是成本最低又不失效率的一种方式(Dellarocas and Wood,2008),因此,建立网贷平台声誉治理模型,以投资者正面和负面评价为基础,研究平台声誉对平台道德风险的治理作用。

运用博弈论,Akerlof(1970)研究了在存在买卖双方信息不对称的情况下,市场上交易的商品质量如何会降低。假设买家无法区分高质量的汽车("桃子"peach)并且只有在购买后才发现有缺陷的汽车(美国俚语"柠檬"lemon)。他们只愿意为一辆车支付一个固定的价格:"桃子"或"柠檬"的平均价格。但卖家知道他们是拿着"桃子"还是"柠檬"。考虑到买家的固定价格,卖家只有持有"柠檬"才会卖出,持有"桃子"会离开市场。最终,随着足够多的"桃子"卖家离开市场,买家的平均支付意愿将下降,导致更多的高品质汽车卖家离开市场,二手车市场因为充斥着"柠檬"汽车而失去意义。市场解决"柠檬车"的有效办法就是信号传递。依据Spence的信号理论,市场信号是那些可以被其他市场参与者观察,且在市场上传递信息的个体行为和特征,比如受教育水平、声誉和品牌等。在Spence看来,市场参与者无法改变自身的指标(如人种、性别等),但是可以通过付出一定的成本将低水平信号调整为高水平信号。由于不同市场参与者在调整过程中付出的成本不同,因此信号在不对称市场中具有有效的信息传递作用。在二手车市场上,拥有"桃子车"的卖方可以通过一定的信号向买方有效传递二手车质量,比如提供保修(张维迎,2013)。在重复博弈过程中,拥有"桃子车"的卖方愿意提供保修,以此传递自己的车是好车的信息,买方愿意为有保修的二手车付出更高的价格;而"柠檬车"的卖方不愿意提供保修,是因为即使自己的车出

---

① 国外的文献主要使用eBay买家正面和负面评价分析卖家声誉机制和作用数据分析,国内文献主要以淘宝和阿里巴巴买家评价作为卖家声誉,研究声誉的作用。

售了,但是"柠檬车"的保修费用很高,会远远超过出售获得的差价,因此,提供保修作为一个有效的市场信号,区分了二手车的不同质量并将该信息传递出去。据此,我们将网贷平台声誉作为一种信号传递,用博弈方法分析基于投资者评级的网贷平台声誉是否可以作为一种有效信号,区分网贷平台的不同质量。

借鉴Michael Spence(1974)的信号模型和Akerlof(1970)对不对称市场的研究,建立如图6-2所示的基于投资者评价的声誉治理模型,分析声誉对网贷平台行为选择的治理作用。

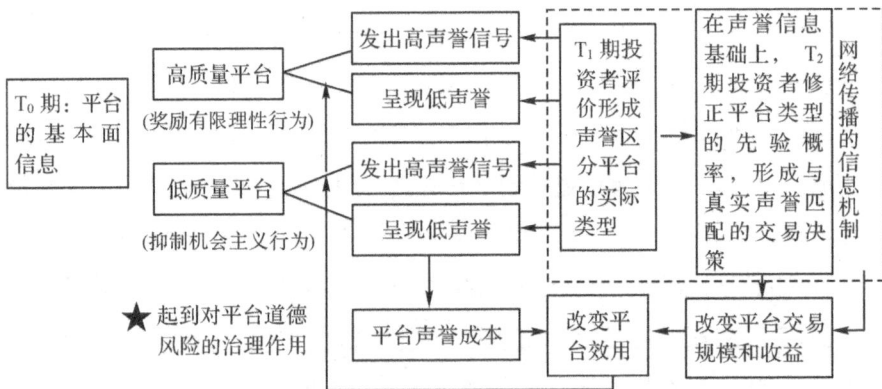

图6-2 基于投资者评价的声誉治理模型

(一)声誉治理模型的假设

首先,假设投资者理性地追求自身效用最大化,投资期分为初始期(T_0)、第一期(T_1)和第二期(T_2),并假设T_0期平台的基本面信息,比如注册资本、平台的背景、平台的资金保障方式、平台所在地等因素决定了平台的基本类型:低质量平台(Q_1)和高质量平台(Q_2)且$Q_1 < Q_2$。

其次,P2P平台通过对借款人信用认证和评级等向投资者提供关于借款人和借款项目的信用信息,降低投资者投资风险,是平台塑造声誉的行为,也是投资者评价的基础。假设声誉成本函数为C,并且不同质量平台塑造相同声誉状况的成本不同,高质量平台维持低声誉的成本为C_1,高质量平台塑造高声誉的成本为C_2,且$C_2 > C_1$,即高质量平台塑造高声誉付出的成本大于维持低声誉。低质量平台维持低声誉的成本是 $C_1(1+S_1)$，低质量平台塑造高声誉的成本为 $C_2(1+S_2)$，$S_2>0$，$S_1>0$，且 $S_2>S_1$，即低质量平台塑造高声誉的成本远远大于维持低声誉的成本。塑造的声誉(R)也有两种类型：低声誉(R_1)和高声誉(R_2)且 $R_1<R_2$。

T_1 期投资者根据平台塑造的声誉决定是否在平台上进行投资。假设平台成交量为V。因为管理费是网贷平台的主要收入来源，管理费用的获取是由投资人投资规模决定的，因此，假设平台收入为I且 $I=V^{①}$，平台的效用函数为U且 $U=V-C$，即平台的效用取决于平台成交量和平台付出的声誉成本。

(二)网贷平台声誉成本与平台成交量

T_1 期投资者并不清楚平台的真实类型，只知道平台类型的概率分布状况，假设平台类型的先验概率(P)是相同的，即 $P(Q_1)=P(Q_2)$。在没有声誉信息时，投资人依据先验概率进行投资。假设平台的预期收入为E(I)，且 $E(I)=I(Q_1)P(Q_1)+I(Q_2)P(Q_2)$，$E(I)=(Q_1+Q_2)P/2$，平台获得的预期收益是平台平均质量与先验概率的乘积。而高质量和低质量平台的预期收入最多分别为 $I(Q_2)=Q_2$ 和 $I(Q_1)=Q_1$，因为 $Q_1<Q_2$ 且 $P<1$，所以在没有投资者评价平台声誉之前，均衡的结果是 $I(Q_2)<E(I)$，而 $I(Q_1)>E(I)$，即低质量平台获得较多的收入，高质量平台获得较低的收入，产生逆向选择问题。

为了获得预期收入，不同的平台在自身质量差异的前提下，会付出不同的声誉成本向市场发出声誉信号，比如采用不同的信用认证和担保方式，或者公布有关借款人信贷评分方法，或者增强借款人信用信息的透明度等。由此形成了四种不同的平台类型组合：高质量低声誉平台、高质量高声誉平台、低质量低声誉平台和低质量高声誉平台。由于付出的声誉成本不同，四种不同平台效用发生了变化。

低质量平台低声誉和高声誉选择预期收入分别是：$V_1-C_1(1+S_1)$、$V_2-C_2(1+S_2)$；高质量平台低声誉和高声誉选择的预期效用分别是：V_3-C_1、V_4-C_2。

---

① 网贷之家的研究报告(https://www.wdzj.com/news/yanjiu/96031.html)指出，借款管理费是平台的主要收入，借款管理费是针对满标借款标的收取，与借贷利率无关。因此，假设平台成交量=平台的收入。

假设贴现因子为 δ，则低质量平台选择高声誉的条件是 $(V_2-V_1)\delta>C_2(1+S_2)-C_1(1+S_1)$，高质量平台选择高声誉的条件是 $(V_4-V_3)\delta>C_2-C_1$。也就是无论平台初始质量如何，只要高声誉和低声誉平台成交量的差额(ΔV)带来的收益足以弥补不同声誉付出的成本差额(ΔC)，那么平台都会做出高声誉成本选择。但是对于不同质量的平台达到高声誉付出的成本差额不同($C_2>C_1$ 且 $S_2>S_1$)，因此低质量平台维持高声誉需要平台成交量远远大于高质量平台维持高声誉的要求。

(三)声誉治理效果：改变平台成交量，减少机会主义行为

T_2 期潜在投资者根据 T_1 期投资者评价形成的声誉，对平台类型概率进行修正得到后验概率($\hat{P}(Q)$)。假设高质量高声誉平台的概率为 $P(Q_2|R_2)$，低质量低声誉平台的概率为 $P(Q_1|R_1)$；高质量低声誉平台的概率是 $P(Q_2|R_1)$，低质量高声誉平台的概率是 $P(Q_1|R_2)$。如果潜在投资者从已有投资者的评价中，得到低质量平台的声誉为 $R=R_1$ 时，根据贝叶斯法则，投资者认为平台维持低质量的后验概率 $\hat{P}(Q_1|R_1)$ 为：

$$\hat{P}(Q_1|R_1)=P(R_1|Q_1)P(Q_1)/P(R_1)=P(R_1|Q_1)P(Q_1)/[P(R_1|Q_1)P(Q_1)+P(R_1|Q_2)P(Q_2)]$$

因为 $P(Q_1)=P(Q_2)=0.5$，所以 $\hat{P}(Q_1|R_1)=P(R_1|Q_1)/[(P(R_1|Q_1)+P(R_1|Q_2)]$

低声誉平台维持高质量服务的概率 $P(R_1|Q_2)$ 小于其维持低质量服务的概率 $P(R_1|Q_1)$，因此 $\hat{P}(Q_1|R_1)>P(Q_1)(0.5)$，后验概率大于先验概率，即投资者认为低质量平台提供低质量服务的概率大于先验概率，如果博弈重复的次数足够多则 $\hat{P}(Q_1|R_1)\approx1$，$\hat{P}(Q_1|R_2)\approx0$，投资者会减少对低质量平台的实际投资量，进一步降低低质量平台的效用，则低质量平台选择高声誉的条件 $(V_2-V_1)\delta>C_2(1+S_2)-C_1(1+S_1)$ 不成立。

同理得到 $\hat{P}(Q_2|R_2)>P(Q_2)$，后验概率大于先验概率，投资者认为高质量平台提供高质量服务的概率大于先验概率，投资者会增加对高质量平台的实际投资量，增加高质量平台维持高声誉的效用，高质量平台选择高声誉的条件 $(V_4-V_3)\delta>C_2-C_1$ 成立。

可以看出，根据已有投资者评价的声誉，后续投资者减少对低声誉平台的投资或是增加对高声誉平台的投资,改变了平台成交量,进一步影响了平台的效用,减少了低质量平台机会主义行为,同时也激励高质量平台维持高声誉,从而实现声誉对平台道德风险的治理作用。

如图6-3所示,从2017年6月开始,网贷平台总成交量和投资者人数都随着累计问题平台数量的增加而降低。但是在这期间一些声誉较好的平台,其成交量和投资者人数却是增加的,比如2018年7月,P2P网贷行业成交量环比下降了18%,声誉分值[①]为0.8246的开鑫贷平台当月成交量为5352.99万元,约为其同年6月单月成交量的4倍[②];2018年7月2日到7月8日网贷行业活跃投资人数环比上周下降了1.10%,声誉分值在0.8669的陆金服平台活跃投资人数上涨了35.55%[③]。这验证了上述关于平台声誉和平台成交量关系的理论说明。

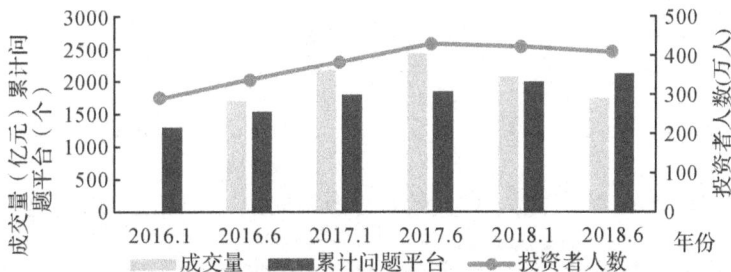

图6-3　网贷平台成交量、问题平台与投资者人数

(四)网络为声誉惩罚机制的实施提供信息机制

如图6-2所示,T_2期潜在投资者修正先验概率的前提是T_1期平台的声誉信息能够被观察和传播,网贷平台的网络提供了声誉信息机制。借鉴Greif

---

① 这个声誉分值是依据投资者评价计算得到的,具体的计算方法见第二部分声誉的测算。

② 网贷之家.一周简报:陆金服成交量漫长超26%融金所微跌[DB/OL].(2018-07-09).https://www.wdzj.com/news/yc/2733656.html.

③ 网贷之家.一周简报:陆金服成交量漫长超26%融金所微跌[DB/OL].(2018-07-09).https://www.wdzj.com/news/yc/2733656.html.

(1993)、肖条军和盛昭瀚(2003)的研究,首先假设共有n个网贷平台和N个潜在的投资者,每个投资者每期博弈只进行一个平台的选择和一个借款项目的投资,投资者随机选择网贷平台,每一次博弈中网贷平台P被投资者选择概率是1/n,每个网贷平台预期每一期博弈可以满标N/n个借款项目。如果网贷平台欺瞒投资者可以获得短期收益I,如实地反映平台实际状况获得收益D(I>D),贴现因子为δ。虽然网贷平台欺瞒投资者可以获得I-D的短期净收益,但是随着平台声誉的传播,该平台会损失k个潜在的投资者以实施对平台欺瞒行为的集体惩罚,该平台被潜在投资者选择的实际概率下降为 $\frac{N}{n} - \frac{N-k}{n} = \frac{k}{n}$,长期收益的损失为 $\frac{k}{n} \cdot \frac{\delta}{1-\delta} \cdot D$。只有当网贷平台长期收益大于短期收益时,声誉才能起到对机会主义行为的治理作用,也就是当 $I - D \leqslant \frac{\delta}{1-\delta} \cdot \frac{kD}{n}$ 时,即:

$$\frac{I-D}{D} \leqslant \frac{\delta}{1-\delta} \cdot \frac{k}{n} \tag{6-1}$$

不等式(6-1)成立取决于 $\frac{k}{n}$ 的大小,其中,n不会因为某一网贷平台行为的选择发生突变,$\frac{k}{n}$ 的大小主要由其中的k决定,而k-1是接收到网贷平台欺瞒行为信息的潜在投资者数量。网络传播扩大了信息的传递范围,实现平台声誉公开可观测(Jolivet and Jullien et al.,2016),不等式(6-1)中k的数量足够大,保证了不等式(6-1)的成立,因此,通过潜在投资者行为选择,改变欺瞒平台的成交量和收益可以实现声誉治理作用。即声誉对平台道德风险的治理作用是通过改变投资者行为选择和最终平台成交量实现对平台道德风险的治理,而网络环境提供了声誉信息机制。据此,提出如下研究假设:

假设1:网贷交易中投资者评价基础上的平台声誉,通过影响平台成交量,起到对网贷平台风险的治理作用。

假设2:网贷交易中投资者评价基础上的平台声誉,通过影响网贷交易利率,起到对网贷平台风险的治理作用。

三、平台声誉治理的中介传导效应

上述假设中隐含了一个条件，即平台只是作为借贷双方的信息中介。而事实上目前全球除了以美国P2P平台只提供信息服务之外，英国和中国等国家的P2P平台还具备增信功能，也就是为了解决投资者对P2P平台的信任问题，通过平台基本面信息补充和增进平台的信用，以增信成本换取投资者的信任。

比如英国率先创立内部增信模式的RateSetter，通过设立"Provision Fund"覆盖借款人可能的违约款项，而且如果是RateSetter平台自身错误给投资者带来的损失，也会首先动用平台的资本以"最好地保护投资者利益"（Maria，2017）。英国的Lending Works采用与外部保险机构合作建立"Insurance backed lending"，中国的拍拍贷和宜人贷均与保险机构合作建立第三方风险保障等。

平台通过基本面信息增加信任之所以能够影响投资者行为选择，是因为平台的基本面信息在提升平台声誉的同时，也增加了平台的成本（Chen and Lin，2004），即增加了低质量平台试图伪装为高声誉的成本。低质量平台选择低声誉依然是效用最大的选择，高质量平台选择维持高声誉依然是最佳的选择，也就是说平台基本面信息增加和补充平台信任的行为可以通过声誉发挥对平台道德风险的治理作用。

声誉影响投资者的选择和平台的交易量发挥治理作用，而平台基本面信息增强信任的行为又可以通过声誉影响平台的成交量，因此依据中介效应的界定（温忠麟和叶宝娟，2014）提出以下两个研究假设：

假设3：平台基本面信息可以影响平台声誉。

假设4：平台声誉作为中介变量，传导了基本面信息对投资者行为选择的影响，进一步发挥了对平台道德风险的中介治理作用。

第三节　网贷平台声誉关系治理作用的检验

一、样本、数据与指标

本文以2017年7月1日到2017年12月31日中国478家网贷平台数据为研究样本,其中包括交易相对活跃的295家正常平台和183家问题平台。数据主要源自网贷之家、网贷天眼和各个网贷平台官方网站,根据研究变量对数据进行样本筛选,剔除数据异常、变量缺失样本。183家问题平台是从截至2017年12月31日出现"跑路"、倒闭或提现困难的P2P问题平台200家中,剔除无法通过网贷之家和平台官网获得资料的平台后得到的。

(一)衡量平台成交量:平台累计成交量(Volume)

网贷平台声誉较好,通过声誉信息传递效应可以吸引和集聚更多潜在投资者,从而增加网贷平台的成交量。随着网贷平台成交量的增加,网贷平台的声誉溢价也会增加,即平台收取的利息管理费和借款管理费增加,扣除声誉成本之后,声誉溢价越多。因此选用平台成交量衡量声誉对网贷平台道德风险治理的指标,该指标是2017年7月1日—12月31日各个平台的累计成交量。

(二)主要解释变量——网贷平台的声誉(Reputation)

(1)投资者评价与网贷平台声誉

Kreps & Wilson(1982)认为声誉是一种认知,即在信息不对称条件下,一方参与人对另一方参与人所属类型的一种认知。在已有的关于网络平台声誉治理的研究文章中提出,在线信誉评价反馈系统可以作为新型的信任机制(Rensnick et.al.,2000)。结合eBay、Amazon、淘宝、易趣等在线网络交易平台的研究得出同样的结论:卖家和店铺的信用评价系统,强化了"陌生人"之间的信任关系,据此网络平台声誉治理机制可以发挥治理效用(Livingston,2005;周黎安,2006;Houser,2006;吴德胜,2007;钱炳,2010)。

依据现有对在线声誉治理机制的研究,我们采用投资者在线对网贷平台的评价和反馈系统。从2016年开始,我国一些第三方平台建立了对网贷平台的基于投资者的评价系统,比如网贷之家和网贷天眼等平台。我们采用网贷之家上投资者对平台的评价和反馈信息,利用信任模型进行计算得到各家平台的声誉值。

现有文献中还有一种P2P网贷交易平台声誉治理机制研究的文章,借助第三方平台对P2P网贷平台的评级数据,进行网贷平台声誉值的计算(黄玲,2016;高觉民,赵沁乐;2017)。这种方式更多考虑了一些投资者难以获取的平台综合信息,比如网贷天眼的评级指数里面包括平台的信披指数等,具有一定的可行性。但是这种方法更多体现了第三方对网贷平台行为的治理作用,和我们需要论证的来自P2P网贷交易参与人的直接治理有一些不符。所以,我们采用第一种方法,即投资者直接对网贷平台评价的数据。在我们的检验中,将利用第二种方法对投资者评价综合计算得到的平台声誉值的可信性进行比对。

(2)网贷平台声誉的测算

在Xiong & Liu(2004)信任模型基础上,运用Beta函数法对478家P2P网贷平台声誉进行测算。假设 β 概率密度函数是由两个参数α和β组成的连续函数,其 β 概率分布$f\left(p|\alpha,\beta\right)$可以表示为:

$$f\left(p|\alpha,\beta\right) = \frac{\Gamma\left(\alpha+\beta\right)}{\Gamma\left(\alpha\right)\Gamma\left(\beta\right)}p^{\alpha-1}\left(1-p\right)^{\beta-1} \tag{6-2}$$

$0 \leqslant p \leqslant 1, \alpha > 0, \beta > 0$。

则 β 概率分布的期望值$E(p)$为:

$$E\left(p\right) = \alpha/\left(\alpha+\beta\right) \tag{6-3}$$

将投资者对网贷平台的评价分为正面评价(r)和负面评价(s),假设正面评价可提高网贷平台的声誉,负面评价会降低平台声誉。r_i和s_i分别表示第i个月份平台收到的正面评价数量和负面评价数量,其中R和S分别表示n时期平台的正面和负面评价,$R = \sum_{i}^{n}r_i, S = \sum_{i}^{n}s_i$,依据公式(6-2)得到:

$$\varphi\left(p|R,S\right) = \frac{\Gamma(R+S)}{\Gamma(R_i)\Gamma(S_i)} p^{R-1}\left(1-p\right)^{S-1} \qquad 0 \leqslant p \leqslant 1, R > 0, S > 0 \quad (6\text{-}4)$$

则 $\varphi\left(p|R,S\right)$ 可以用来反映平台的声誉。依据公式(6-3)可以得到平台的声誉值为:

$$E\left(\varphi\left(p|R,S\right)\right) = R/(R+S) \qquad (6\text{-}5)$$

$E\left(\varphi\left(p|R,S\right)\right)$ 就可以表示 n 时期基于投资者评价的平台声誉值。

但是公式(6-5)有两方面的问题。首先,公式(6-5)假设负面评价和正面评价对平台声誉具有相同的效应,没有考虑负面评价对平台的影响程度远大于正面评价。依据 Park & Lee(2009)、Yang & Mai(2010)的观点,负面信息对声誉的影响显著大于正面信息的影响。其次,公式(6-5)没有考虑评价信息存在的时间"遗忘效应",也就是不同时刻评价信息对声誉值的影响不同,时间越早的评价越容易被"遗忘",其对声誉值的影响权重也越小。因此,对公式(6-5)进行如下修正:

令 $R = \delta \cdot S, \delta > 1$,增加负面评价的权重;

$R = \sum_{i}^{n} r_i \lambda^{n-i}$, $S = \sum_{i}^{n} s_i \lambda^{n-i}, 0 \leqslant \lambda \leqslant 1$,设置时间权重。

对公式(6-5)进行上述修正后,得到的平台声誉值既反映了不同时期评价信息的不同影响,也考虑了负面评价信息对声誉更大的影响,因此,对478家样本平台,使用修正后的模型计算投资者评价基础上的平台声誉值。

(3)网贷平台声誉与投资者评价的偏颇

在一般商品网络交易过程中,由于买方评价经验不足、评价的成本高(Li,2010)、负面评价代价太大(Nosko,2015)和卖方自己冒充好评(Xu,Liu & Wang,2017)等方面的影响,使得买方评价出现一些偏离事实的状况,存在基于买方评价的声誉价值下降的问题。虽然卖方评价偏颇对声誉价值的影响没有通过显著性检验(Li,2010),但是在网贷交易中是否也会存在投资者评价偏颇而引起声誉价值下降,仍然是需要关注的。

在网贷平台声誉计算的基础上,选择网贷之家2017年100家网贷平台发展指数评级的排名为标准,对计算的网贷平台声誉进行排名,然后与网贷之家评级①的排名进行比对,考察基于投资者评价的声誉是否有偏颇。通过比对发现声誉的排序和网贷之家评级的排序相似度是81.77%,从结果来看可以说投资者评价存在一定的偏颇。但是,可能存在两方面的原因影响这个结果:一是我们仅仅选择了网贷之家的评级,会因为网贷之家评级项目的不完整,而使得两个数据之间存在偏离;二是仅仅只有100家平台进行比对,也会因为数据量有限出现结果的偏离。对这种偏离我们采取的主要做法是加大网贷平台的数量,将网贷平台声誉计算样本扩展到478家,通过样本数量扩充弥补可能存在的投资者评级偏颇对声誉计算的影响。

(三)其他解释变量——网贷平台的基本面信息

基本信息可以在一定程度上反映平台的成熟程度,因此成为投资者投资决策判断的信息之一。网贷平台基本面变量具体构建如下:

(1)平台类型(Type)

平台类型主要有四类:民营系、银行系、上市公司系、国资系。以国资系为基组,设置3个虚拟变量,其中Type1表示民营系为1,非民营系为0;Type2表示银行系为1,非银行系为0;Type3表示上市公司系为1,非上市公司系为0。

(2)网贷平台地域分布情况(Address)

根据平台注册地域范围,分为东部、中部和西部地区,以中部地区为基组,设立2个虚拟变量,其中Address1表示东部地区为1,西部和中部地区为0;Address2表示西部地区为1,东部和中部地区为0。

(3)网贷平台的注册资本(Capital)

选取网贷平台成立时注册资本数额,单位为万元。

(4)平台资金保障方式(Guarantee)

在信息不对称问题存在的情况下,网贷平台采用多种方式来保障投资人的资金安全。主要保障方式有平台提取风险准备金、第三方担保公司担

---

① 网贷之家的评级是基于平台成交量、投资者人数、技术认证、品牌宣传、流动性、分散性、透明度和合规性等多项指标。

保、借款人资产抵押、平台垫付、小贷公司审贷并承担连带责任等。采用多种保障方式可以通过多种途径保障投资者资金安全。因此,对平台资金保障方式的度量采用平台保障方式的种类多少来衡量。

(四)控制变量

控制变量主要是来自平台交易的项目本身,包括两个主要的反映项目状况的变量:

(1)网贷平台上借贷标的的平均借款期限(Month)

每一个标的都有一个借款期限,借款期限为1到24个月不等,此指标为平台平均借款期限,单位为月。

(2)网贷平台上借贷标的的平均年利率(Interest)

此指标为网贷平台上借贷标的平均年利率。

二、模型的建立与描述性统计分析

为了检验声誉对网贷平台道德风险的治理作用,设定如下模型:

$$\ln \text{Volume} = \gamma_0 + \gamma_1 \text{Reputation} + \gamma_2 \text{Interest} + \gamma_3 \text{Month} + \varepsilon \quad (6\text{-}6)$$

$$\ln \text{Volume} = \delta_0 + \sum_{i=1}^{t} \delta_i X \quad (6\text{-}7)$$

在模型(6-6)和(6-7)中,为了避免网贷平台成交量数据过大对回归结果的影响,对"平台成交量"和"平台的注册资本"这两项取对数,得到lnVolume和lnCapital。模型(6-7)中的X代表各项解释变量和控制变量。

(一)描述性统计分析

如表6-1所示,478家平台的声誉平均水平接近0.5,不过平台声誉的差异非常大,最高的声誉值接近1,最低的只有0.0005。平台的年平均收益率均值为12.799%,最大值为32%,高利率是P2P网络借贷平台能在短时间内吸纳众多投资者的原因之一。P2P网络借贷平台的借款期限最长为43个月,最短为半个月,平均为4.6个月,可见P2P网络借贷平台以短期借款为主。

表6-1　变量的描述性统计结果

变量	样本	均值	标准差	最小值	最大值
Reputation	478	0.4978891	0.3093119	0.0005459	0.999851
Interest	478	12.79919	3.956787	4.388333	32
Month	478	4.63849	4.657924	0.5116667	43.45667
lnVolume	478	10.36307	1.938305	3.849509	17.13208
lnCapital	478	8.292295	1.030755	5.010635	12.61154
Adress1	478	0.7635983	0.4253168	0	1
Adress2	478	0.0857741	0.2803235	0	1
Type1	478	0.8012552	0.3994736	0	1
Type2	478	0.0041841	0.0646168	0	1
Type3	478	0.083682	0.2772004	0	1

(二)变量的相关性分析

对平台成交量与其他变量分别进行Spearman相关性分析,分析结果见表6-2。从表6-2中可以看出,平台的声誉与平台成交量之间的显著性水平均超过0.05。项目的平均年利率对平台成交量呈现负向的相关性,这说明并不是借贷项目利率越高,越能够吸引投资者。

三、实证检验与结果分析

(一)检验网贷平台声誉治理作用

1. 网贷平台声誉的治理作用检验

为了避免平台基本面信息对声誉作用的影响,首先控制基本面信息,对模型(6-6)声誉与网贷平台成交量的关系分别进行中位数回归、OLS回归和随机效应OLS回归,得到如表6-3所示(1)到(3)列的数据,然后补充平台基本面信息按照模型(2)也进行上述三项回归,得到(4)到(6)列的结果。

表6-2 网络平台成交量与其他变量的相关性分析

	lnVolume	Reputa~n	lnCapi~l	Type1	Type2	Type3	Adress1	Adress2	Interest	Month	Guarantee
lnVolume	1										
Reputation	0.1349*	1									
lnCapital	0.3469*	0.0331	1								
Type1	−0.2427*	−0.1323*	−0.2274*	1							
Type2	0.1038*	−0.0272	0.1050*	−0.1302*	1						
Type3	0.2175*	0.1130*	0.1696*	−0.6068*	−0.0196	1					
Adress1	0.3416*	0.0140	0.2390*	−0.0673	0.0361	0.1148*	1				
Adress2	−0.1561*	−0.0466	−0.1612*	0.0215	−0.0199	−0.0386	−0.5505*	1			
Interest	−0.4128*	−0.2332*	−0.3097*	0.4076*	−0.1097*	−0.2385*	−0.3244*	0.1222*	1		
Month	0.2445*	0.1452*	0.2207*	−0.1428*	0.1052*	0.1559*	0.0651	−0.0757	−0.1326*	1	
Guarantee	0.0770	0.1633*	0.0267	−0.0847	0.0285	0.0254	−0.0112	0.0566	0.1469*	0.0941*	1

注：在显著性水平超过5%的相关系数上标注星号。

表6-3 声誉直接治理作用检验的回归结果

	lnVolume			lnVolume		
	(1)	(2)	(3)	(4)	(5)	(6)
Reputation	3.730***	3.952***	3.9798***	1.943***	2.448	2.473***
	(0.590)	(0.544)	(0.5446)	(0.630)	(0.556)	(0.557)
Interest	−0.323***	−0.305***	−0.3067***	−0.157***	−0.178***	−0.180***
	(0.0419)	(0.0387)	(0.03866)	(0.0456)	(0.0402)	(0.0402)
Month	0.100***	0.114***	0.1145***	0.0871***	0.0807***	0.0811***
	(0.0281)	(0.0259)	(0.2589)	(0.0281)	(0.0248)	(0.0248)
lnCapital				0.347***	0.309***	0.308***
				(0.0910)	(0.0803)	(0.0803)
Type1				−0.213	−0.186	−0.187
				(0.287)	(0.254)	(0.254)
Type2				4.330***	3.084**	3.087***
				(1.370)	(1.208)	(1.208)
Type3				0.499	0.445	0.455
				(0.399)	(0.352)	(0.352)
Adress1				0.986***	1.083***	1.077***
				(0.255)	(0.225)	(0.225)
Adress2				0.0820	0.129	0.128
				(0.371)	(0.327)	(0.327)
Guarantee				0.106	0.0829	0.0841
				(0.0832)	(0.0734)	(0.0735)
Constant	10.28***	9.967***	9.9572***	6.470***	6.708***	6.605***
	(0.167)	(0.154)	(0.1544)	(0.8540)	(0.734)	(0.741)
Observations	478	478	478	478	478	478

续表

	lnVolume			lnVolume		
	（1）	（2）	（3）	（4）	（5）	（6）
R-squared		0.166	0.1679		0.2828	0.2836
Pseudo R^2	0.0977			0.1673		

注：***、**、*分别表示1%、5%、10%的显著性水平。

从表6-3（1）到（3）列的各项回归结果来看，声誉对网贷平台的成交量影响在1%的水平下是显著的，验证了假设1，说明网贷平台交易中基于投资者的平台的声誉对网贷平台的行为选择具有治理作用。表6-3中利率对成交量的影响是显著负相关，这说明目前网贷市场的投资者相对比较理性，并没有仅仅因为项目的利率高而进行投资，这与廖理和李梦然（2014）、王修华和孟路等（2016）的分析结果相同。

从表6-3中的（4）到（6）列可以看出，网贷平台的基本面信息中，平台的注册资本、平台是否银行系和平台是否在东部地区都与平台的成交量显著相关，这验证了假设2提出的平台基本面信息对平台发展产生直接影响。

2. 网贷平台声誉对基本面信息的中介传导作用

为了检验平台声誉（M）对平台基本面信息的中介传导作用，依据温忠麟等（2014）研究中提出的中介效应检验程序，首先要判断平台基本面信息（X）和平台成交量（Y）之间的相关性，如果不显著相关则说明不存在中介效应，停止中介效应分析，如果显著再进行下一步检验。然后再分别判断平台基本面信息（X）和平台声誉（M）及平台声誉（M）和平台成交量（Y）这间的相关性。如果显著相关，则检查系数C'；如果不显著相关则进一步运用Sobel检验。为此，建立如下两个模型：

$$\ln Volume = \beta_0 + \beta_1 Adress1 + \beta_2 Adress2 + \beta_3 Type1 + \beta_4 Type2 + \beta_5 Type3$$
$$+ \beta_6 \ln Capital + \beta_7 Guarantee + \beta_8 Interest + \beta_9 Month + e_1 \qquad (6-8)$$

$$Reputation = \beta_0 + \beta_1 Adress1 + \beta_2 Adress2 + \beta_3 Type1 + \beta_4 Type2$$
$$+ \beta_5 Type3 + \beta_6 \ln Capital + \beta_7 Guarantee + \beta_8 Interest + \beta_9 Month + e_2 \quad (6-9)$$

模型（6-8）检验平台基本面信息对平台成交量的影响，以平台成交量

lnVolume 为被解释变量，平台各项基本面信息为解释变量，分别是 Adress1、Adress2、Type1、Type2、Type3、lnCapital 和 Guarantee，e_1 为误差修正项；模型(6-9)检验平台基本面信息对声誉的影响作用，以声誉 Reputation 为被解释变量，各项增信信息为解释变量，分别是 Adress1、Adress2、Type1、Type2、Type3、lnCapital 和 Guarantee，e_2 为误差修正项。

对模型(6-8)和(6-9)进行中位数回归、OLS 回归和固定效应 OLS 回归，将回归结果分别列入表6-4的(1)到(3)和(4)到(6)。中介效应中平台基础信息 X 与平台成交量 Y 的回归结果如表6-4(1)到(3)列所示，可以看出"上市公司系(Type3)""平台资金保障方式(Guarantee)"和"平台位于西部(Adress2)"结果不显著，表明声誉对这三项不具有中介效应，在表6-4的最后一列用 x 表示，即停止对这三项中介效应的检验。结合表6-4(4)到(6)列和表6-3(4)到(6)列中声誉系数的检验结果，在表6-4的最后一列将两个回归中都显著的记为2，只有一个显著的记为1。可以看出在两个回归中都显著的变量有"平台注册资本(lncapital)""平台民营(Type1)"和"平台在东部(Adress1)"，声誉对这几个变量具有中介效应；两项回归中只有一个显著的变量是"银行系(Type2)"，声誉是否对这个变量有中介效应，需要进一步进行 Sobel 检验。

表6-4 平台声誉中介效应的基本回归

	lnVolume			Reputation			显著性项目统计
	(1)	(2)	(3)	(4)	(5)	(6)	
Interest	−0.0432*	−0.0260	−0.0259	0.0693***	0.0623***	0.0623***	
	(0.0247)	(0.0208)	(0.0208)	(0.0019)	(0.0017)	(0.0017)	
Month	0.104***	0.0998***	0.100***	0.0091***	0.0079***	0.0074***	
	(0.0296)	(0.0249)	(0.249)	(0.0023)	(0.0020)	(0.0020)	
lnCapital	0.334***	0.356***	0.356***	0.0150**	0.0193***	0.0194***	2
	(0.0964)	(0.0811)	(0.0812)	(0.0076)	(0.0066)	(0.0066)	

续表

	lnVolume			Reputation			显著性项目统计
	(1)	(2)	(3)	(4)	(5)	(6)	
Type1	−0.503*	−0.440*	−0.443*	−0.0784***	−0.104***	−0.103***	2
	(0.299)	(0.252)	(0.252)	(0.0237)	(0.0205)	(0.0205)	
Type2	4.362***	2.923**	2.294**	0.0579	−0.0657	−0.0658	1
	(1.462)	(1.231)	(1.232)	(0.116)	(0.100)	(0.100)	
Type3	0.458	0.477	0.478	0.0181	0.0090	0.0090	x
	(0.426)	(0.358)	(0.359)	(0.0337)	(0.0292)	(0.0292)	
Adress1	1.128***	1.251***	1.248***	0.0560***	0.0687***	0.0691***	2
	(0.268)	(0.226)	(0.226)	(0.0212)	(0.0184)	(0.0184)	
Adress2	0.114	0.213	0.213	0.0331	0.0343	0.0343	x
	(0.369)	(0.333)	(0.333)	(0.0313)	(0.0272)	(0.0272)	
Guarantee	0.128	0.109	0.110	0.00857	0.0105*	0.0104*	x
	(0.0887)	(0.0746)	(0.0747)	(0.0070)	(0.0061)	(0.0061)	
Constant	6.908***	6.477***	6.482***	−0.0823	−0.0493	−0.0498	
	(0.896)	(0.755)	(0.755)	(0.0709)	(0.0615)	(0.0615)	
R−squared		0.253	0.2533		0.805	0.8051	
Pseudo R^2	0.1525			0.6262			
Observations	478	478	478	478	478	478	

注:"***"、"**"、"*"分别表示1%、5%、10%的显著性水平。

声誉对"平台注册资本(lncapital)""平台民营(Type1)"和"平台在东部(Adress1)"的中介效应,可以进一步结合表6-3(4)到(6)列各项变量回归系数C′来检验,可以看出,"期限""平台注册资本"和"平台在东部"是显著的,说明声誉对这三项的中介效应显著;平台民营性质在表6-4中不显著,则声誉对其的完全中介效应显著,即平台民营性质对平台成交量的影响是完全通过平台声誉中介效应来实现的,平台的注册资本和平台是否在东部这些信息对平台成交量的影响部分通过声誉来传导。

声誉是否对"银行系(Type2)"有中介效应,需要进行Sobel检验,以平台CEO学历水平(edu)为工具变量进行Sobel检验,检验结果见表6-5。从表6-5检验结果来看,平台声誉对于"银行系(Type2)"的中介效应不显著。

表6-5　Sobel检验结果

	Type2			
	Coef	Std Err	Z	P>|Z|
sobel	−0.000757	0.00126	−0.603	0.546
Goodman−1(Aroian)	−0.000757	0.00157	−0.483	0.629
Goodman−2	−0.000757	0.00083	−0.908	0.364
a coefficient=	0.00484	0.00428	1.132	0.258
bcoefficient=	−0.156	0.219	−0.713	0.476
Indirect effect=	−0.000757	0.00126	−0.603	0.546
Direct effect=	0.0258	0.0205	1.259	0.208
Total effect=	0.025	0.0205	1.224	0.221
Proportion of total effect that is mediated				−0.03023
Ratio of indirect to direct effect				−0.0293
Ratio of total to direct effect				0.971

从上述分析可知,假设3部分成立,平台声誉对平台基本面信息中的部分变量具有中介效应。声誉起到中介效应的变量分别是网贷平台注册资本(lncapital)、平台民营(Type1)和平台在东部(Adress1);声誉对银行系(Type2)中介效应不显著;而声誉对上市公司系(Type3)、平台资金保障方式(Guarantee)和平台位于西部(Address2)不具有中介效应。

3. 网贷平台声誉滞后期治理作用的检验

为了检验P2P网贷平台声誉是否具有滞后作用,收集了2018年1月1日到2018年6月30日网贷平台除声誉之外的其他数据,声誉值依然是2017年

1月1日到2017年12月30日投资者评价基础上计算的数值。因为这个期间有平台倒闭了,声誉滞后期作用检验的最终样本为364家。

为了检验声誉对网贷平台道德风险的滞后期治理作用,设定如下模型:

$$\ln Volume_t = \gamma_0 + \gamma_1 Reputation_{t-1} + \gamma_2 Interest_t + \gamma_3 Month_t + \varepsilon \quad (6\text{-}10)$$

$$\ln Volume = \delta_0 + \delta_1 Reputation_{t-1} + \sum_{i=2}^{t} \delta_i X \quad (6\text{-}11)$$

模型(6-11)中Reputation$_{t-1}$代表上一期各家平台的声誉值,X代表除了主要解释变量声誉之外的各项解释变量和控制变量。对模型(6-10)和(6-11)进行回归后的结果如表6-6所示。为了避免平台基本面信息对声誉作用的影响,首先控制基本面信息,对模型(6-10)声誉与网贷平台成交量的关系分别进行中位数回归、OLS回归和随机效应OLS回归,得到如表6-6中(1)到(3)列的数据,然后再补充平台基本面信息按照模型(6-11)进行上述三项回归,得到表6-6中(4)到(6)列的结果。

表6-6 声誉滞后治理作用检验的回归结果

	lnVolume			lnVolume		
	(1)	(2)	(3)	(4)	(5)	(6)
Reputation	1.999***	2.480***	2.430***	2.539***	2.339***	2.297***
	(3.15)	(4.54)	(4.46)	(4.34)	(4.63)	(4.56)
Interest	−0.743***	−0.666***	−0.673***	−0.339***	−0.286***	−0.293***
	(−7.12)	(−7.41)	(−7.51)	(−3.22)	(−3.14)	(−3.23)
Month	0.0429	0.00718	0.00948	0.0465	0.0261	0.0283
	(0.99)	(0.19)	(0.26)	(1.17)	(0.76)	(0.83)
lnCapital				−0.342*	−0.633***	−0.635***
				(−1.84)	(−3.93)	(−3.96)
Adress1				−2.184***	−2.447***	−2.457***
				(−4.18)	(−5.42)	(−5.46)
Adress2				−0.942	−1.505**	−1.503**
				(−1.26)	(−2.32)	(−2.33)

续表

	lnVolume			lnVolume		
	（1）	（2）	（3）	（4）	（5）	（6）
Type1				2.816***	2.855***	2.837***
				（4.93）	（5.79）	（5.77）
Type2				−5.287*	−2.405	−2.383
				（−1.88）	（−0.99）	（−0.98）
Type3				0.492	0.514	0.517
				（0.61）	（0.73）	（0.74）
Guarantee				0.0646	0.0128	0.0189
				（0.38）	（0.09）	（0.13）
constant	20.97***	20.90***	20.93***	19.22***	21.71***	21.76***
	（19.63）	（22.72）	（22.82）	（10.73）	（14.02）	（14.11）
N	364	364	364	364	364	364
R^2		0.161			0.320	
Pseudo R^2	0.1088			0.2007		

注：***、**、*分别表示1%、5%、10%的显著性水平。

从表6-6（1）到（3）的各项回归结果来看，声誉对网贷平台成交量具有滞后期的影响，说明网贷平台交易中基于投资者平台的声誉，对网贷平台的行为选择具有滞后的治理作用，不过和表6-3比较发现，声誉滞后期治理效果没有直接的治理效果显著。从表6-6的（4）到（6）可以看出，增加了控制变量之后，网贷平台声誉依然具有显著的滞后治理作用。

（二）进一步的证据和稳健性检验

为了解决上述回归分析中可能的内生性问题，首先，使用工具变量进行两阶段最小二乘回归；其次，以平台资金托管形式（Assign）作为外部事件，考察其对网贷平台成交量的影响；最后，通过更换解释变量和被解释变量的方式进行稳健性检验。

1. 工具变量

为了避免网贷平台声誉与平台成交量的内生性问题,设置如下两个工具变量进行检验。

第一,平台CEO的学历(edu)。Tirole(1996)通过研究发现,代理人的个体声誉会影响所属团队的集体声誉。CEO的声誉对公司整体的发展是至关重要的。作为一项集体声誉,网贷平台的声誉同样受到CEO个体声誉的影响。影响CEO个体声誉的因素有很多,从劳动力市场信息不对称来分析,受教育水平可以很好地传递雇员的能力信息(Spence,1974),成为影响雇员声誉的一项重要因素。基于此,选择各家网贷平台CEO的学历作为平台声誉的替代变量,CEO学历为大学本科及其以下的设置为0,学历为硕士和博士的设置为1。

第二,网贷平台加入互联网金融协会(Join)。2016年成立的中国互联网金融协会规定,近三年没有重大违法违规事件、在电信部门有备案、管理层无不良记录等的平台允许入会。入会的平台需要接受互联网金融协会的自律性监管,从而增强投资者信任。此变量采用虚拟变量,即加入互联网金融协会为1,没有加入互联网金融协会为0。

以Join和edu作为工具变量,建立如下模型:

$$Reputation = \alpha_0 + \alpha_1 Join + \alpha_2 edu + \alpha_3 Interest + \alpha_4 Month + \alpha_5 lnCapital$$
$$+\alpha_6 Adress1 + \alpha_7 Adress2 + \alpha_8 Type1 + \alpha_9 Type2 + \alpha_{10} Type3 +$$
$$\alpha_{11} Guarantee + \varepsilon \tag{6-12}$$

使用OLS估计模型(6-12)之后形成一个拟合值prRep,作为模型组成和工具变量,再以lnVolume为被解释变量进行回归,回归结果如表6-7。

表6-7　两阶段最小二乘回归结果

	1st stage	2nd stage		
	Reputation	lnVolume		
	(1)	(2)	(3)	(4)
edu	0.01750*			
	(0.0129)			

	1st stage	2nd stage		
	Reputation	lnVolume		
	（1）	（2）	（3）	（4）
Join	0.0648***			
	(0.01562)			
prRep		14.34***	17.41***	17.42***
		(3.175)	(2.609)	(2.610)
Interest	0.0624***	−0.936***	−1.110***	−1.111***
	(0.0017)	(0.199)	(0.164)	(0.164)
Month	0.0058***	−0.0065	−0.0357	−0.0354
	(0.0020)	(0.0381)	(0.0313)	(0.0313)
lnCapital	0.0149**	0.0739	0.0195	0.0187
	(0.0066)	(0.113)	(0.0925)	(0.0926)
Type1	−0.0877***	1.064***	1.368***	1.365***
	(0.0205)	(0.441)	(0.362)	(0.363)
Type2	−0.0903	5.370***	4.066***	4.068***
	(0.0985)	(1.448)	(1.190)	(1.190)
Type3	0.0025	0.491	0.321	0.321
	(0.0287)	(0.418)	(0.344)	(0.344)
Adress1	0.058***	0.0872	0.0540	0.0503
	(0.0182)	(0.342)	(0.281)	(0.281)
Adress2	0.0308	−0.591	−0.385	−0.386
	(0.0267)	(0.403)	(0.331)	(0.331)
Guarantee	0.00682	−0.0098	−0.7414	−0.0731
	(0.00603)	(0.0930)	(0.0764)	(0.0765)

续表

	1st stage	2nd stage		
	Reputation	lnVolume		
	（1）	（2）	（3）	（4）
Constant	−0.0322	7.490***	7.335***	7.340***
	（0.0604）	（0.892）	（0.733）	（0.733）
R−squared	0.813		0.318	0.3184
Pseudo R²		0.1896		
Observations	478	478	478	478

注:***、**、*分别表示1%、5%、10%的显著性水平。

从表6-7的回归结果可以看出,在第一阶段的回归中工具变量加入互联网金融协会(Join)和CEO学历(edu)与平台声誉显著正相关,说明这两个工具变量与平台声誉密切相关。第二阶段的三个最小二乘的回归结果显示,第一阶段回归进行拟合之后,得到的prRep与平台成交量是正的显著相关,这个结果与表6-3(4)到(6)列回归结果是相同的,表明使用工具变量控制内生性的问题后,仍然可以得到平台声誉对平台发展具有显著信息效应的结论,支持了本文的核心观点。

2. 平台资金存管形式(Assign)对平台声誉的冲击

使用平台资金存管形式(Assign)作为对网贷平台声誉的外部冲击,考察其对网贷平台成交量的影响。在交易过程中,P2P网络借贷平台的第三方资金托管机制,即投资人需要将资金转入平台提供的托管方账户中,做到资金流和信息流的完全隔离,让P2P平台回归到信息中介本质。此变量采用虚拟变量形式,即参加托管为1,没有参加托管为0。王修华等(2016)利用222家平台的数据以平台总投资人数为解释变量分析投资者选择,得出投资者在P2P投资选择时,很少关注平台的第三方资金存管,也就意味着平台资金存管形式对平台成交量没有直接影响。而平台资金存管形式作为一项重要的监管政策,从制度上规避了平台挪用资金的风险,成为影响平台声誉的重要内容之一。因此，可以用平台资金存管形式作为一项外部事件，解决可能存在的内生性问题。运用平台资金存管形式(Assign)进行回归的结果见表6-8。

从表6-8回归结果可以看出，平台资金存管形式(Assign)与平台的成交量显著正相关，意味着平台增加资金第三方存管，可以提高平台的声誉，进而增加网贷平台的成交量。

表6-8　资金存管形式对成交量的冲击

	lnVolume		
	(1)	(2)	(3)
Assign	1.2343***	1.1901***	1.1918***
	(0.2991)	(0.2315)	(0.2316)
Interest	−0.0428	−0.0230	−0.0229
	(0.0262)	(0.0202)	(0.0202)
Month	0.0526	0.0696***	0.0700***
	(0.0322)	(0.0249)	(0.0249)
lnCapital	0.354***	0.3457***	0.3450***
	(0.1021)	(0.0790)	(0.0791)
Type1	−0.4583	−0.427*	−0.4304*
	(0.3168)	(0.2452)	(0.2452)
Type2	4.7349***	2.6572*	2.6579**
	(1.5501)	(1.2000)	(1.2005)
Type3	0.4919	0.2702	0.2702
	(0.4541)	(0.3513)	(0.3515)
Adress1	1.1957***	1.2218***	1.2183***
	(0.2843)	(0.2200)	(0.2202)
Adress2	−0.3384	0.3099	0.3099
	(0.4150)	(0.3249)	(0.3251)

续表

	lnVolume		
	（1）	（2）	（3）
Guarantee	0.0608	0.0581	0.0592
	（0.0948）	（0.0733）	（0.0734）
Constant	8.362***	7.701***	6.635***
	（0.911）	（0.809）	（0.729）
Observations	478	478	478
R-squared		0.311	

注：***、**、*分别表示1%、5%、10%的显著性水平。

3. 稳健性检验

采用更换变量的方法进行稳健性检验，以平台存续时间代替平台累计成交量进行回归。在声誉信息传递基础上，网贷平台可以通过正面诚信行为提升网贷平台声誉，也可能会由于负面欺瞒行为降低网贷平台声誉，且负面信息对平台声誉的毁坏程度远大于正面信息的影响。网贷平台作为信用交易的信息中介，声誉积累或毁坏直接影响平台的存续时间长短。在验证声誉对平台发展效应时采用平台存续时间作为网贷平台成交量的替代变量，进行稳健性检验，结果如表6-9所示。

表6-9中除了中位数回归不显著之外，OLS回归和随机效应OLS回归均显示声誉与网贷平台存续时间具有正的显著相关性，这表明平台声誉对网贷平台发展的影响是相对稳健的。除此之外，项目的期限、平台上市公司系（Type3）和平台资金保障方式（Guarantee）对平台的存续时间也具有显著相关性。

表6-9　稳健性检验结果

	lnTime		
	（1）	（2）	（3）
Reputation	0.0427	0.2243***	0.2249***
	(0.0724)	(0.0860)	−0.0861
Interest	−0.0043	0.0116	0.0113
	(0.0064)	(0.0076)	(0.0077)
Month	0.0202***	0.0217***	0.0218***
	(0.0047)	(0.0056)	(0.0056)
lnCapital	0.0008	0.0409	0.0405
	(0.0226)	(0.0269)	(0.0269)
Type1	0.0799	0.0601	0.0605
	(0.0718)	(0.0852)	(0.0852)
Type2	0.4160	0.5967	0.5956
	(0.3403)	(0.4039)	(0.4042)
Type3	0.11489	0.2353*	0.2354*
	(0.0985)	(0.1170)	(0.1170)
Adress1	0.0558	0.0448	0.0429
	(0.0639)	(0.0759)	(0.0759)
Adress2	0.0569	0.0345	0.0340
	(0.0916)	(0.1087)	(0.1088)
Guarantee	0.0313	0.0406*	0.0408*
	(0.0204)	(0.0243)	(0.0243)
Constant	3.1280***	2.4192***	2.4268***
	(0.2411)	(0.2860)	(0.2867)
Observations	478	478	478
R-squared		0.087	
Pseudo R^2	0.0439		0.0367

注：***、**、*分别表示1%、5%、10%的显著性水平。

第四节　网贷平台第三方关系治理作用的检验

除了声誉关系治理之外,关系治理还包括第三方机构的关系治理。为了检验我国网络借贷交易中第三方机构的关系治理,我们选择中国互联网金融协会作为第三方机构研究对象。中国互联网金融协会是经党中央、国务院同意,由中国人民银行会同银监会、证监会、保监会等国家有关部委组织建立的国家级互联网金融行业自律组织。通过手工收集数据,对加入中国互联网金融协会和未加入的平台进行对比分析,检验互联网金融协会的治理作用。

一、互联网金融协会的治理作用

为了促进网贷行业良性健康发展,建立一个良好的互联网金融业态,2016年3月25日,经国务院批准,中国互联网金融协会成立,共有395家金融机构加入协会,其中网络借贷平台有104家。

(一)弥补政府制度治理的不足

互联网金融协会作为一种组织,其出现是为了降低交易成本,克服网络借贷交易活动中的"囚徒困境"。根据青木昌彦(2011)的分析,当市场交易范围扩大且交易具有了非人格化特点的时候,必然出现包括协会在内的第三方治理机制。网络借贷作为一种互联网金融交易,借助互联网的手段实现了交易无边界和交易的非人格化,互联网金融协会实施对网络借贷交易的治理成为一种必然。作为介于政府监管部门和网络借贷机构之间的俱乐部组织(包括行业协会),可以弥补政府失灵造成的市场混乱和治理供给的不足(布坎南,2014)。政府监管部门虽然也可以通过制度建构,实施对网络借贷交易的治理作用,但是因为专业性和政策时滞会造成政策的失灵和市场交易的扭曲,互联网金融协会作为专业的协会组织,其专业性和及时性可以克服政府治理失效和不足。

(二)规避信息不透明风险

网络借贷平台作为市场借贷交易的参与者,其行为选择的目的是追求收益最大化,并因此会忽视对社会稳定和金融交易秩序的影响,出现道德风险。作为自律组织,虽然互联网金融协会不具有强制规范的作用,但是可以通过制定行业标准和规范,收集和定期发布行业基本数据,对网贷平台的行为进行统计监测和风险预警,及时向会员和社会公众揭示相关风险。互联网金融协会建立了专门的全国互联网金融登记披露服务平台,提供全国网络借贷平台详细的机构信息、运营信息、资金存管信息和项目信息,避免因网贷平台信息不透明诱发的道德风险。截至2018年10月,全国共有118家网贷平台加入互联网金融协会的登记披露服务平台,对社会公众披露相近的平台信息。

另外,互联网金融协会还为会员单位提供各项培训,引领和推动网络借贷平台认识并参与治理道德风险。比如,互联网金融协会以促进网络借贷机构建立健全内控管理制度、加强业务合规与内部风险控制、引导从业机构依法合规开展业务为目的,于2018年7月开设"网络借贷机构内控管理"培训班,对50余家网络借贷机构的高管和内控负责人进行培训,引导网络借贷机构走向规范管理和有序运营。

(三)加强投资者对网贷平台行为治理

投资者作为网络借贷交易的资金供给方,同时也是道德风险的主要风险承担者。为了提高投资者对网络借贷交易风险的认识,提高投资者风险防范的意识,互联网金融协会通过网站上的"知识百科""专栏文章"和"视频公开课"对投资者开展风险教育。通过对投资者风险教育提升投资者风险防范意识,提升投资者对网络借贷交易平台的风险判断能力,进而引领投资者的行为选择,使投资者在逐步具备基本的风险辨识能力之后,从自身资金安全的角度做出投资行为选择。通过投资者的投资选择,直接影响网贷平台的成交量和收益,进而引导网络借贷平台行为,起到对网贷平台道德风险的治理作用。

二、互联网金融协会治理作用检验

互联网金融协会作为第三方机构,对网络借贷平台道德风险治理作用的机制,与声誉作用机制相同,主要是通过增加违约成本影响平台的成交量和平台人气发挥作用的。

(一)指标的选择和样本设置

在作用检验时,设置的主要被解释变量为平台成交量和平台人气两个指标。

(1)平台成交量(Vol)。平台成交量是指平台在某一段时间内满标并通过复审成功的总金额,根据声誉信息传递效应可知,平台加入中国互联网金融协会可以有效提高平台声誉,进而吸引更多的潜在投资者增加网贷平台的成交量,所以本文选取网贷之家对各个平台的成交量评分作为被解释变量,研究平台加入中国互联网金融协会引起的声誉效应。

(2)平台人气(Pop)。平台人气是指平台在投资者中的认可度及受欢迎的程度,网贷平台加入互联网金融协会,对投资者来说可以增进对平台的认同感和信任度;从声誉的角度出发,可以在一定程度上提高其声誉,进而吸引更多投资者的关注,提升其人气。

通过网贷之家获得相关的网贷平台数据,最终选取的研究样本区间为2016年3月份网贷之家发展指数前100名的P2P平台。经过筛选比对,最终选取18家于2016年3月25日加入中国互联网金融协会且在前后3个月内未加入其他协会的网络借贷平台作为研究的处理组;将数据缺失、不合规的(停业、警方介入等)平台剔除,选取在2015年12月至2016年6月之间均未加入任何协会的26家P2P平台作为对照组。处理组与对照组的平台分布如表6-10所示。数据均手工统计于网贷之家官网。

表6-10　处理组和对照组平台分布情况

	主要的平台
处理组 （共18家）	陆金服、红岭创投、麻袋财富、有利网、翼龙贷、点融、向上金服、广州e贷、链链金融、拍拍贷、积木盒子、新新贷、爱投资、工场微金、邦帮堂、抱财网、德众金融、金宝保
对照组 （共26家）	人人贷、宜人贷、微贷网、小赢网金、团贷网、爱钱进、你我贷、和信贷、民贷天下、友金服、开鑫贷、91旺财、融贝网、金开贷、人人聚财、网利宝、珠宝贷、宜贷网、e路同心、鑫和汇、麦子金服财富、众信金融（京）、短融网、恒信易贷、中瑞财富、汇盈金服

三、互联网金融协会作用的检验

（一）模型的设定

选取处理组网贷平台，令虚拟变量 treated=1；对照组网贷平台，令虚拟变量 treated=0。同时设置时间虚拟变量，令加入协会后的月份 t=1，加入协会前的月份 t=0。将基于DID法检验网贷平台加入协会对其成交量的影响，具体回归模型如下：

$$\text{Vol}_{it} = \beta_0 + \beta_1 \text{treated}_{it} + \beta_2 t_{it} + \beta_3 \text{treated}_{it} \times t_{it} + \beta_4 Vol_{it-1} + \varepsilon \qquad (6\text{-}13)$$

其中 Vol_{it} 衡量网贷平台 i 在第 t 期的成交量，ε 为随机误差项，Vol_{it-1} 衡量的是截止到前一个月各家网贷平台的累积成交量。从（6-13）式中可以看出，对于对照组平台（treated=0），加入协会前后的成交量分别为 β_0 和 $\beta_0 + \beta_2$，因此对照组网贷平台在加入协会前后的成交量差异为 β_2。对于处理组平台（treated=1），加入协会前后的成交量分别为 $\beta_0 + \beta_1$ 和 $\beta_0 + \beta_1 + \beta_2 + \beta_3$，差异为 $\beta_2 + \beta_3$，这一差异不仅包含了加入协会的影响 β_3，还包括时间趋势差异 β_2，因此加入协会对平台成交量的净影响效应为 β_3。从原始方程看，β_3 即为DID估计量，为平台加入协会的声誉效应。

为了检验网贷平台加入协会对其人气的影响，设定的具体模型如下：

$$\text{Pop}_{it} = \gamma_0 + \gamma_1 \text{treated}_{it} + \gamma_2 t_{it} + \gamma_3 \text{treated}_{it} * t_{it} + \gamma_4 Pop_{it-1} + \theta \qquad (6\text{-}14)$$

其中 Pop_{it} 衡量网贷平台 i 在第 t 期的累积人气，Pop_{it-1} 衡量的是网贷平

台 i 在第 $t-1$ 期的累积人气,是截止前一个月各家平台的累积人气,θ 为随机误差项。

(二)实证分析

1. 变动趋势分析

对照组平台和处理组平台进行对比,分别绘制加入协会前后平台成交量及人气的均值变动趋势,如图6-4和图6-5所示:

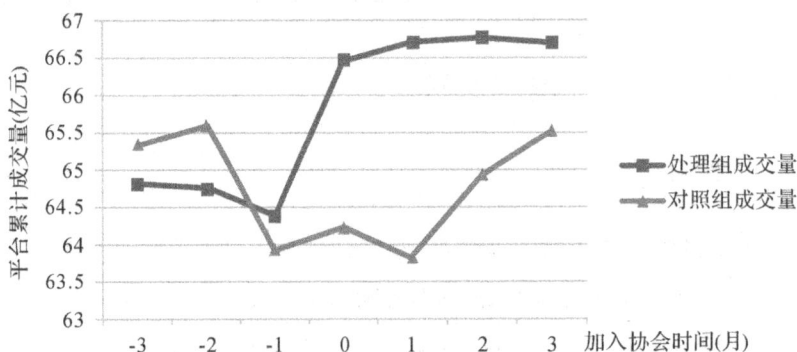

图6-4　成交量均值变动趋势

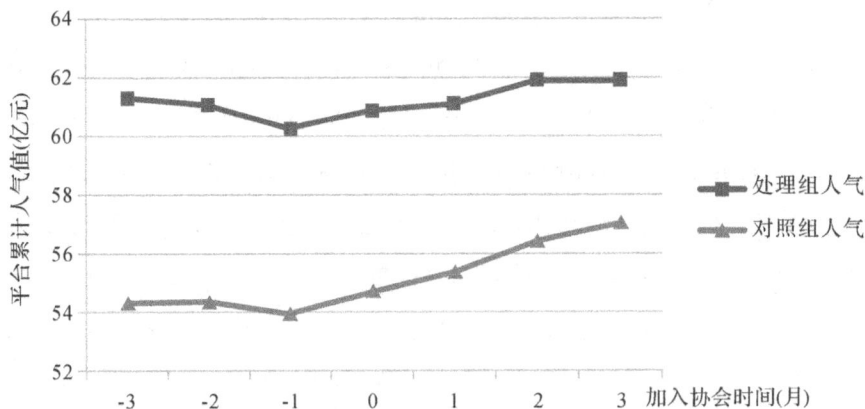

图6-5　平台人气均值变动趋势

从图6-4可以看出,处理组和对照组的网贷平台在 t_{-3} 到 t_{-1} 时期的成交量均呈现一定的下降趋势,在 t_1 到 t_3 时期成交量呈现一定的上升趋势,但 t_{-1} 到 t_0 时期,处理组平台成交量增幅远高于对照组。从图6-5可得,处理组平台人气在加入协会前后的总体变化幅度不大,但在加入协会当期人气出现小幅上涨的趋势。

2. 平均处理效应

采用固定效应估计面板双重差分模型,即通过一阶差分法消除变量的时间变化因素。由于虚拟变量treated具有时间不变性,所以在做DID固定效应分析时,treated会被自动删除,但这并不会对其估计的结果和有效性产生影响。表6-11为固定效应面板DID检验结果:从实证结果可以看出,网贷平台加入中国互联网金融协会对平台成交量和平台人气都有显著的促进作用,主要因为网贷平台加入互联网金融协会对其自身是一种保障机制,可以有效提高其声誉水平,通过声誉信息的传递效应,降低网贷平台与投资者的信息不对称的程度,使得网贷平台在投资者方面的信任度更高,进而有助于提升网贷平台的成交量和人气。同时,表6-11的回归结果显示,上一期的成交量和人气对当期成交量和人气都具有显著的影响。

表6-11　加入协会影响平台成交量及人气的平均处理效应

	平台成交量(Vol)	平台人气(Pop)
t	−0.896	−1.755**
	(−1.11)	(−1.98)
t*treated	2.171**	2.544**
	(2.14)	(2.29)
Vol_{t-1}	0.959***	
	(76.22)	
Pop_{t-1}		0.927***
		(68.51)
constant	2.505***	4.054***
	(2.91)	(4.35)
R^2	0.934	0.915
N	450	450
平台数量	44	44

注:***、**、*分别表示1%、5%、10%的显著性水平。

第五节　信息传递对网贷平台道德风险关系治理的影响

前面两节分别检验了声誉和第三方组织的关系治理作用,在此基础上,进一步检验互联网条件下信息传递作用是否会影响关系治理的作用。分别检验信息传递对声誉治理和第三方治理作用的影响。

一、研究设计

(一)样本选择及数据来源

以2017年11月到2018年10月网贷平台为研究样本,数据主要来源于网贷之家、网贷天眼和各个网贷平台官方网站,根据研究变量和研究目的,选取平台投资者评论条数在200条以上的平台作为主要研究对象,剔除数据异常、变量缺失的样本平台,总共筛选出126家网贷平台。另外,选取了关于信息传递方式的两项指标,分别为互联网渗透率和移动电话用户增速比率,数据来源于工信部网站。

(二)指标构建

1. 平台成交量(Vol)

平台成交量是指平台在某一段时间内满标并通过复审成功的总金额。根据声誉信息传递效应可知,网贷平台声誉的提升可以吸引更多的潜在投资者增加网贷平台的成交量。随着平台成交量的增加,平台所收取的相关费用也会有所增加,在扣除声誉成本之后,声誉溢价变多,因此,选用平台成交量的对数作为网贷平台道德风险治理的衡量指标。该指标是2017年11月—2018年12月各个平台的月度指标,对某些平台成交量缺失的,用该平台在该月的成交额作为替代。

2. 声誉指标(Rep)

主要基于投资者对网贷平台评价得分和第三方评级机构的评分两个角

度衡量平台的声誉。投资者对网贷平台的评分主要是对投资者对网贷平台从提现、站岗、体验、服务四个角度给出的评分进行算术平均得出的,用Score代替;第三方评级机构评分主要为评级机构通过特定算法对各家网贷平台计算得出的发展指数(Dev_Index)。

另外,考虑到声誉对网络平台治理具有滞后效应,因此,在回归分析中对Score和Dev_Index作滞后一期的处理。

3. 控制变量

(1)平台类型:主要有民营系、风投系、上市系、国资系四类。以国资系为基组,设置3个虚拟变量,其中type1表示民营系为1,非民营系为0;type2表示风投系为1,非风投系为0;type3表示上市系为1,非上市系为0。

(2)网贷平台地域分布:根据平台注册地域范围,分为东部和中西部两个地区,设置1个虚拟变量,用address表示,东部地区为1,其他为0。

(3)平台担保方式:平台的主要保障方式有平台提取风险准备金、第三方担保公司担保、借款人资产抵押、平台垫资、小贷公司审贷并承担连带责任等。由于本文样本平台担保方式主要为银行托管,因此以此设置虚拟变量,银行托管为1,其他为0,用Guarantee表示。

(4)借款期限:该指标为平均借款期限,单位为月,用Month表示。

(5)借贷标的平均年利率:该指标为网贷平台上借贷标的的平均年利率,用Interest表示。

(6)信息传递方式:主要包括互联网平台、移动客户端等,因此在分析中主要选取了工信部网站披露的互联网渗透率permeation和移动电话用户增速adgrowth两个指标。

(三)模型建立

为了检验声誉对网贷平台道德风险的治理作用,设定如下模型:

$$Vol = \beta_0 + \beta_1 Score + \sum_{i=1}^{t} \beta_i X \tag{6-15}$$

$$Vol(x) = \alpha_0 + \alpha_1 Dev\_Index + \sum_{i=1}^{t} \alpha_i X \tag{6-16}$$

模型(6-15)和模型(6-16)中的X表示上述控制变量。

(四)描述性统计和相关性分析

1. 描述性统计分析

从表6-12可以看出,126家平台的投资者对平台评价得分最大值和最小值差距较大,第三方给出的发展指数标准差为9.25,无论从投资者还是从第三方评级的角度来看,不同平台之间的声誉存在较大差异。平台的年均收益率为10.3%,最大为16.4%,较高的收益率水平也是网贷平台吸引众多投资者的主要原因。网贷平台的平均借款期限最长为50个月,最短一个月不到,平均为9.8个月,可以看出平台借款期限主要以中短期借款为主。

表6-12 126家P2P平台描述性统计分析结果

变量	样本	均值	标准差	最小值	最大值
Vol	126	19.53546	1.862403	12.34583	24.71732
Score	126	3.465861	1.055867	0	5.726744
Dev_index	126	77.51217	9.257025	60.25	97.07
Intrest	126	10.29515	2.005633	2.31	16.4
Month	126	9.823257	9.217727	0.08	50.08
type1	126	0.4603175	0.4985877	0	1
type2	126	0.1587302	0.3655452	0	1
type3	126	0.2222222	0.4158773	0	1
guarantee	126	0.8730159	0.3330653	0	1
address	126	0.9285714	0.2576246	0	1
adgrowth	126	0.0948417	0.0154264	0.0686	0.113
permeation	126	0.82025	0.0060452	0.811	0.829

2. 变量的相关性分析

对平台成交量和相关变量进行相关性分析,结果如表6-13所示。从表6-13可以看出,投资者对网贷平台的评价得分与平台成交量正相关,第三方评级机构的评分与平台成交量正相关,并且在1%水平下显著。网贷平台的平均年利率与平台成交量之间呈现负向的相关关系,说明吸引投资者对网贷平台投资并不是因为借贷利率的高低。

表6-13　网贷平台成交量与其他变量的相关系数表

	Vol	score	Dev_index	intrest	month	type1	type2	type3	guarantee	address	growth	permeation
vol	1											
score	0.002	1										
Dev_index	0.665***	-0.168***	1									
intrest	-0.108***	0.048	-0.190***	1								
month	0.113***	-0.058*	0.033	0.300***	1							
type1	-0.120***	-0.041	-0.186***	0.065**	0.05	1						
type2	-0.165***	-0.006	-0.199***	-0.04	-0.009	-0.401***	1					
type3	0.172***	0.039	0.136***	-0.086***	0.009	-0.494***	-0.232***	1				
guarantee	-0.003	0.080***	0.174***	0.018	0.049	-0.174***	0.035	0.032	1			
address	0.203***	-0.04	0.135***	0.011	0.121***	-0.053**	0.036	0	-0.013	1		
adgrowth	-0.195***	-0.069***	0.056	0.022	0.043	0	0	0	0	0	1	
permeation	0.177***	0.099***	-0.048	-0.006	-0.01	0	0	0	0	0	-0.582***	1

注：***、**、*分别表示1%、5%、10%的显著性水平。

二、实证检验与结果分析

(一)声誉和第三方机构的治理作用检验

为了避免网络借贷平台基本面信息对投资者和第三方评级机构的影响,实证回归部分控制了基本面信息,即模型中除了解释变量外,只加入了期限(Month)和平均年利率(Interest)两个控制变量,回归结果如表6-14列(1)和列(2)所示。

表6-14　声誉直接治理作用检验回归结果

	Vol		Vol	
	(1)	(2)	(3)	(4)
Score	0.0732*		0.0773**	
	(1.74)		(1.99)	
Dev_index		0.0543***		0.0692***
		(4.86)		(6.26)
Intrest	−0.00515	−0.0154	0.0115	0.00545
	(−0.14)	(−0.43)	(0.35)	(0.16)
Month	−0.00742	−0.00614	−0.00612	−0.00412
	(−0.76)	(−0.69)	(−0.67)	(−0.48)
type1			−0.278	0.475
			(−0.46)	(0.88)
type2			−1.125	−0.409
			(−1.58)	(−0.73)
type3			0.345	0.204
			(0.56)	(0.49)
address			1.764*	−0.157
			(1.96)	(−0.13)

续表

	Vol		Vol	
	（1）	（2）	（3）	（4）
guarantee			0.00749	−1.008
			(0.01)	(−1.60)
permeation			38.60***	14.87**
			(6.64)	(2.37)
adgrowth			−7.207**	−10.85***
			(−2.34)	(−3.36)
constant	19.31***	16.32***	−13.28***	4.777
	(45.04)	(16.97)	(−2.58)	(0.86)
平台数	126	126	126	126
R²	0.009	0.015	0.159	0.109

注：***、**、*分别表示1%、5%、10%的显著性水平。

从表6-14第（1）、（2）列中可以看出，投资者评价和第三方评级机构对P2P网贷平台成交量的影响分别在10%和1%的水平下显著正相关，说明P2P网贷平台交易中投资者和第三方评级机构对网贷平台的行为选择具有一定的治理作用。表6-14利率对成交量的影响并不显著，从一定角度可以看出目前网贷市场上的投资者相对比较理性，不会因为平台的利率高而进行盲目投资。

在补充平台基本面信息按照模型（1）和模型（2）进行回归分析，得到表6-14中（3）、（4）列的结果，其中投资者评价对P2P网贷平台成交量的显著性从10%变为5%，显著性明显增强，说明了在控制相关信息后，投资者评级对网络借贷平台的行为选择具有较强的治理作用。在加入新的控制变量后，互联网渗透率与借贷平台成交量显著正相关，说明互联网技术的推广能够提高网贷平台的透明度，在一定程度上对网贷平台的行为选择具有一定的治理作用，而移动电话用户增速比率与平台成交量显著负相关，初步可以看出信息传递方式的不同对成交量有不同的作用。

(二)信息传递对关系治理作用的影响

如表6-14第(3)列和第(4)列所示,互联网渗透率和移动电话用户增速比率对平台成交量影响不同,互联网渗透率提高会增加平台的成交量,而移动电话用户的增加会降低平台的成交量,不同的信息传递方式对P2P网贷平台的行为选择具有不同的治理作用,那么这种信息传递方式的差异是否会影响声誉对平台成交量的影响呢? 基于此,在模型(1)和模型(2)的基础上,设置了以下扩展模型:

$$Vol = \chi_0 + \chi_1 Score + \chi_2 Score \times adgrowth + \sum_{i=1}^{t} \chi_i X \qquad (6\text{-}17)$$

$$Vol = \gamma_0 + \gamma_1 Score + \gamma_2 Score \times permeation + \sum_{i=1}^{t} \gamma_i X \qquad (6\text{-}18)$$

$$Vol = \phi_0 + \phi_1 Dev\_Index + \phi_2 Dev\_Index \times adgrowth + \sum_{i=1}^{t} \phi_i X \qquad (6\text{-}19)$$

$$Vol = \varphi_0 + \varphi_1 Dev\_Index + \varphi_2 Dev\_Index \times permeation + \sum_{i=1}^{t} \varphi_i X \qquad (6\text{-}20)$$

其中,模型(6-17)和模型(6-18)检验信息传递方式的改变是否会影响投资者评价对平台成交量的作用;与之类似,模型(6-19)和模型(6-20)则检验信息传递方式的改变是否会影响第三方评级对网贷平台成交量的作用。模型(6-17)-(6-20)的回归结果如表6-15所示。

表6-15　信息传递对关系治理作用的回归

变量	Vol		Vol	
	(1)	(2)	(3)	(4)
Score	0.0473	0.0470		
	(1.15)	(1.15)		
Dev_Index			0.0317**	0.0327**
			(2.24)	(2.17)
Score*adgrowth	1.115***			
	(3.07)			

续表

变量	Vol		Vol	
	(1)	(2)	(3)	(4)
Score*permeation		0.144***		
		(3.14)		
Dev_Index*adgrowth			0.438***	
			(3.57)	
Dev_Index*permeation				0.0519***
				(3.10)
Intrest	0.00951	0.00965	0.0224	0.0152
	(0.28)	(0.29)	(0.63)	(0.43)
Month	−0.00466	−0.00479	−0.00303	−0.00277
	(−0.51)	(−0.53)	(−0.37)	(−0.34)
type1	−0.269	−0.268	0.472	0.475
	(−0.46)	(−0.46)	(0.99)	(1.00)
type2	−1.118	−1.120	−0.428	−0.437
	(−1.64)	(−1.63)	(−0.87)	(−0.89)
type3	0.331	0.330	0.145	0.150
	(0.56)	(0.56)	(0.39)	(0.41)
address	1.762**	1.769**	−0.372	−0.308
	(2.04)	(2.04)	(−0.35)	(−0.29)
guarantee	−0.0703	−0.0663	−1.106**	−1.126**
	(−0.10)	(−0.10)	(−1.99)	(−2.04)
adgrowth	−11.98***	−8.058***	−40.39***	−5.767*
	(−3.47)	(−2.59)	(−4.27)	(−1.84)
permeation	36.77***	36.33***	10.68*	6.043
	(6.28)	(6.20)	(1.82)	(0.98)

变量	Vol		Vol	
	（1）	（2）	（3）	（4）
constant	−11.50**	−11.57**	10.86**	11.24**
	（−2.22）	（−2.24）	（2.07）	（2.11）
平台数	126	126	126	126
R^2	0.171	0.172	0.083	0.074

注：***、**、*分别表示1%、5%、10%的显著性水平。

如表6-15第（1）、（2）列所示，一方面，引入信息传递方式与投资者评价的交互项后，投资者评价的系数不显著，但其系数符号为正，说明投资者评价对P2P网贷平台具有正向影响；另一方面，第（1）列和第（2）列的交互项系数依旧在1%水平下显著为正，说明信息传递方式的改变没有影响投资者评价对网贷平台成交量的作用，需要指出的是，移动用户增速与成交量在1%水平下显著负相关，但是表6-15列（1）中其交互项系数在1%水平下正相关，说明投资者的评价对于移动电话用户增长对平台成交量的负向影响具有一定的调节作用。

表6-15第（3）、（4）列中，在引入的信息传递方式与第三方评级机构的发展指数的交互项后，第三方机构评级对平台成交量依旧显著为正，进一步验证了模型（2）的结论，说明第三方机构评级对于投资者选择平台投资具有重要作用。发展指数与互联网渗透率和移动电话用户增长的交互项系数在1%水平下显著为正，也进一步说明第三方评级对P2P网贷平台的成交量不会随着信息传递方式的改变而改变。

第六节　本章小结

本章运用博弈方法分析声誉治理的作用机制和作用途径，借助P2P网贷交易市场中的投资者评价系统,以成交量为观测基础,对478家网贷平台交易中声誉治理作用进行了检验。检验结果如下:(1)网贷交易中声誉和第三方机构可以发挥直接的治理作用,通过直接影响网贷平台的成交量,起到对网贷平台行为选择的约束作用;(2)声誉可以通过对网贷平台部分基本面信息的中介效应,发挥对网贷平台的治理作用,网贷平台声誉对网贷平台民营性质具备完全的中介效应,对平台的注册资本和平台所在地的中介效应显著;(3)网贷平台的某些行为选择,比如加入互联网金融协会、增加平台资金的保障方式和资金存管,能够通过影响网贷平台声誉的信息效应起到对网贷平台的治理作用;(4)声誉和第三方机构的治理作用不会受到网络信息传递方式的影响,依然可以对网贷交易发挥治理作用。

　　上述研究结果的现实意义在于,为治理网络借贷交易风险提供政策参考。我国网贷平台交易迅猛发展伴随着的大量平台跑路和由此对投资者带来的损害,比如2018年6月1日至7月12日,全国共有108家P2P平台爆雷,7万亿资产、上千万投资者的血本无法收回,这已经将单纯的金融问题转化为一个社会问题。通过本文的研究发现,在监管和法律等正式治理制度逐步完善的过程中,解决这样的金融和社会问题,可以借助于声誉这一非正式治理制度,通过扩大声誉的影响力起到对P2P网络借贷平台的约束和治理作用。从政策建议的角度来看,首先完善和强化监管制度,为声誉治理提供制度环境的保障。金融监管部门加大对网贷平台行为的监管处罚和信息披露制度,为声誉制度作用的发挥提供制度性威胁。因为具有强制性的正式监管制度的实施和完善,可以为非正式制度声誉作用的发挥提供最后的制度性威慑,避免非强制性对声誉治理作用的影响。其次,发挥互联网协会第三方中介执行的作用,为平台声誉治理提供可置信承诺。借鉴淘宝商盟制度,互联网协会以其集体声誉向投资者抵押,同时增加对违规平台的惩处,为平台声誉治理作用的发挥提供可置信承诺。互联网金融协会还可以考虑开展以声誉评比为主的各项自律活动,帮助网贷交易平台逐步树立以声誉谋求发展的理念。

————— 第七章 —————
网贷交易治理方式的选择与相关政策建议

网络借贷行业作为一种新型的网络金融组织,不同于传统借贷机构,需要在协同理念的基础上建立全新的治理逻辑和治理机制。本研究在总结网络借贷交易关系治理机制和治理作用的基础上,进一步从推进我国网络借贷交易有效治理和促进网络借贷行业有序健康发展的角度,提出我国网络借贷交易治理选择和关系治理的具体政策建议。

第一节　项目研究结论

首先通过与传统借贷组织的比较,对网络借贷的独特性以及信息传递的特殊性带来的网络借贷特殊风险特质进行理论分析;然后从网贷交易参与者的角度分析各类风险的成因与一般表现;最后对我国网络借贷交易中突出的借款人风险和网贷平台风险进行关系治理作用和机制的检验。理论分析和实证检验得出如下的研究结论。

(一)网贷交易信息传递与风险特征为关系治理提供了条件

与传统借贷交易比较可以看出,网络借贷交易的贷前信息流和资金流分离,资金直接在借贷双方之间完成转移,有关借款人的信息和平台的信息是通过平台对外公布的,这个过程中由于平台不分担借贷资金损失的风险,因此仅仅是一个信息传递中介,不具备从借款人信用行为能力角度对借款人筛选的机制,从而造成网络借贷交易中信息双重不透明,即投资者既要对借款人信息也要对平台信息的可靠性进行评估。网络借贷结束之后,有关借贷交易的效率、安全性、借款人信用行为状况、平台的诚信与服务等方面,投资者可以做出评价,而且这种评价借助于网络成为一种公共信息,影响着潜在投资者的选择。

因此,网络借贷发生之前的信息透明度和网络借贷交易之后的评价信息共享,都为以投资者为主体的关系治理提供了条件。投资者可以通过网络将私有信息共享,第三方组织可以借助于公开的信息对网络借贷交易进行评价和评级,影响未来借款人借贷资金的获取和平台交易量的增长,达到对借款人和平台行为的约束和治理。

(二)我国网贷交易风险更多地表现为借款人信用风险和平台道德风险

从网络借贷交易一般风险表现入手,分别对投资者、借款人和网络借贷平台的风险表现进行分析,可以看出网络借贷交易中存在着投资者"羊群效应"带来的投资者风险、借款人信贷违约风险和网络借贷平台的道德风险。结合我国网络借贷的现实状况,并运用我国网络借贷交易的实际数据对三种风险表现进行分析,发现我国网络借贷交易中的投资者表现为理性的"羊群行为",即投资者的"羊群行为"不会引发网络借贷交易的风险;借款人的违约风险和网络借贷平台的道德风险,是我国网络借贷交易中两种最典型的风险表现。

这两种典型的风险表现在我国集中出现的最主要原因是,我国的网络借贷交易缺乏基本的治理体制,包括监管制度治理和关系治理。在信息双重不透明的影响下,网络借贷交易的欺骗和欺诈等机会主义行为形成了预期,阻碍了潜在有价值的投资行为,破坏了网贷交易市场互惠互利交易合约的达成,并对市场产生了强大的负向激励。因此,网络借贷行业的发展需要建立基本的治理体制,防止对私人有利、对社会有害的行为发生,并为借贷投资提供正向激励。

(三)声誉对借款人融资行为具有治理作用

通过建立网络借贷交易博弈模型,分析借款人和投资者在不同声誉水平下的博弈选择,并以人人贷平台为例,分析借款人声誉对借款人融资行为的治理作用。分析结果显示,网络借贷交易中借款人声誉水平与其融资成功率呈正相关关系,与融资成本呈负相关关系。由此证明在信息不对称的网络借贷交易市场上,借款人声誉具有一定的治理作用,可以起到对借款人融资行为的制约作用。这种治理作用主要通过声誉信号传递作用影响投资者在网络借贷市场的投资选择,进而影响借款人融资成功率和融资成本的实现,具体表现为声誉高的借款人可以以更低的成本、更高概率地获取资金;而声誉水平低的借款人融资成功的概率较低,融资成本更高。

(四)声誉和第三方组织对网贷平台道德风险发挥了治理作用

运用博弈方法分析关系治理的作用机制和作用途径,借助P2P网贷交易市场中的投资者评价系统,以成交量为观测基础,对网贷平台交易中关系治理作用进行了检验。检验结果如下:(1)网贷交易中声誉和第三方组织(包括网贷之家这样的评级机构和互联网金融协会这样的自律组织)可以发挥直接的治理作用,通过直接影响网贷平台的成交量,起到对网贷平台行为选择的治理作用;(2)声誉可以通过对网贷平台部分基本面信息的中介效应,发挥对网贷平台的治理作用,网贷平台声誉对网贷平台民营性质具备完全的中介效应,对平台的注册资本和平台在东部的中介效应显著;(3)声誉和第三方组织的治理作用不会受到网络信息传递方式的影响,依然可以对网贷交易发挥治理作用。

第二节　我国网络借贷治理选择：关系治理基础上的协同治理

我国网络借贷的协同治理，主要是指关系治理和监管制度治理协同实施对网络借贷交易的治理。其中监管制度治理为关系治理提供最后的可置信威胁；关系治理作为市场化自发治理手段，补充和完善监管制度治理。

一、网络借贷交易协同治理的内涵

对于什么是协同治理，联合国全球治理委员会给出了明确的定义："协同治理是个人、各种公共或私人机构管理其共同事务的诸多方式的总和。它是使相互冲突的不同利益主体得以调和并且采取联合行动的持续的过程。其中既包括具有法律约束力的正式制度和规则，也包括各种促成协商与和解的非正式的制度安排。"

根据协同治理的这个定义，我们提出网络借贷交易协同治理的概念。网络借贷协同治理是指网贷交易参与主体、网贷交易第三方机构和网贷交易监管机构等对网络借贷交易实施的综合性治理，既包括代表政府实施管理的监管机构的制度和规则治理，也包括以参与者声誉和第三方组织为主体的非强制性关系治理。

二、网络借贷交易协同治理的原因

之所以提出网络借贷交易的协同治理，主要有两方面原因：一是监管制度治理的内在问题阻碍了制度监管治理的效果；二是非强制性的关系治理作用的发挥需要监管制度的庇护。

（一）监管治理失灵

一元单向监管治理存在"一放就乱，一管就死"等由于监管制度失灵带来的问题。我国金融交易活动长期以来主要依赖金融监管机构的监管制度治理,这种治理因其强制性的特点使得治理效果立竿见影,实施效率很高,但是往往会出现矫枉过正的问题。当然,这并不是我国特有的现象,而是监管制度作为一种制度治理所无法回避的问题。因为制度治理中制度制定者对网络借贷问题认识的有限性,或者政策制定中出现的时滞,都会导致制度治理的失灵。从我国网络借贷监管制度的建构来看,监管制度的滞后是影响监管效果的主要原因。因此,单一依赖政府监管制度治理很难实现对网络借贷交易的有序治理,需要综合政府监管和市场关系治理的力量,以协同多元主体共同参与实现协同治理。

(二)关系治理的非强制性

关系治理作为一种不具有强制性的非正式治理制度,其作用效果的发挥有赖于正式制度的庇护。正如前面第三章的分析,相较于监管制度治理,关系治理具有明显的成本优势,成为微观经济交易活动中经常使用的一种治理方式,但是,关系治理实施过程中最后的置信威胁来自法律等正式制度。可以说,法律等正式治理制度的存在为关系治理提供了庇护,关系治理在法律等正式治理制度的庇护下为微观交易提供基本的交易秩序。

从我国网络借贷的实践来看,由于缺乏强制性的法律和监管制度,网络借贷中出现了在网络匿名空间中忽视甚至无视声誉的行为,很多出现问题的网贷平台在利益的驱动下漠视声誉问题恶意欺骗投资者,这种现象的根本原因在于,对于这种欺诈行为缺乏来自制度的惩戒。同时,互联网金融协会作为第三方自律组织,其对网贷平台惩戒的权威性和强制性不足,限制了互联网金融协会的作用,这使得仅仅依赖关系治理难以解决网络借贷中的违规和风险行为。因此,从关系治理和监管制度治理互补关系的角度来看,只有两种治理方式协同治理,才能在成本节约和实施效果两方面实现最终的治理目标。

(三)协同治理有助于缓解监管干预与市场创新的矛盾

网络借贷作为一种全新的互联网金融机构和组织形式,体现了金融机构和金融市场不断创新的市场行为和创新能力。但目前我国网络借贷行业出现了一些违规和欺诈的行为,使网络借贷投资者面临巨大的投资风险,甚至导致网络借贷行业整体的下滑和市场秩序的混乱,需要金融监管机构迅速对这种行为进行干预和治理,维护网络借贷行业的良好市场秩序。

监管机构在维护市场秩序时遇到的最棘手的问题就是如何处理好强化监管与市场创新的关系,避免监管过度抑制了市场创新。协同治理有助于缓解监管和市场创新之间的矛盾。协同治理兼有监管治理和关系治理两种机制,可以在监管维护市场秩序和制定基本制度与规则的前提下,充分利用市场多方参与者的治理能力,发挥关系治理作用防止过度监管。在尊重市场参与者的自主交易权和市场机制资源配置作用的基础上,达到金融创新与金融监管的适度平衡,网络借贷行业市场创新活动和政府监管之间的动态博弈和良性循环。

三、利用关系治理的信息优势,推进网络借贷协同治理

与监管的制度治理相比较,关系治理除了具备比较成本优势之外,更重要的是还具备信息优势,可以在网络信息传递的基础上提供效率更高的治理方式。因此,可以利用关系治理的信息优势,实现协同治理。

(一)建立信息披露的协同机制

网络借贷交易是陌生人之间基于网络平台信息的一种信用借贷过程,存在着巨大的利用信息不对称进行机会主义行为选择的可能性,因此建立信息披露机制成为网络借贷交易顺利开展的基本条件之一。信息披露的协同机制是监管治理的强制性信息披露和关系治理的自愿信息披露的协同。

1. 信息披露协同机制建立的原因

关系治理和监管治理基础上的协同信息披露机制,首先可以避免信息披露中由于监管强制披露对市场自发信息披露的替代和挤占,确保信息披露的持续性和真实可靠性。出于机会主义利益的考虑,网络借贷参与者尤其是网贷平台可能会通过欺骗和造假等手段,应对监管强制信息披露要求,造成强制性信息披露的不真实,从而使得强制性信息披露因无法为投资者决策提供依据,而失去信息的价值和投资者持续的信任。因此,需要辅以关

系治理基础上的基于网贷平台自发的信息披露。其次,信息披露的协同机制有助于协调投资者保护和信息安全的矛盾。网络借贷交易信息披露的目的是降低信息披露的机会主义行为,为投资者融资决策提供依据。但是,由于网络的公开性和信息传递的无边界特点,使得信息披露程度很难把握,容易造成借款人和投资者隐私信息的泄露问题。信息披露的协同机制可以在强制性信息披露以投资者保护为核心的出发点上,设置披露的具体信息要求和内容;其他无关乎投资者保护核心利益的信息,可以交由网络借贷平台进行自愿信息披露,解决投资者保护和隐私保护之间的矛盾。

2. 信息披露协同的具体方式

信息披露的协同机制是在监管制度治理和关系治理协同的基础上,结合监管治理的强制性和关系治理的市场性特征,建立监管强制性信息披露和市场自愿信息披露相结合的机制。对于网络借贷交易中一些基本的监管数据,建立强制信息披露制度,要求网络借贷平台无条件披露,比如网贷平台的基本运营信息、网贷平台的风险保障机制、借款人的信用特征信息和借贷项目的风险提示。这些信息的强制性披露有助于保护投资者基本利益。在此基础上,网贷平台结合平台项目的特点和投资者的需求,应该在自愿的原则上,真实公正地披露与投资者利益保护相关的信息,比如借款人借款次数、借款成功率等信息。

(二)建立信息共享的协同机制

信息共享机制是指在关系治理主体和监管治理主体之间建立信息共享。投资者、互联网金融协会和第三方评价组织是关系治理的主体,其中投资者既是网络借贷交易的参与者,也是网络借贷交易关系治理的主体,投资者交易后的评价可以直接地反映出网络借贷平台的问题,可以对网贷平台的行为产生直接的影响。而互联网金融协会和第三方评价组织,通过网络的大数据积累了大量网贷平台的运营信息。来自投资者和第三方组织的信息,虽然存在一定的信息噪声,但是这些数据时效性、专业性强,可以对市场产生直接的影响。这些来自投资者和不同机构的数据信息相对比较分散,需要监管治理主体牵头,实现多主体信息共享,形成综合数据信息在监管治理主体和关系治理主体之间的传输途径,一方面有助于提高监管治理制度设置的准确性和时效性,另一方面降低多主体之间信息割裂或者减少信息重复收集的成本。

(三)建立信用评级的协同机制

本项目的分析结论显示,投资者对网贷交易的评价和第三方组织对网贷平台的评级,可以起到关系治理的作用,尤其是对网贷平台的道德风险起到治理作用。但是目前我国网络借贷中的第三方机构的评级缺乏统一的标准,评级结果很难比较,无法向市场潜在投资者提供决策参考,也影响了治理效果。因此,网络借贷行业评级制度的构建,需要关系治理主体和监管治理主体协同完成。

信用评级的协同机制首先表现为,政府作为监管治理主体牵头建立行业统一的评级标准,并协调目前的第三方评级机构和组织,逐步过渡到统一的评级标准范围内。这样一方面统一的评级结果可以为市场潜在投资者提供参考,另一方面政府监管部门牵头制定的评级标准更具公信力。其次,目前开展网络借贷评级的第三方组织和机构,积极参与评级标准的制定。第三方组织和机构能够及时了解网络借贷行业的实际状况和切实需求,可以为政府监管部门评级标准的制定提供参考和建议。

第三节　提升网络借贷关系治理的政策建议

本项目理论分析和实证检验结果表明,基于投资者评价的声誉和以互联网金融协会代表的第三方组织,是网贷交易的主要关系治理方式,对我国网络借贷交易中借款人信用风险和网贷平台道德风险,具有治理作用。由于关系治理缺乏强制性和公信力,因此,为了发挥和充分利用网络借贷交易关系治理作用,还需要建立并完善相应的关系治理制度环境、市场环境和社会环境。

一、完善网贷监管和法律制度，为关系治理提供置信威胁

完善的制度环境可以为关系治理作用的发挥提供最后的强制性置信威胁，对第三方组织的治理作用提供社会公信力支持。建立完善的制度环境可以充分利用关系治理在仲裁过程中的成本优势，维护网络借贷行业良好的交易秩序。

（一）完善网贷交易的监管制度

1. 建立合理的网贷市场退出制度：摒弃"一刀切式"监管

从2014年开始，我国先后对网络借贷行业颁布了多项监管措施。2017年2月和8月先后下发了《网络借贷资金存管业务指引》和《网络借贷信息中介机构业务活动信息披露指引》。2017年12月8日出台的《关于做好P2P网络借贷风险专项整治整改验收工作的通知》，明确了具体的整改和备案时间表。这些指引和监管措施的出台标志着网贷行业银行存管、备案、信息披露三大主要合规政策建构完成，与2016年8月24日发布的《网络借贷信息中介机构业务活动管理暂行办法》共同组成网贷行业"1+3"制度体系。针对2017年底开始出现的大规模网贷机构停业或"跑路"问题，各省市先后出台了监管办法的实施细则，比如北京、上海、广东、浙江和山东等。2019年11月，互联网金融风险专项整治工作领导小组和网络借贷风险专项整治工作领导小组联合发布了《关于网络借贷信息中介机构转型为小额贷款公司试点的指导意见》，提出网络借贷机构转型为小额贷款公司的监管细则。

网络借贷行业监管制度的核心作用是通过监管制裁、防范潜在系统金融风险。监管制裁制度是指针对机构违规行为设立的纠正性监管手段（刘晓勇，2012），即对未遵循监管规则的网络借贷平台，采取实质性的影响其成本与效益（杨再平，2015）的制裁措施。监管制裁给网贷平台带来的成本主要表现为违规成本和声誉损失（Köster et al.，2017），前者包括监管制裁金额、法律诉讼费用（Nadine Gatzert，2015）和诉讼增加的机会成本（Griffin et al.，2004）等；声誉损失则是由于监管制裁带来的声誉价值贬损（Nadine Gatzert，2015）。由此可见，监管制裁制度的建构不仅带来直接

的治理作用,也为声誉关系治理带来强制性威胁。

在2019年转型指导意见出台之前,从2018年末开始我国P2P网络借贷就已经出现了部分的市场退出,部分省市互联网金融协会颁布了市场退出制度,比如深圳市、浙江省(含杭州市)、北京市、广州市、上海市等。但是,目前这些网贷行业退出规定,仅仅是结合2018年大量网贷平台倒闭出台的,关于P2P网贷平台单方面退出公告、退出过程、转型和资产处置不透明等进行的补充和修正。从政府监管制度建构的角度来看,目前还缺乏如何确保具备风险管控能力的网贷平台顺利转型,或者如何设置P2P网贷平台维持经营的基本门槛和监管要求的相关经验,而不是在监管实践中仅仅简单地"一刀切式"地清退。"我们现在有重大金融风险的领域,是未来金融创新的根源。司法介入P2P之类金融问题应慎重"(李扬,2020)①。因此还需要完善和改进我国网贷市场机构市场退出制度,清晰界定具体的市场退出标准、退出机制和退出流程,而不是"一刀切式"地清退。

当然从风险管控的角度来看,需要针对网络借贷平台设置强制性退市制度,对严重违规的网络借贷平台进行强制性退市。这种强制性退市制度一方面可以保护投资者利益和维护金融秩序稳定,另一方面也为网贷平台敲响警钟,提醒网贷平台遵守基本的制度约束,起到制度治理和关系治理惩治威胁的作用。

2. 强化网贷平台信息披露和资金安全的运营监管

通过分析和检验我们得出结论,网贷平台的道德风险是我国网贷交易风险的最主要原因。因此,监管制度设置的一个重要目的是从运营的层面防范P2P网贷平台的道德风险。监管制度对P2P网贷平台运营管理主要包括两个方面,一是设置强制性的P2P网贷平台信息披露制度。披露的信息包括两个方面。一方面,P2P网贷平台作为介于借款人和投资者之间的信息中介,其首要的功能是对借款人的信息进行尽职的调查,因此,设置监管制度要求P2P平台全面向投资者公开关于借款人的真实信息。比如投资者贷

---

① 沙雪良. 李扬代表:司法介入P2P之类金融问题应慎重[DB/OL]. (2020-01-16). http://www.sohu.com/a/367230882_114988.

款投资可能的风险及平台运作流程、贷款的详细条款、借款人信用报告、借款目的、借款项目的雇佣状况及收入情况等有助于投资者对借款人信用状况进行评价的信息，全面真实地予以披露。另一方面设置强制性监管制度，要求P2P平台披露自己的各方面信息，包括详尽的经营业绩、风险管控模式、投资方信息、资金流向信息、标的项目管理的信息等，增加网贷平台信息的透明度。如果P2P网贷平台不能按照监管制度的要求，进行全面和真实地披露上述两方面信息，网贷平台就必须接受监管部门的制裁。

二是强制性的制度设置确保P2P平台资金安全。这可能会涉及两方面的内容。一方面就是网贷平台上对外公布的标的项目，其真实性需要经过一定的监管审核，防止网贷平台为了获取短期收益而进行的各类机会主义行为，比如自融和套贷等。另一方面对资金流向进行监管，采用金融机构托管等多种方式监控平台标的项目对资金的使用，避免资金套用或者被挪作他用等机会主义行为。

3. 加强P2P网贷交易参与者权益保护

P2P网贷交易参与者的权益保护，主要是信息知情权和投资者保护机制。无论是参与网贷交易的借款人、投资者还是网贷平台，对网贷行业整体风险状况、各家平台的风险级别等信息都有知情权。从监管机构的角度来看，有必要在同一监管标准的基础上，进行风险预警级别的设置。通过预警级别，网贷交易的参与者可以清晰和准确地了解和判断网贷行业或某家网贷平台的发展状况。另外，从监管制度建设的角度来看，还需要建立合理的投资者投诉处置机制。虽然投资者基于网贷交易实际操作，对各家网贷平台可以进行事后的评价，这种声誉评价可以起到对网贷平台行为的声誉治理作用。但是正如我们前面的分析所示，声誉治理作用是在强制性制度措施的基础上发挥作用的。如果没有基于投诉信息的记录及反馈机制、严密高效的投诉处置机制和严格的责任追究制度，以保证消费者的投诉得到及时有效的处理，那么不仅难以及时保护投资者权益，使得投资者和网贷市场潜在参与主体对市场发展失去信心，而且强制性追责制度也无法起到对声誉治理提供最后置信威胁的作用。

(二)完善法律制度

1. 建立网贷行业治理的法律制度

目前我国网络借贷行业的法律依据主要有合同法、担保法、电子签名法和网络安全法,但是这些法律没有能够结合网络借贷的具体业务特点,制定针对网贷交易的法律规制条例,这是目前针对重大违规的P2P网贷平台难以实施合理处罚和制裁的一个主要原因。因此,从P2P网络借贷关系治理的法律威胁角度出发,有必要结合网络借贷具体行业特征和业务特点,制定针对网络借贷行业具体的法律或相应的法规,明确网络借贷平台应当承担的民事责任、行政责任和刑事责任。以这样的基本法规为依据,警示网络借贷平台合法经营,并承担起应有的信息披露责任。

2. 强化网贷行业法律治理的执行机制

在网贷交易协同治理中,法律治理作为最具强制力的治理方式,为关系治理提供最后的置信威胁。法律治理的最基本特征要求在完善法律制度背景下严格执行法治机制,合理公正地运用法律制度,对违法和违规行为进行及时准确的强制性惩戒。让具备法律承担能力的法人主体——网贷交易参与者,在承担应有的法律责任的环境中,进行合理的网贷交易。否则虽然建立了相应的法律制度,但是缺乏强有力的公正执行机制,那么法律制度作为各项关系治理机制的最后惩戒的置信威胁就会失去作用,不仅损害国家法制的权威性,也会令整个社会弥漫着机会主义行为的不良社会生态气息。我国网贷行业出现的乱象,比如平台非法集资、非法吸收公众存款、套路贷、自融、恶意夸大收益的宣传等非法行为频发,从一个侧面反映我国网贷行业执法机制的缺乏。因此,在推进网贷行业协同治理的过程中,为关系治理提供最后的惩戒置信威胁,必须强化网贷行业法律制度的执行机制。

二、改善关系治理的市场环境

关系治理的市场环境主要是指,确保关系治理信息优势作用得以发挥的市场环境,包括第三方组织信息、网络借款人的信息和投资者评价信息的共享。市场环境中充分的信息共享机制,不仅可以为投资者和监管部门提供可靠及时的信息,更可以为关系治理惩戒作用的发挥提供基本的信息支持。

(一)提升互联网金融协会的公信力和违规处置能力

1. 提升互联网金融协会的公信力

互联网金融协会作为网络借贷的行业协会,通过征集和传递真实可靠的信息,在网络借贷交易关系治理中发挥重要的作用。但是由于互联网金融协会自律组织的性质,使其在数据征集和对外信息公布过程中缺乏公信力和市场影响力,进一步导致网贷平台加入该协会的积极性不高。根据互联网金融协会网站数据显示,截至2017年11月15日,加入中国互联网金融协会的网贷平台共479家,仅占全部运营平台的28.2%。因此,从进一步发挥互联网金融协会关系治理作用的角度出发,需要增强协会的市场影响力和公信力。在行业标准和行业技术规范制定的过程中,加强与政府监管部门的合作。作为自律组织,虽然有会员强有力的技术支持,但还需要依赖政府监管部门的技术力量和人才优势进行技术指导和统一协调,同时依赖政府部门提供相关的数据支持,以确保行业标准的准确性和公信力。

2. 增强网贷平台信息报送和公示机制

虽然银监会指定中国互联网金融协会为网贷交易信息交流中心,但是由于各地方都有当地的互联网协会,因此信息的协调和共享机制,尤其是网贷平台信息在全国范围内的共享机制还不完善。截至2019年10月15日,只有100余家网贷会员机构向全国互联网金融协会报送了网贷交易的明细数据。信息数据的不共享,阻碍了互联网金融协会作为一个第三方治理主体作用的发挥。因此,各地方的互联网金融协会应逐步在确认地位的基础上,与全国互联网金融协会协商信息的报送流程和机制,形成网贷行业问题报告、信息共享的机制。通过互联网金融协会定期举行的针对网贷平台各类各级人员的培训,加强网贷平台之间的沟通和交流,并逐步建立协会会员之间内部信息共享机制,形成会员单位之间的共享和监督。

互联网金融协会在平台准入细则、平台退出登记、资金隔离、信息披露等方面设定全国统一的管理规则,维护网贷行业正常运营必要的自律水平。

对于网贷交易平台的违规行为,需要借助于多元化媒体手段进行违规信息多元化的沟通和交流。通过定期对外公布平台信息和平台研究报告等数据,借助于各类新媒体的力量,扩大对失信平台信息的传播范围和市场影响力,提升中国互联网金融协会关系治理的作用。

3. 加强互联网金融协会的惩戒机制

互联网金融协会作为我国网贷交易的第三方治理机构,除了通过自律机制对网贷交易平台的自律提出各项规定和管理措施,还需要建立和加强对违规和失信网贷平台的惩戒机制,包括暂停或取消互联网协会的会员资格、增加下一期会员会费等方式。目前,我国互联网金融协会在这方面的措施和机制还不完善。截至2020年1月底,中国互联网金融协会网站上信息显示,中国互联网金融协会自成立以来仅进行了一次违规惩戒(2019年3月)。与我国网贷平台大量违规和失信比较起来,这样的惩戒措施和频率是远远不够的,完全不能发挥互联网金融协会作为专业性协会的治理作用。

因此,从互联网金融协会的功能和治理作用的角度出发,需要制定细致的失信和违规网贷平台惩戒规则,并严格执行必要的惩戒措施和惩戒信息的披露。具体的惩戒规则可以以网贷交易平台的资金管控、信息披露、风险应对措施等方面信息为基础,制定惩戒的具体指标和措施等。这些层面的惩戒规则和惩戒措施有助于互联网金融协会治理作用的发挥,同时也为金融监管部门制定强制性监管措施提供前期的信息和经验支持。

(二)提升网贷平台声誉评价的市场价值

1. 建立统一的基于投资者评价的声誉评价体系

我国投资者网贷交易评价系统于2016年8月在各个第三方平台陆续展开,比如网贷天眼等,主要是投资者在网贷交易完成之后对平台服务、平台投资收益、资金的安全性和提现速度等方面进行评价。目前网贷投资者评价的信息仅集中在各个网贷平台,缺乏类似股票交易市场集中性、社区类的投资者评价网站,比如上证e互动和深交所互动易等股票市场投资者交流的平台。这使得网贷交易投资者评价信息的传播范围相对有限,投资者之间对跨平台信息的共享不足,导致投资者评价信息还不具备足够的市场价值,尤其是市场信息价值和对平台治理价值难以体现。

对此,需要监管部门和行业协会,引导网贷交易的投资者逐步建立信息互动的社区和网贷信息平台,在投资者之间逐渐形成一种"类熟人"信息机制,将网络交易中相互陌生的投资者关系,逐步转变为借助于网络的投资者熟人关系,从而在这样的熟人社区中进行信息交换和互通,实现和提升投资者评级信息的市场价值。另外,协会和监管部门也可以定期关注和公布投资者评价信息,提升投资者信息的市场影响力。

2. 建立权威的网贷行业信用评级标准和与之相应的声誉体系

无论是基于投资者的网贷平台评价,还是第三方比如网贷之家等机构对网贷平台的评价,目前在我国还没有建立统一的、适用于所有网贷平台,并被网贷交易参与人认可的评价标准。缺乏统一和权威的行业信用评价标准,各家平台的评级方法各不相同导致评级结果不可比,评级结果不具备统一信息流转的基础。信息流转和传播受到限制,阻碍了网贷行业声誉治理作用的发挥。

因此,需要从全国统一的评级标准出发,由国家监管部门或者由中国互联网金融协会牵头成立权威的覆盖全国的统一的网贷平台评级标准,运用大数据和区块链技术建立网贷平台管理数据库,连接各家网贷平台,或者借助于现有的各省银保监会的体系,引入各家网贷平台运营和管理相关的数据,运用统一的标准定期对网贷平台运营和风控状况进行评级。评级的结果可以在银监会的平台上查询,也可以在各家平台的首页进行展示,方便网贷交易市场参与者查询。随着这个权威评级结果逐步统计、公开和展示,确立网贷交易平台权威性、可信性的声誉体系,为网贷平台声誉治理作用的发挥提供基础。

(三)利用科技化手段,建立统一共享的征信体系

网络借贷交易和传统借贷不同,缺少贷前中介机构的信息筛选环节,需要投资者自己根据借款人信用信息进行投资决策和选择,因此,相较于传统借贷,网络借贷对借款人资信信息的依赖度更大。但是,目前我国缺乏针对个人的全国统一的征信系统,关于个人或小企业主的资信信息分散在不同

的政府部门、不同的事业单位或电商的数据库中,造成数据割裂或数据孤岛问题,不利于网络借贷投资者进行准确的评估,也不利于监管治理和关系治理作用的发挥。

在征信体系构建过程中,除了传统以人民银行为主体的征信体系之外,首先需要结合网络借贷数据的特点,更多利用科技化手段,比如大数据、区块链和云计算等科技化手段,将非信用交易信息纳入征信体系,并利用科技化手段建立征信评估手段,对处于"长尾"部分客户的信用状况进行统一和准确的评估。其次,由银监会牵头制定网络借贷行业征信信息的标准和基本规则。各网贷平台内部已经积累了一定的数据信息,也分别使用了不同的征信方法,设定了自己的信用评级体系,但是各个平台之间征信方法不一致,征信结果不具有可比性,需要制定统一的征信标准和方法。最后,需要政府出面协调不同电商和网贷机构,通过有偿方式共享其内部的数据信息,这样一方面避免信息数据重复加工增加的社会成本,另一方面也有利于避免由于数据割裂带来的借款人跨平台信息舞弊行为,在此基础上,逐步过渡到全国统一的共享征信体系。

三、优化关系治理的社会环境

关系治理作为一种非正式治理制度,其作用的发挥还需要良好的社会环境,尤其是良好的社会信用和道德环境。同时,需要进行投资者教育,提升投资者风险意识,强化投资活动中的避险观念。

(一)加强诚信社会建设

信息化和网络化对社会经济生活带来全新变化,各种信息和事物获取途径和手段多元化和碎片化,不断地挑战社会的诚信理念。尤其是网络借贷交易在完全匿名化和虚拟化的环境中进行,更容易出现信息冲击和利益诱惑下的败德行为。因此,诚信社会建设的必要性凸显出来。

通过诚信社会建设首先可以提升网络借贷从业人员的诚信道德水平。网络借贷作为一种金融交易活动,其核心价值就是满足各参与主体利益最大化。这一点与诚实和信用的社会道德规范看似矛盾。如何将看似矛盾的两者结合,在形成良好诚信道德基础上追求利益最大化的价值观和职业操守,是诚信社会建设中一个关键问题。对网络借贷交易从业人员进行职业道德和素养培训,作为对网贷平台监管的一项内容,迫使网络借贷交易从业人员提高自身的道德诚信水平,增强对借贷交易基本职业操守的认知,从而从交易的源头上减少欺诈和败德行为的出现。强化网络借贷平台的制度文化建设,具体包括信用文化、风险管控文化和风险偏好文化等,为诚信基础上激励约束机制作用的发挥提供基本文化支撑。

诚信社会建设还有助于增强借款人的诚信意识。诚信社会建设中通过相关法律引领和行为规范的倡导,增强借款人网络借贷交易中的诚实守信意识。提升借款人道德水平和诚实守信意识,减少网络借贷交易中不道德和不守信的行为,全社会共同抵制网络借贷交易败德行为,在网络借贷行业形成诚实守信、道德自律的社会风尚。

(二)培养投资者风险意识

网络借贷作为一种金融交易活动,具备金融交易的基本特性,即在承担一定风险基础上获取收益。在金融交易活动中不存在完全无风险的收益。因此,作为网络借贷投资者需要清醒地认识到网络借贷交易基本的风险,建立投资交易中的风险意识,学习掌握基本的避险手段。

投资者风险意识的培养首先需要进行投资者风险认知的教育,通过家庭、学校和社会机构三方面多层次的教育体系,将风险意识作为公民素质教育的一部分,有意识有目的地开展公民风险意识的培养、宣传和引导,增强公民个体风险管理的基本意识。另外还可以借助新媒体的力量,运用通俗易懂的方式,从正面引导投资者对风险的认知和敬畏;也可以结合网络借贷交易大量风险事件,进行反面案例展示和分析,引导投资者掌握必要的避险手段和方式,树立正确的风险投资理念。互联网金融协会等第三方组织机构,可以定期开展投资者教育。目前互联网金融协会网站建立了投资者教育专栏,提供了视频和文字资料对投资者风险认知进行教育。其次,构建必要的风险警示和风险披露制度,保障投资者风险意识的逐步培养。建立网络借贷行业风险揭示的激励约束机制,激励网贷平台在向投资者提供各种不同投资产品的同时,需要配合相应的风险警示,提示投资者不仅要关注各类借贷产品的收益,也需要留意与这些收益相伴而生的可能风险,让投资者从最直观的角度认识到网络借贷的投资风险。同时,对没有进行相应风险揭示的平台予以曝光和惩罚。监管部门可以通过制度规范要求网贷平台进行风险信息的披露,帮助投资者认识潜在的风险,逐步建立起风险投资的意识。

参考文献

[1] AGRAWAL A, CATALINI C, GOLDFARB A. Some simple economics of crowdfunding[J]. Innovation Policy and the Economy, 2014, 14(1):63-97.

[2] Akerlof G A. The market for lemons [J]. Journal of Economics, 1970,7(16):1372.

[3] ALLEN N B, GREGORY F U. Relationship lending and lines of credit in small firm finance[J]. Journal of Business,1995,68(3):351-381.

[4] AVERY C, ZEMSKY P. Multidimensional uncertainty and herd behavior in financial markets [J]. American Economic Review, 1998,88(4):724-748.

[5] BAGHERI E,GHORBANI A A,2006. Behavior analysis through reputation propagation in a multi-context environment[R] Proceedings of the 2006 International Conference on Privacy, Security and Trust: Bridge the Gap Between PST Technologies and Business Services.

[6] BIKHCHANDANI S,SHARMA S. Herd behavior in financial markets

[J]. Journal Of IMF Staff Papers,2000,(3):279-310.

[7]BROWN J R,LEE D D J. Managing marketing channel opportunism: the efficacy of alternative governance mechanisms [J]. Journal of Marketing,2000,64(2):51-65.

[8]CAI H,JIN G Z,LIU C,et al,. Seller reputation:from word-of-mouth to centralized feedback [J]. International Journal of Industrial Organization,2014,34(1):51-65.

[9]CAMPBELL T S,KRACAW W A. Information production,market signaling, and the theory of financial intermediation:a reply [J]. Journal of Finance,1982,37(4):863-882.

[10]CECCAGNOLI M,FORMAN C,HUANG P,et al. Co-Creation of value in a platform ecosystem:the case of enterprise software[J]. Mis Quarterly,2012,36:263-290.

[11]CHEN D,LIN Z,2014. Rational or irrational herding in online microloan markets:evidence from china [R]. SSRN Electronic Journal.

[12]DAWEI S,KRUMME C,LIPPMAN A,2010. Follow the profit or the herd exploring social effects in Peer-to-Peer lending[R]. IEEE Second International Conference.

[13]SHEN D,KRUMME C,LIPPMAN A,2010. Follow the profit or the herd? exploring social effects in Peer-to-Peer lending[C] IEEE Second International Conference on Social Computing.

[14]DELLAROCAS C,WOOD C A. The sound of silence in online feedback: estimating trading risks in the presence of reporting bias[J]. Management Science,2008,54(3):460-476.

[15]DIAMOND D W,DYBVIG P H. Banking theory,deposit insurance, and bank regulation [J]. Journal of Business,1986,59(1):55-68.

[16]DIAMOND D W,RAJAN R G,2000. A theory of bank capital[R].

Nber Working Papers.

[17]DIAMOND D W,RAJAN R G. Liquidity risk,liquidity creation,and financial fragility: a theory of banking [J]. Journal of Political Economy,2001,109(2):287-327.

[18]DIAMOND D W. Financial intermediation as delegated monitoring [J]. Review of Economic Studies,1984,51(3):393-414.

[19] EVANS D. The antitrust economics of multi-sided platform markets[J]. Yale journal on regulation,2003,20(2):325-381.

[20]FAME E F. Agency problems and the theory of the firm[J]. Journal of Political Economy,1980,88(2):288-307.

[21] FAMA E F. What's different about banks? [J]. Journal of Monetary Economics,1985,15(1):29-39.

[22] FAN Y, JU J, XIAO M. Reputation premium and reputation management: evidence from the largest. e-commerce platform in china[J]. International Journal of Industrial Organization, 2016,46(6):63-76.

[23] FROOT K A, DAVID S S, JEREMY C S. Herd on the street: informational inefficiencies in a market with short-term speculation[J]. Journal of Finance,1992(4):1461-1484.

[24]GATZERT N. The Impact of corporate reputation and reputation damaging events on financial performance: empirical evidence from the literature [J]. European Management Journal, 2015, 33 (6):485-499.

[25]GREIF A. Contract enforceability and economic institutions in early trade: the maghribi traders' coalition [J]. American Economic Review,1993,83(3):525-548.

[26]GRIFFIN P A,GRUNDFEST J A,PERINO M A,. Stock price response to news of securities fraud litigation: an analysis of sequential and conditional information [J]. Abacus, 2004, 40

(1):28.

[27] HERZENSTEIN M, DHOLAKIA U M, AND ANDREWS R L. Strategic herding behavior in peer-to-peer loan auctions[J]. Journal of Interactive Marketing,2011,25(1):27-36.

[28] HOLMSTROM B. Moral hazard in teams [J]. Bell Journal of Economics,1982,13(2):324-340.

[29] HUI W,GREINER M,ARONSON J E. People-to-People lending: the emerging e-commerce transformation of a financial market [J]. Journal of Value Creation in E-Business Management,2009 (5):182-195.

[30] HOUSER D, WOODERS J. Reputation in auctions: theory, and evidence from ebay [J]. Journal of Economics & Management Strategy,2006,15(2):353-369.

[31] HUI W,GREINER M,2010. Herding in multi-winner auctions[R]. In Proceedings of the 2010 International Conference on Information Systems.

[32] JAFFEE D M. A theory and test of credit rationing:further notes[J]. American Economic Review,1972,62(3):484-488.

[33] JENSEN M C,MECKLING W H. Theory of the firm : managerial behavior, agency costs and ownership structure [J]. Journal of Financial Economics,1976,3(4):305-360.

[34] JOLIVET G,JULIEN B,POSTEL-VINAY F. Reputation and prices on the e-market: evidence from a major french platform [J]. International Journal of Industrial Organization,2016, 45: 59-75.

[35] JUHA-PEKKA NIINIMÄKI. Collateral in credit rationing in markets with asymmetric information [J]. Quarterly Review of Economics & Finance,2018,68(C):97-102.

[36] KLEIN T J,LAMBERTZ C,STAHL K,2013. Adverse selection and

moral hazard in anonymous markets[R]. Cepr Discussion Papers
2013-032.

[37]KÖSTER H,PELSTER M. Financial penalties and bank performance
[J]. Journal of Banking & Finance,2017,79(6):57-73.

[38]KREPS D M,2011. Corporate Culture and Economic Theory [M].
Perspectives on Positive Political Economy, New York:
Cambridge University Press.

[39]KREPS D M,WILSON R. Reputation and imperfect information
[J]. Journal of Economic Theory,1982,27(2):253-279.

[40]KRUMME K A,HERRERO S,2009. Lending behavior and community
structure in an online Peer-to-Peer economic network [R]
International Conference on Computational Science & Engineering.

[41]LEE E, LEE B. Herding behavior in online p2p lending: an
empirical investigation[J]. Journal Of Electronic Commerce
Research and Applications,2012(5):495-503.

[42]LI L,TADELIS S,ZHOU X,2016. Buying reputation as a signal
of quality: evidence from an online marketplace [R]. Nber
Working Papers.

[43]LI L,XIAO E. Money talks: rebate mechanisms in reputation
system design [J]. Social Science Electronic Publishing,
2010,60(8):2054-2072.

[44]LI L. Reputation, trust, and rebates: how online auction
markets can improve their feedback mechanisms[J]. Journal
of Economics & Management Strategy,2010,19(2):303-331.

[45]LIVINGSTON, JEFFREY A. How valuable is a good reputation? a
sample selection model of internet auctions[J]. Review of
Economics and Statistics,2005,87(3):453-465.

[46]MACNEIL I R. Relational contract theory:challenges and queries
[J]. Northwestern University Law Review,1999,94(3):877.

[47]MARIA TEREKHOVA,2017. Ratesetter moves to protect its investors [OL]. Jul. 20,2017.

[48]MCMILLAN J,WOODRUFF C M. Private order under dysfunctional public order[J]. Social Science Electronic Publishing,2000, 98(8):2421-2458.

[49]MURPHY K J,BAKER G P,GIBBONS R S. Relational contracts and the theory of the firm [J]. Quarterly Journal of Economics, 2002,117(1):39-84.

[50]NOSKO C,TADELIS S,2015. The limits of reputation in platform markets: an empirical analysis and field experiment [R]. Nber Working Papers.

[51]OSTROM E,CALVERT R,EGGERTSSON T. Governing the commons: the evolution of institutions for collective action [J]. American Political Science Review,1993,86(1):279-249.

[52]PARK C,LEE T M. Information direction,website reputation and ewom effect: a moderating role of product type[J]. Journal of Business Research,2009,62(1):61-67.

[53]RESNICK P,KUWABARA K,ZECKHAUSER R,et al. Reputation systems [J]. Communications of the ACM,2000,43(12):45-48.

[54]RUBIN P H. Growing a legal system in the post-communist economies[J]. Cornell International Law Journal,1994,27(1): 1-47.

[55]SANTOMERO A M. Modeling the banking firm: a survey [J]. Journal of Money Credit & Banking,1984,16(4):576-602.

[56]SAXTON M K. Where do reputations come from?[J]. Corporate Reputation Review,1998,1(4):393-399.

[57]SCHLOSSER A E,WHITE T B,LLOYD S M. Converting web site visitors into buyers:how web site investment increases consumer trusting beliefs and online purchase intentions[J]. Journal

of Marketing,2006,70(2),133-148.

[58]SHARMA S,BIKHCHANDANI S. Herd behavior in financial markets: a review[R]. IMF Working Papers,2000,47(3):279-310.

[59]SHARPE S A. Asymmetric information,bank lending and implicit contracts: a stylized model of customer relationships [J]. Journal of Finance,1990,45(4):1069-1087.

[60] SHEN D,KRUMME C,LIPPMAN A,2010. Follow the profit or the herd exploring social effects in peer-to-peer lending[C]. 2010 IEEE Second International Conference on,IEEE:137-144.

[61] SHI X K, WU J J, HOLLINGSWORTH J. How does P2P lending platform reputation affect lenders' decision in China?[J]. International Journal of Bank Marketing, 2019, 37 (7) : 1566-1589.

[62]SPENCE A M,1974. Market signaling:informational transfer in hiring and related screening process[M]. Harvard University Press.

[63] TIROLE J A. Theory of collective reputation. Review of Economic Studies,1996,63(1):1-22.

[64]WANG H,GREINER M,ARONSON J E. People-to-People lending: the emerging e-commerce transformation of a financial market [J]. Lecture Notes In Business Information Processing,2009, 36:182-195.

[65]WETTE H C. Collateral in credit rationing in markets with imperfect information: note [J]. American Economic Review, 1983,73(3):442-445.

[66] WILLIAMSON O E. Transaction-Cost economics: the governance of contractual relations [J]. The Journal of Law and Economics, 1979,22(2):233-261.

[67]XIONG L,LIU L. Peer Trust:supporting reputation-based trust

for peer-to-peer electronic communities[J]. IEEE Transactions on Knowledge & Data Engineering,2004,16(7):843-857.

[68] XU H, LIU D, WANG H, et al, 2017. E-Commerce reputation manipulation: the emergence of reputation-escalation-as-a-service[C] International Conference on World Wide Web.

[69] YANG J,MAI E. Experiential goods with network externalities effects:an empirical study of online rating system[J]. Journal of Business Research,2010,63(9):1050-1057.

[70]ZHANG J,LIU P,2012. Rational herding in microloan markets [J]. Management Science,58(5):892-912.

[71]肯尼思·J·阿罗. 信息经济学[M]. 北京:北京经济学院出版社,1989.

[72]埃莉诺·奥斯特罗姆. 公共事物的治理之道——集体行动制度的演进 [M].上海:上海三联书店,2000.

[73]奥利弗. E. 威廉姆森. 资本主义经济制度[M]. 北京:商务印书馆, 2004.

[74]奥利弗. E. 威廉姆森. 交易成本经济学的自然演进[J]. 西安交通 大学学报(社会科学版),2011(4):1-3.

[75]贲圣林. 英美P2P行业监管经验对中国互联网金融的借鉴意义[J]. 探索与争鸣,2014(12):27-29.

[76]陈霄,叶德珠. 中国P2P网络借贷利率波动研究[J]. 国际金融研究, 2016,345(1):83-96.

[77]陈钊. 信息与激励经济学[M]. 上海:上海三联书店,2010.

[78]黄益平. 数字金融发展对金融监管的挑战[J]. 清华金融评论,2017 (8):63-66.

[79]黄震,邓建鹏. P2P网贷风云:趋势·监管·案例[M]. 北京:中国经济出 版社,2015.

[80]黄震,方圆. 校园贷的新格局与监管[J]. 中国金融,2017(23):64-66.

[81]李国杰,程学旗, 大数据研究:未来科技及经济社会发展的重大战略领 域——大数据的研究现状与科学思考[J]. 中国科学院院刊,2012,27

(6):647-657.

[82]李维安,徐建,姜广省. 绿色治理准则:实现人与自然的包容性发展[J]. 南开管理评论,2017(5):25-30.

[83]李新春. 家族企业的关系治理:一个探索性研究[J]. 中山大学学报(社会科学版),2005(6):107-115.

[84]刘晓勇. 银行监管框架构建与监管有效性评价[J]. 金融监管研究,2012(5):85-99.

[85]廖理,吉霖,张伟强. 借贷市场能准确识别学历的价值吗？——来自P2P平台的经验证据[J]. 金融研究,2015(03):146-159.

[86]廖理,李梦然,王正位. 聪明的投资者:非完全市场化利率与风险识别——来自P2P网络借贷的证据[J]. 经济研究,2014(7):125-137.

[87]廖理,李梦然,王正卫,等. 观察中学习:P2P网络投资中信息传递与羊群行为[J]. 清华大学学报(哲学社会科学版),2015,30(01):156-165+184.

[88]罗纳德·H. 科斯,克劳德·梅纳尔. 制度、契约与组织:从新制度经济学角度的透视[M]. 北京:经济科学出版社,2003.

[89]詹姆斯·M. 布坎南,戈登·图洛克. 同意的计算:立宪民主的逻辑基础[M]. 上海:上海人民出版社,2014.

[90]陆岷峰,徐阳洋. 网贷平台暴雷现象:那些关联人该当何责[J]. 法人,2017(11):24-29.

[91]乔治·阿克洛夫,迈克尔·斯彭斯,约瑟夫·斯蒂格利茨. 阿克洛夫、斯彭斯和斯蒂格利茨论文精选[M]. 北京:商务印书馆,2011.

[92]钱炳. 声誉、重复博弈与双边市场合作均衡——以淘宝在线交易平台企业为例[J]. 电子科技大学学报(社科版),2010,12(04):23-26.

[93]青木昌彦. 比较制度分析[M]. 上海远东出版社,2001.

[94]申明浩,宋剑波. 基于报酬合约的经理人羊群行为研究[J]. 经济学:季刊,2008(3):244-259.

[95]史晋川,汪晓辉,吴晓露. 产品侵权下的法律制度与声誉成本权衡——一个微观模型补充. 经济研究,2015(9):156-169.

[96]史晋川,吴晓露. 法经济学:法学和经济学半个世纪的学科交叉和融合发展[J]. 财经研究,2016,42(10):50-79.

[97]史小坤. 民间融资风险的治理制度原因与治理模式选择——基于温州案例的研究[J]. 浙江工商大学学报,2015(05):92-101.

[98]史小坤. 社会信任的融资交易治理——来自中国23个省区的经验研究[J]. 征信,2018(5):12-18.

[99]史小坤,邢雯倩,董雪慧. P2P网络借贷的羊群行为及其信息驱动[J]. 金融与经济,2017(7):10-15.

[100]史小坤,董雪慧. 网络借贷平台道德风险治理研究[J]. 金融经济学研究,2019(1):53-66.

[101]孙武军,樊小莹. 从业经历和教育背景是否能提高借贷成功率?——来自P2P平台的经验证据[J]. 中央财经大学学报,2016(3):33-41.

[102]谈超,孙本芝,王冀宁. P2P网络借贷平台的羊群行为研究——基于Logistic模型的实证分析[J]. 南方金融,2014(12):30-37.

[103]王婷,史晋川,娄姚荣. 社会网络对民间金融风险的作用——基于社会网络结构的理论与实证分析[J]. 浙江大学学报(人文社会科学版),2018,48(01):97-115.

[104]王修华,孟路,欧阳辉. P2P网络借贷问题平台特征分析及投资者识别——来自222家平台的证据[J]. 财贸经济,2016(12):71-84.

[105]王营,曹廷求. 董事网络、关系治理与企业投资效率[J]. 江西社会科学,2018(1):216-226+256.

[106]温忠麟,叶宝娟. 有调节的中介模型检验方法:竞争还是替补?[J]. 心理学报,2014(5):714-726.

[107]吴德胜,李维安. 集体声誉、可置信承诺与契约执行——以网上拍卖中的卖家商盟为例[J]. 经济研究,2009(6):142-154.

[108]吴德胜. 网上交易中的私人秩序——社区、声誉与第三方中介[J]. 经济学(季刊),2007(3):859-884.

[109]吴晓求. 互联网金融:成长的逻辑[J]. 财贸经济,2015(2):5-15.

[110]吴晓求. 中国金融监管改革:逻辑与选择[J]. 财贸经济,2017(7):

33-48.

[111]肖条军,盛昭瀚. 两阶段基于信号博弈的声誉模型[J]. 管理科学学报,2003(1):27-31.

[112]谢平,陈超,陈晓文. 中国P2P网络借贷:市场、机构与模式[M]. 北京:中国金融出版社,2015.

[113]谢平,邹传伟. 互联网金融模式研究[J]. 金融评论,2012(12):11-22.

[114]熊红英,阮小平. 商业银行股改转型期声誉风险管理分析[J]. 金融论坛,2007(11):25-29.

[115]杨再平. 有效银行监管机制问题探析[J]. 金融研究,2015(2):23-28.

[116]张维迎. 博弈论与信息经济学[M]. 上海:上海三联书店、上海人民出版社,1996.

[117]张维迎. 博弈与社会[M]. 北京:北京大学出版社,2013.

[118]张维迎. 博弈论与信息经济学[M]. 上海:上海三联书店,2004.

[119]周黎安,张维迎,顾全林,等. 信誉的价值:以网上拍卖交易为例[J]. 经济研究,2006(12):81-91+124.